觀 생명과 죽음

觀 생명과 죽음

구선

연화

차 례

머리말 ··· 7

1부. 죽음이란 무엇인가?
사후세계로 떠난 여행 ·· 16
  1. 스승님과의 만남 ··· 16
  2. 중음계로의 여행 ·· 17
    1) 혼백의 인연과 육도윤회의 여명 ············ 17
      사후 3일째 ~ 사후 8일째 ······················ 17
    2) 좋고 싫은 것의 인연 ···························· 64
      사후 9일째 ~ 사후 16일째 ···················· 64
    3) 탐진치 삼독의 길 ································ 90
      사후 17일째 ~ 사후 19일째 ·················· 90
    4) 성스러운 네 가지 몸의 발현 ··············· 105
      사후 20일째 ~ 사후 23일째 ················ 105
    5) 여섯 가지 중생적 습성의 발현과 육도윤회 ··· 133
      사후 24일째 ~ 사후 29일째 ················ 133
      지옥계 ·· 203
      아귀계 ·· 243
      축생계 ·· 244
      인간계 ·· 246

아수라계 ··· 249
유계 ··· 251
영계 ··· 253

6) 저승사자의 인도 ····································· 255
사후 30일째 ~ 사후 49일째 ···················· 255
신계 ··· 276
우주의 중심 ··· 279

2부. 죽음의 유형
1. 새로운 시대사상의 정립 ···················· 288
2. 생의 형태에 따른 네 가지 유형의 죽음 ·········· 289
3. 생의 단절과 언계에 따른 두 가지 유형의 죽음 ··· 292
4. 식의 형태에 따른 열 가지 유형의 죽음 ·········· 293

3부. 장(場), 문(門), 식(識)의 죽음
1. 여래장의 죽음 ······································ 322
2. 생멸문의 죽음 ······································ 399
3. 진여문의 죽음 ······································ 402

4. 식의 죽음 ·· 407
　천주의 죽음 ··· 407
　신의 죽음 ·· 408
　인간의 죽음 ··· 410

4부. 어떻게 살 것인가?
1. 삼계의 서른 여섯 가지 중생의 종류 ············ 420
2. 하늘세계의 열 가지 특별한 법 ·················· 421
3. 혼인과 자식 ··· 422
4. 중생의 양식 ··· 423
5. 세 가지 나쁜 행과 그 과보 ······················· 426
6. 죽음을 준비하는 삶 ································· 427

맺음말 ··· 430

♣ 머리말

스승님이 열반하시고 난 뒤 걷잡을 수 없는 상실감에 빠졌다. 감정이 격해지고 외로움이 깊어지면서 나도 모르게 주화입마에 들게 되었다.
수족이 걷히고 백이 빠져나가는 것을 느끼면서도 어떻게 할 수가 없었다.
처음에는 온몸에서 냉풍이 일어났다.
뼈마디가 시리면서 오한이 일어났는데 온몸에서 일어나는 떨림을 주체할 수가 없었다. 한겨울에 불어오는 삭풍을 맞는 것보다도 더 추웠다.
그러다가 온몸이 뜨거워지기 시작했다.
그 열기가 얼마나 강한지 눈앞이 침침해지고 정신이 아득해졌다.
그런 과정을 몇 번을 더 반복했다.
처음에는 그러다가 나을 것이라고 생각했다.
하지만 백이 빠져나가고 수족이 걷히는 상태를 맞이하고부터는 이것이 초입 중음이 진행되는 과정이라는 것을 알게 되었다.
번득 정신이 들었다. 그 상태에서 정신을 잃어버리지 않기 위해 숫자를 헤아리기 시작했다.
오장의 혼성이 심장에서 합쳐지는 것을 지켜보고, 선천영과 습득영, 유전영이 머릿골 속에서 만나는 것을 지켜보면서 정신을 놓치지 않으려고 혼신의 노력을 다했다. 인후부에서 영과 혼이 만나고 원초투휘광채가 일어나는 것을 지켜보면서 마음이 편안해졌다. 더 이상 오한도 느껴지지 않았고 온몸을 태워버릴 듯한 열기도 느껴지지 않았다.
영혼이 몸을 한 바퀴 돌 때는 온몸이 깃털처럼 가볍게 느껴졌다.
백회로 영혼이 빠져나오자 정신이 맑고 명료해졌다.
주위를 둘러보니 내 옆에 두 사람이 서 있었다.
검은색 옷을 입은 사람과 흰색 옷을 입은 사람이 서 있었는데 저승사자인 줄 알고 인사를 했다.
"사자님들이십니까?"
"아닙니다. 저희들은 행자님의 수호신들입니다."
"수호신요?"
"예, 행자님을 보호하는 영혼들입니다."
"그렇군요. 그렇다면 언제부터 저를 지키게 되었나요?"
"이 생에 태어날 때부터 함께하게 되었습니다."
"그렇다면 제가 살아오는 과정을 모두 지켜보셨겠군요?"
"예, 그렇습니다."
"그런데 얼마 전에 스승님과 함께 저승세계에 갔을 때는 왜 보이지 않았나요?"
"그때도 저희들은 행자님의 육체를 지키고 있었습니다."
"그랬군요. 아무튼 그동안 보살펴 주셔서 감사합니다. 그런데 지금 제가 죽은 거죠?"

"예 그렇습니다. 하지만 행자님은 아직 죽을 때가 아닙니다. 아직 수명이 다하지 않았습니다. 다시 육체로 돌아가셔야 합니다."
"수족이 걷히고 백이 빠져나갔는데도 다시 돌아갈 수가 있습니까?"
"저희들이 도와드리면 다시 돌아갈 수가 있습니다."
"그래요? 그런데 혹시, 제가 왜 죽게 되었는지 아십니까?"
"예, 행자님께서는 감정이 격해져서 원기(源氣)가 음화되었기 때문에 죽게 된 것입니다."
"그렇군요. 두 분께서는 이름이 있습니까?"
"저는 백소이고 이 사람은 흑소입니다."
"흑소님과 백소님이시군요. 다시 한번 보살펴주신 은혜에 감사드립니다.
그렇다면 저 육체로 돌아가려면 어떡해야 하나요?"
"제가 행자님 몸으로 들어가서 호흡 경로를 열어놓을 것입니다. 호흡 경로가 열리면 바람을 따라서 들어오십시오. 옆에서 흑소가 도와줄 겁니다."
"제가 육체로 돌아가고 나면 두 분을 어떻게 만날 수 있나요?"
"저희들은 행자님 곁에 항상 있습니다. 행자님이 영혼을 볼 수 있는 각성을 얻으시면 그때 만날 수 있습니다."
"그럼 두 분에게 여기서 인사를 드리겠습니다. 열심히 정진해서 하루라도 빨리 두 분을 다시 뵙겠습니다. 감사합니다."

백소가 내 육체로 들어가고 흑소가 내 등 뒤에 섰다.
잠시 후 내 육체에서 호흡의 기복이 일어났다.
순간 등에서 둔중한 압력이 느껴졌다.
그러면서 정신을 잃어버렸다.
깨어나 보니 동굴 한가운데 앉아 있었다.
고개를 숙이고 있었는데 고개를 들려니 천근이나 되는 것처럼 무겁게 느껴졌다. 손발도 마찬가지였다. 피가 안 통하는 것처럼 굳어 있는데 마음대로 움직일 수가 없었다. 손가락 발가락을 꼬무락거리면서 천천히 움직이려고 노력을 했다. 그러면서 흑소와 백소를 생각했다. 그들이 곁에 있다고 생각하니 더 이상 외롭지가 않았다. 팔을 움직이고 나서 그들에게 합장으로 인사를 올렸다.
"감사합니다. 흑소님, 백소님, 이 은혜는 반드시 갚겠습니다."

호흡으로 경직되었던 몸을 풀었다.
며칠 뒤, 스승님과 함께했던 동굴을 떠났다.
그로부터 4년 후, 흑소와 백소를 다시 만나게 되었다.

2002년 5월 28일, 당시 나는 영양 연화사에 거주하고 있었다.
연화사 불사를 시작하고 [관, 존재 그 완성으로 가는 길]을 출판하면서 많은 사람들이 내왕하게 되었다.
그 즈음에는 난치병에 걸린 환자들도 많이 찾아왔다.

어느 날, 신도의 소개로 환자가 찾아왔다.
부인과 함께 왔는데 삼십 대 초반의 간암 환자였다.
절에서 요양하고 싶다고 하기에 방을 내주고 가끔씩 기공치료를 해주었다.
한 달쯤 지나고 나니 병세가 많이 호전되었다.
산책도 잘하고 식사도 잘해서 간병하던 부인도 화색이 돌았다.
그러던 어느 날, 기공치료를 하려고 환자를 불렀다.
자리에 눕힌 다음 그 앞에 앉아서 호흡을 가다듬고 있었다.
그런데 환자 건너편에 시커먼 그림자가 보였다.
세 사람이 환자를 내려다보고 있었는데 한 분은 노인이고 두 사람은 중년의 아저씨였다. 누구시냐고 물으니 저승사자라 했다.
웬일이냐고 물었더니 이 사람을 데려가려고 왔다고 했다.

"스님! 이 사람은 한 달 뒤에 목숨이 다합니다. 그러니 치료하려고 애쓰실 필요가 없습니다. 저는 이 사람의 큰아버지입니다. 조카에게 죽음을 알리러 왔으니 스님께서 전해주십시오."
당혹스러웠지만 어쩔 수가 없었다.
그러마하고 대답하고 저승사자를 보냈다.
가족들을 불러 모았다.
수원에서 환자의 부모님이 내려오고 가까운 일가친척들이

모였다.
저승사자가 왔다간 경위를 설명해 주고 가족과 환자의 의견을 물었다.
잠시 생각에 잠겨있던 환자가 말했다.

"그것이 운명이라면 받아들이겠습니다. 그 시간만이라도 가족과 함께 하겠습니다."
가족들도 환자의 뜻에 따르겠다고 말했다.
환자에게 물었다.
"죽음의 세계에 대해 알고 싶은 것이 있습니까? 알고 싶다면 제가 알려주겠습니다. 시간은 이틀 정도 소요되니 생각해 보십시오."
잠시 생각하던 환자가 듣고 싶다고 했다.
부모님들은 먼저 올려 보내고 환자와 부인, 어린 자녀들만 남았다.
이틀 동안 중음의 시간을 대처하는 방법에 대해 말씀드렸다.
녹음기로 녹음해서 반복해서 들으라고 테이프를 드렸다.
"장례식에는 참석하지 않겠습니다. 육신을 벗어나면 저를 찾아오십시오."
한 달 뒤, 부인으로부터 연락이 왔다.
"편안하게 영면하셨습니다. 스님께 감사하다고 인사 전해 달라 하셨습니다.
삼우제 끝나면 찾아 뵙겠습니다."

며칠 뒤에 부인이 애들과 함께 찾아오셨다.
그때 영가도 함께 왔다.
영가와 삼일 동안 함께하면서 영혼의 상태에서 수행하는 방법들을 알려 주었다.
그분은 2선정을 얻어서 광음천에 화생하셨다.

그 일이 있은 뒤로 저승사자들을 가끔씩 만나게 되었다. 어떤 경우는 일 년 전에 와서 죽음을 준비하라고 알려주기도 하고 한 달, 두 달, 육 개월 전에 찾아오는 사자들도 있었다.

죽음에 대한 정리를 오랫동안 미뤄놓고 있었다.
그 동안에는 생(生)과 노(老), 병(病)의 이치를 정리하느라 미처 시간을 낼 수가 없었다. 다행히 작년과 올해 사이에 그 일들을 마무리할 수 있었다.
여래장연기와 진여연기, 생멸연기의 과정을 들여다보면서 생(生)의 이치를 알게 되었고 "본제의학 원리"를 확립하면서 노(老)와 병(病)의 이치를 정리하게 되었다. 이제서야 사(死)의 이치를 정리하게 되었으니, 그 시절 스승님과 했던 약조를 조금이나마 지키게 되었다.

끝으로 이 책을 출판하기까지 도움을 주신 여러분들에게 감사의 인사를 드린다.

1부
죽음이란 무엇인가?

사후세계로 떠난 여행

1. 스승님과의 만남

처음 사후세계를 접한 것은 스무 살 무렵이었다.
그 당시 나는 토굴 수행을 하고 있었다.
두 달 넘게 단식을 하면서 기력이 쇠진했을 때 스승님이 찾아오셨다.
그분은 속세 사람이 아니었다.
"누구십니까?"하고 신분을 여쭈었지만 '지리산 노인'이라고 하셨다.
신선 같기도 하고 도승 같기도 했다.

어느 날, 생과 사에 대한 가르침을 받던 중에 사후세계와 천상계를 여행하게 되었다.
그러기 위해서 나는 혼체이탈(魂體移脫)을 해야 했다.
스승님의 인도로 육체를 벗어난 다음 여행길에 올랐다.

처음 들른 곳은 이상한 마을이었다.
그 마을에 3일 동안 머물면서 '천서유략'이라는 책을 보게 되었다.
그 책에는 우리 민족의 역사와 미래에 닥쳐올 환란에 대한 예언이 기록되어 있었다.

2. 중음계로의 여행

1) 혼백의 인연과 육도윤회의 여명
 - 사후 1일째 ~ 사후 8일째

두 번째 들른 곳이 중음계였다.
스승님의 손을 잡고 눈을 감았다.
"눈을 뜨거라."
스승님의 목소리에 눈을 떠보니 사방이 깜깜한 어둠 속에 묻혀 있었다.

"여기가 어디입니까?"
"여기가 바로 연옥이니라."
"연옥은 지옥계라고 알고 있는데 그것이 아닙니까?"
"아니다. 연옥은 중음계니라. 죽은 영혼들이 잠시 쉬어가는 곳이지."

세심하게 주변을 살펴보니 저 멀리서 희끄무레한 불빛들이 보였다.
그 불빛들은 황색 빛도 있었고 푸른색, 붉은색, 녹색빛도 있었다.

"저 불빛들은 무엇입니까?"

"가까이 가보자. 가서 설명해 주마."

불빛에 다가가보니 불빛 속에 형체가 있었다.
마치 아기가 엄마 뱃속에서 웅크리고 있는 모습이었다.
그런 불빛들이 헤아릴 수 없이 많았다.
표정들도 가지가지였다.

"이것들이 다 뭔가요?"
"혼령들이니라."
"예? 혼령들요?"
"그렇단다. 여기가 바로 죽어서 오는 곳이니라.
육체를 벗어난 영혼들이 저승세계로 가기 전에 거쳐가는 곳이지."

"사람이 죽으면 다 여기로 오나요?"
"그렇단다. 대부분의 사람들은 다 여기로 오느니라."

"여기로 오지 않는 혼령들은 어떤 혼령들이고 여기로 오는 혼령들은 어떤 혼령들인가요?"
"영혼이 육체를 벗어날 때 정신을 놓친 혼령들은 여기로 오고, 정신을 놓치지 않은 영혼들은 여기로 오지 않느니라."

"그렇다면 정신을 놓치지 않은 영혼들은 어디로 가나요?"

"그런 영혼들은 스스로가 선택한 세계에 갈 수 있느니라. 때로는 천상세계에 태어날 수도 있고 때로는 인간세계에 다시 태어날 수도 있지. 아니면 중음의 과정을 거치면서 더 큰 깨달음을 성취할 수도 있느니라."

"이곳이 중음계라 하셨는데 또 다른 중음계가 있습니까?"
"아니다. 또 다른 세계가 있는 것이 아니고 또 다른 과정이 있느니라."

"중음이라는 것이 여러 가지 단계로 이루어진다는 말씀인가요?"
"그렇단다. 구선아! 네가 네 육체를 빠져나올 때를 생각해 보거라. 밝은 백색 빛을 보지 않았더냐?"
"예, 봤습니다."
"그 빛을 인식한 사람은 혼령이 정신을 잃어버리지 않느니라. 그렇게 되면 이곳으로 오지 않고 곧바로 그다음 단계의 중음으로 들어가게 되지. 그것을 두 번째 단계의 중음이라 하느니라. 기절한 혼령들은 이곳으로 와서 이틀 반에서 삼 일 동안 머물다가 다시 육체 곁으로 돌아가게 되는데 그것이 두 번째 단계의 중음이 시작되는 것이니라."

"그렇다면 중음은 몇 단계로 이루어지나요?"
"세 단계로 이루어지느니라. 초입 중음, 중간 중음, 만 중음이라고 하느니라."

"초입 중음이라 하심은?"
"영혼이 육체를 떠나는 과정이 초입 중음이니라.
육체에서 분리된 이후에 업식이 발현되는 시기를 중간 중음이라 하고 저승사자의 인도를 받아서 사후세계에 적응할 수 있는 가르침을 받는 것을 만 중음이라 하느니라."

스승님의 말씀을 듣고 있자니 신비하다는 생각이 들었다. 중음이라는 말도 처음 들었지만 끝없이 펼쳐져 있는 영혼의 불꽃들이 너무도 신비했다. 그러면서 한편으로는 안타까운 마음이 일어났다.
'참, 많은 사람들이 죽었구나.'
안타까운 눈길로 영혼들을 바라보며 스승님께 여쭈었다.

"스승님, 저 영혼들은 여기서 깨어나면 어떤 과정을 겪게 됩니까?"
"그것을 알려면 저 영혼들 중에 한 명을 선택해서 따라가 보면 된다. 어떤 영혼을 따라가겠느냐?"

주변의 영혼들을 둘러보다가 거꾸로 매달린 채 잠들어있는 할아버지 영혼 앞에서 걸음을 멈추었다.
평온하게 잠들어 있는 모습이 좋아 보였다.

잠시 뒤, 갑자기 할아버지 영혼이 눈앞에서 사라졌다.
소리도 없이 순식간에 사라졌는데 마치 허공 속으로 스며
든 것 같았다. 어리둥절한 표정으로 스승님을 바라보니 스
승님께서 빙그레 미소를 지었다.

"여기 있던 할아버지가 어디로 갔습니까?"
황망하게 여쭙는 물음에 스승님께서 손을 내밀었다.
"자, 내 손을 잡고 따라오너라"

스승님의 손을 잡는 순간 쑤욱하고 빨려 들어가는 느낌이
들었다. 정신을 차려보니 어느 집 대문 앞이었다.
대문 앞에는 연옥에서 보았던 노인도 서 있었다.
집안에서는 두런두런 말소리도 들려오는데 노인은 들어
가지 못하고 엉거주춤 서있기만 했다.
그러다가 결심이 섰는지 성큼 집안으로 들어갔다.
집안에는 빈소가 자려져 있었다.
자신의 영정을 본 할아버지가 망연한 표정을 지었다.
그러면서 뚜껑이 열려있는 관을 우두커니 바라보고 있었다.
자손들은 곡을 하기도 하고 손님들도 맞이하면서 분주하게
움직이고 있었다.
할아버지가 자식의 손을 잡으며 말했다.
"애야, 아범아. 나, 여기 있다. 나, 안 죽었어!"
하지만 자식들은 할아버지의 소리를 듣지 못했다.

오히려 할아버지가 만질 때마다 움찔움찔 몸을 사렸다.
할아버지는 필사적으로 자식들에게 매달렸다.
보다 못한 스승님이 할아버지를 만류했다.
"여보시오, 노인장!"
자식에게 매달려있던 할아버지가 휙 하니 돌아섰다.
그러면서 휘둥그런 눈으로 스승님을 바라봤다.
"아이고, 누구십니까?"
"자손들을 만지지 마시오. 살아있는 자손들이 고통스럽습니다."
"내가 죽은 겁니까?"
"그렇소. 당신은 죽었습니다. 그러니 저승으로 가야지 이승에 애착하면 안 됩니다."
"아니, 몸도 이렇게 멀쩡하고 정신도 이렇게 또렷한데 죽었다는 것이 무슨....?"
할아버지는 자신이 죽었다는 사실이 믿기지가 않는 모양이었다.
망연자실한 채로 한참을 서있던 할아버지가 스승님께 여쭈었다.
"그렇게 말하는 어르신은 뉘시오?"
"나는 당신을 저승으로 이끌어갈 사자입니다."
"어이구, 그러십니까? 사자님! 나는 어찌해야 되는감요?"
"지금부터 내가 노인장을 저승으로 이끌어 갈 것이오. 그러니 내가 하는 말을 잘 듣고 그대로 따르기만 하면 됩니다."

"예, 예! 명심해서 듣겠습니다."
"자손들이 저렇게 슬퍼하고 당신을 위해 애도하니 먼저 자손들을 위해 축원을 해주시오."
"어떻게 하면 됩니까?"
"내가 하는 말을 따라 하시오."
"예, 그리하겠습니다."
"편안하고, 행복하고, 화목하게 살지어다."
"편안하고, 행복하고, 화목하게 살지어다."
스승님이 한 구절씩 불러주는 말씀들을 할아버지 영혼이 따라하기 시작했다.
"나의 죽음으로 우리 집안의 액난이 모두 거두어지기를 바라오며, 내가 이승에서 지었던 모든 업보는 내가 짊어지고 갈 것이며, 내가 행했던 착함의 공덕은 자손들에게 음덕이 되도록 하여 주십시오...."

스승님을 말씀을 되뇌고 있는 할아버지의 모습이 숙연해졌다. 그러자 주변에서부터 우릉우릉 하는 소리가 들려왔다. 마치 멀리서 천둥이 치는 것 같았다.
그러면서 하얀색의 빛무리가 할아버지 주변으로 몰려들기 시작했다. 넘실거리면서 번쩍번쩍 빛나는 형상인데 천둥소리도 그 속에서 들려왔다.
눈을 감고 축원을 하던 할아버지가 화들짝 놀라며 두리번거렸다. 천둥소리에 놀라서 눈을 뜬 것이다.

번쩍거리면서 넘실대는 빛무리가 자신에게 몰려오자 질겁을 했다. 그러면서 스승님을 찾았다.

"아이고, 이게 무슨 일이야?! 사자님은 어딜 가셨나?"
스승님이 다가가서 당황하는 노인을 다독거렸다.
"나 여기 있소. 걱정하지 마시오. 노인장! 저 빛은 노인장의 체백이오. 죽을 때 몸에서 빠져나갔다가 다시 돌아오는 것이니 그저 가만히 있으시오. 편안하게 마음을 먹고 받아들여야겠다고 생각만 하고 있으면 저절로 합쳐질 것이오."
"예, 알겠습니다."

스승님이 손을 잡아주자 할아버지가 눈을 감았다.
그러자 번쩍거리던 빛무리가 할아버지의 영혼 속으로 스며들었다. 잠시 뒤, 할아버지가 눈을 떴다.
흰색의 빛줄기가 양쪽 눈에서 품어져 나왔다.
"어떠시오?"
스승님이 노인에게 물었다.
"몸도 가볍고 눈도 밝아졌습니다. 본래 눈이 침침했었는데 지금은 뚜렷하게 보입니다. 참으로 신기합니다."
"다행입니다. 이제 영혼으로 살아갈 수 있는 힘을 얻으셨습니다. 앞으로도 비슷한 현상이 또 일어날 겁니다.
닷새 동안 다섯 가지 색깔의 빛이 똑같은 형상으로 다가오는데 그 빛도 똑같은 방법으로 받아들이면 됩니다."

"그건 어떤 빛입니까?"
"그 빛은 혼의 빛입니다. 생전에 오장에 내재되어 있던 혼들이 다시 돌아오는 것입니다. 그 빛들을 받아들이면 영혼으로 살면서 굶주리거나 목마르지 않게 됩니다.
오고 가는 것도 마음대로 할 수 있으니 잘 받아들이시길 바랍니다."
스승님의 자상한 설명에 노인은 고개를 끄덕이며 연신 감사를 표했다.
"아이고, 사자님 감사합니다. 그럼 이제부터는 어떻게 해야 합니까?"
"마음을 편안하게 해야 합니다. 그 상태에서 나머지 다섯 가지 색깔의 빛을 받아들이면 됩니다.
생전에 갖고 있던 습성들을 모두 버려야만 합니다. 특히 먹는 습성을 버리십시오. 영혼은 밥으로 양식을 삼지 않습니다. 투쟁심과 경쟁심도 버리셔야 합니다.
그렇게만 하면 복력에 따라 천상세계에 태어날 것입니다."
"아, 그렇군요. 그렇다면 영혼은 무얼 먹고 삽니까?"
"영혼마다 먹고 사는 양식이 다릅니다. 노인장께서는 이미 체백의 몸을 갖추셨으니 150년 동안은 배고픔이 없을 것입니다. 만약 이후에 다섯 가지 색깔의 빛을 받아들이시면 9백년 동안은 굶주리지 않을 겁니다."
스승님의 말씀을 듣고 난 노인이 허리를 숙이면서 감사의 인사를 올렸다.

"참으로 감사합니다. 우매한 중생에게 이런 은혜를 베풀어 주시니 어떤 말씀을 올려야 할지 모르겠습니다. 훗날 다시 뵈옵게 되면 그때 은혜를 갚겠습니다."

거듭 인사를 올리는 할아버지를 뒤로하고 스승님과 나는 중음계로 돌아왔다.
중음계에 펼쳐져 있는 생명의 등불들을 보면서 스승님께 여쭈었다.

"그 할아버지가 맞이할 빛들은 어디에서 오는 것이고 어떤 색깔을 갖고 있습니까?"
"그다음에 다가오는 것은 혼의 빛이니라."

"혼의 빛이 무엇입니까?"
"혼의 빛은 혼의 몸에서 나오는 빛이니라. 혼은 생명이 깃들어 있는 몸이니라. 생명은 세 개의 몸을 갖고 있느니 영의 몸, 혼의 몸, 육체의 몸이 바로 그것이니라.
생명은 영의 몸에 깃들어 있느니라. 그 영의 몸이 혼의 몸에 깃들어서 영혼의 몸을 이루고 영혼의 몸이 다시 육체의 몸에 깃들어서 생(生)이 시작되느니라.
죽음이란 육체의 몸에 깃들어있던 영혼이 다시 육체의 몸과 분리되는 현상이니라. 때문에 죽음의 과정에서는 육체와 영혼이 분리되는 과정이 있고, 영혼의 몸이 형태적 틀을 갖추는 과정이 있으며, 새로운 세계에 태어나는 과정이 있느니라."

"그렇다면 앞서 말씀하신 세 단계 중음은 영혼이 육체와 분리되는 과정과 영혼이 몸으로써 형태적 틀을 갖추는 과정에서 일어나는 일이네요."
"그렇지, 그렇단다."

"그렇다면 영의 몸이 혼의 몸에 깃드는 것은 어떤 절차로 이루어지는지요? 또한 영혼의 몸이 육체에 깃드는 과정에 대해서도 궁금합니다."
"구선아! 그 문제들은 나중에 네 스스로 알아봐야 되느니라. 지금 내가 너에게 해줄 수 있는 말은 영혼의 몸이 육체에 깃들어 있는 구조이다. 내가 너에게 생사의 일을 알려주는 것은 너의 역할과 소명 때문이니라. 훗날 그 이유를 알게 될 테니 그때까지 기다리려무나."
"예 스승님!"

잠시 회상에 잠겨있던 스승님이 말씀을 이어가셨다.
"영혼의 몸은 육체 안에서 서로 분리되어 있느니라.
영의 몸은 머리와 척수에 내장되어 있고
혼의 몸은 머리와 오장에 나누어서 내장되어 있느니라.
또한 영의 몸은 선천영, 유전영, 습득영으로 나누어져 있고 혼의 몸도 선천혼, 유전혼, 습득혼으로 나누어져 있느니라."

"영의 몸이 세 종류로 나눠진 것은 어떤 이유 때문인가요?"
"육체에 깃들기 이전에 본래부터 갖고 있던 영의 몸을 '선천영'이라 하느니라. 태중에서부터 습득한 지식을 '습득영'이라 하고 부모로부터 전해 받은 유전정보를 '유전영'이라 하느니라.
선천영은 척수에 내장되어 있고 습득영은 대뇌에 내장되어 있으며 유전영은 소뇌와 뇌줄기에 내장되어 있느니라."

"혼의 몸은 어떤 연유로 세 종류로 나누어지게 되었나요?"
"육체에 깃들기 이전에 갖고 있던 혼의 몸을 '선천혼'이라 하고 부모로부터 물려받은 유전자를 '유전혼'이라 하며 다른 생명과의 교류를 통해서 습득한 혼성을 '습득혼'이라 하느니라.
선천혼은 육장에 내장되어 있고 유전혼은 소뇌와 세포에 내장되어 있느니라. 습득혼은 오장과 세포에 내장되어 있느니라."

"육체 안에서 영혼의 몸이 그렇게 나누어져 있으면 어떻게 소통하게 되나요?"
"신경과 경락을 통해 소통하고 진액과 파동을 통해 소통하느니라"

"그렇다면 죽을 때는 어찌 되나요?"
"죽음이 시작되면 서로 분리되어 있던 영혼이 만나게 되느니라. 먼저 영의 몸이 만나고 그다음엔 혼의 몸이 만나게 되느니라. 영의 몸이 만날 때는 뇌줄기에서 만나느니라. 습득영은 내려오고 선천영은 올라오게 되지.
혼의 몸이 만날 때는 오장에 내장되어 있던 선천혼이 먼저 만나느니라. 간, 비장, 신장, 폐에 내장되어 있던 선천혼들이 거두어져서 심장으로 모이게 되느니라.
그렇게 거두어진 혼의 몸과 영의 몸이 또다시 만나게 되느니라. 뇌줄기에서 합쳐진 영의 몸은 가슴 쪽으로 내려오고 심장에서 합쳐진 혼의 몸은 머리 쪽으로 올라가게 되지. 그러다가 목 부위에서 서로 합쳐지느니라.
영혼이 합쳐지면 그때 네가 보았던 백색의 빛이 생성되는데 대부분의 사람들은 그 빛을 인식하지 못하고 정신을 잃어버리게 되느니라. 그렇게 되면 이곳으로 와서 저렇게 잠들어 있게 되느니라."

"만약 영혼이 만날 때 정신을 잃어버리지 않으면 어떻게 되나요?"
"그때에는 영혼이 육체를 빠져나가는 과정을 지켜보게 되느니라. 목 부위에서 만난 영혼이 몸을 한 바퀴 돌고 난 뒤에 백회로 빠져나가는데 그 모든 과정을 지켜보게 되느니라."

"그렇게 육체를 벗어나면 어떤 과정을 겪게 되나요?"
"그런 사람은 이미 각성이 투철한 사람이다. 때문에 연옥에 들지 않고 남은 49일의 중음을 자유롭게 보내느니라. 중음 기간 동안 다가오는 현상에 휩쓸리지 않고 자기를 지켜갈 수 있으며 때에 따라서는 중음을 통해 더 큰 깨달음을 얻을 수도 있느니라. 그야말로 자유로운 영혼이 되는 것이지."

"그런 죽음을 맞이하려면 얼마만큼 깨달음을 얻어야 하나요?"
"무의식에 들어가도 깨어있을 수 있는 각성을 얻어야 하느니라."

"혼이 거두어질 때 오장에 있던 선천혼이 심장에서 만난다 하셨는데 습득혼과 유전혼은 어떻게 되나요?"
"유전혼은 육체가 산화되는 과정에서 거두어지느니라. 뼈와 살이 자연으로 돌아가면서 유전혼이 거두어지는데 장례의 방법에 따라 소요되는 시간이 각기 다르니라.
화장의 경우는 즉시 거두어지고 매장의 경우는 삼십 년에서 백오십 년이 소요되느니라."

"매장의 경우는 왜 그렇게 시간 차이가 생기나요?"
"시신이 땅으로 돌아가면 땅의 체백과 유전혼이 서로 결합을 하느니라. 그 상황에서 땅의 체백이 갖고 있는 성향과 힘의 세기에 따라 결합하는 시간이 달라지느니라."

"습득혼은 어떻게 되나요?"
"습득혼은 초입 중음의 과정에서 빠져나갔다가 사후 4일째부터 영혼에게로 돌아오느니라. 아까 그 노인 같은 경우도 내일부터 습득혼을 맞이하게 되느니라."

"습득혼이 돌아올 때는 어떤 현상이 나타나나요?"
"우릉우릉 소리가 나고 번쩍번쩍 빛나는 빛의 형상으로 다가오느니라."

"아까 노인에게 다가왔던 빛은 백색이었는데 습득혼의 빛도 색깔이 있나요?"
"색깔이 있단다. 다섯 가지 색깔이 있고 5일 동안 서로 다른 색깔의 빛이 다가오느니라."

"습득혼의 색깔은 어떻게 생겨나나요?"
"습득혼 또한 오장과 근육에 내장되어 있느니라. 때문에 오장의 성향에 따라서 색깔을 갖게 되느니라.
심장의 습득혼은 붉은색이니라.

비장의 습득혼은 황색이고 간의 습득혼은 녹색이니라.
폐의 습득혼은 금색이고 신장의 습득혼은 푸른색이니라.
습득혼이 도래할 때는 우릉우릉 소리를 내면서 번쩍번쩍 빛나는 형태로 다가오는데 각기 다가오는 날짜가 다르니라."

"날짜별로는 어떤 습득혼이 다가오게 됩니까?"
4일째 되는날은 신장의 습득혼이 다가오느니라.
5일째에는 비장의 습득혼이 다가오고,
6일째에는 심장의 습득혼이 다가오느니라.
7일째에는 간의 습득혼이 다가오고
8일째에는 폐의 습득혼이 다가오느니라."

"만약 그 기간 동안 습득혼을 받아들이지 못하면 어떤 상황에 처해지게 되나요?"
"먼저 보고, 듣고, 냄새 맡고, 말하고, 움직이고, 생각하는 기능이 정체되느니라. 그런 다음에 육도에 윤회하게 되느니라."

"습득혼이 영혼에게 눈, 귀, 코, 입, 몸, 생각의 기능을 주는 것입니까?"
"초입 중음 때에 의식을 잃어버린 영혼들의 경우는 그러하니라."

"습득혼의 빛을 받아들이지 못하면 육도윤회에 든다고 하셨는데 어떤 과정을 겪게 되는지요?"
"육도윤회계의 인연은 사후 3일째부터 다가오느니라.
우릉우릉 소리가 나고 번쩍번쩍 빛나는 백색 빛을 받아들이지 못하면 우중충한 백색 빛이 다가오는데 이것이 천상계로부터 오는 빛이니라.
영혼이 그 빛을 받아들이면 천상계로 태어나게 되느니라.
사후 4일째에 다가오는 우릉우릉 소리 나고 번쩍번쩍 빛나는 청색 빛을 받아들이지 못하면 우중충한 청색 빛이 다가오는데 이 빛은 축생계에서 오는 빛이니라.
그 빛을 받아들이면 축생계에 태어나게 되느니라.
사후 5일째에 다가오는 우릉우릉 소리 나고 번쩍번쩍 빛나는 황색 빛을 받아들이지 못하면 우중충한 황색 빛이 다가오는데 이 빛은 인간계에서 오는 빛이니라.
그 빛을 받아들이면 인간계에서 태어나느니라.
사후 6일째에 다가오는 우릉우릉 소리 나고 번쩍번쩍 빛나는 붉은색 빛을 받아들이지 못하면 우중충한 갈색 빛이 다가오는데 이 빛은 지옥계에서 오는 빛이니라.
그 빛을 받아들이면 지옥계에서 태어나느니라.
사후 7일째에 다가오는 우릉우릉 소리 나고 번쩍번쩍 빛나는 녹색 빛을 받아들이지 못하면 우중충한 녹색 빛이 다가오는데 이 빛은 아수라계에서 오는 빛이니라.
그 빛을 받아들이면 아수라계에서 태어나느니라.

사후 8일째에 다가오는 우릉우릉 소리 나고 번쩍번쩍 빛 나는 금색 빛을 받아들이지 못하면 우중충한 붉은색 빛이 다가오는데 이 빛은 아귀계에서 오는 빛이니라.
그 빛을 받아들이면 아귀계에서 태어나게 되느니라.

이 기간 동안 육도윤회에 들게 되면 나머지 41일 동안의 중음을 겪지 않게 되느니라. 그렇게 되면 영혼의 몸으로써 진화할 수 있는 기회도 놓치게 되고 깨달음을 얻을 수 있는 기회도 잃어버리게 되느니라.
육도윤회계 중 천상계나 인간계로 태어나는 것은 괜찮지만 나머지 세계에 태어나는 것은 큰 고초가 따르느니라.
때문에 이 기간 동안에 다가오는 우중충한 색깔의 빛들은 받아들이지 않아야 하느니라."

"만약 천상계나 인간계에 태어나고 싶으면 어찌해야 합니까?"
"그 인연은 24일째 되는 날에 다시 찾아오느니라. 그때에 다가오는 우충충한 황색 빛과 우중충한 백색 빛을 받아들이면 인간계나 천상계로 태어나게 되느니라. 그 방법에 대해서는 그 날짜가 되면 그때 얘기해 주마."

"영혼이 습득혼을 받아들이지 못하면 눈, 귀, 코, 입, 몸, 생각의 기능이 정체된다고 하셨는데 혼성이 육체 안에 깃들어 있을 때는 어떤 역할을 하나요?"
"세 가지 혼성마다 각기 역할이 다르느니라.
선천혼은 영의 정보를 매개하는 역할을 하면서 습득혼을 유전혼과 결합시키는 역할을 하고 몸을 재생시키는 역할을 하느니라.
유전혼은 부모로부터 받은 유전정보를 저장하면서 선천혼과 공조하고 몸의 수명을 조절하는 역할을 하느니라.
습득혼은 기력을 생성해서 육근과 몸을 이루고 있는 구조물에 공급해 주는 역할을 하느니라.
습득혼의 경우는 대부분 음식을 통해 섭취되는데 육부를 통해 걸러져서 오장에 저장되고 머리와 몸에 제공되느니라."

"습득혼이 육근에 제공되는 경로가 있습니까?"
"그러니라. 오장에 저장되어 있던 습득혼은 경락과 핏줄, 신경과 근육을 통해 육근에 제공되느니라.
심장에 저장되어 있던 습득혼은 눈과 입에 제공되고 보고 말하는 기능을 도와주느니라.
간에 저장되어 있던 습득혼은 눈과 코에 제공되고 보고 냄새 맡는 기능을 도와주느니라.
비장에 저장되어 있던 습득혼은 입과 근육에 제공되고 맛보고 움직이는 기능을 도와주느니라.
폐에 저장되어 있던 습득혼은 코와 살갗, 귀에 제공되고 호흡하고 느끼고 듣는 기능을 도와주느니라.

신장에 저장되어 있던 습득혼은 귀와 뼈에 제공되고 듣고 움직이는 기능을 도와주느니라.
육체 안에서도 그런 역할을 했듯이 영혼에게도 똑같은 역할을 하느니, 그렇기 때문에 습득혼을 받아들이는 것이 중요한 일이니라."

스승님의 말씀은 참으로 오묘했다.
생과 사는 단절된 것이 아니었다.
생이 사로 이어지고 사가 생으로 이어지는 것이 마치 수레바퀴가 굴러가는 것과 같았다.
중음계에 펼쳐져 있는 수많은 불빛들이 장엄하고 숭고하게 느껴졌다. 그러면서 측은한 마음이 들었다.
'저들은 각자 어떤 중음을 겪게 될까? 저들에게는 어떤 생이 기다리고 있을까?'
잠시 상념에 빠져있다 보니 문득 떠오르는 의문이 있었다. 그래서 스승님께 여쭈었다.

"스승님 지금 저도 영혼의 상태인데 저의 경우와 중음에 들어간 영혼은 어떤 차이가 있습니까?"
"너의 경우는 습득혼과 유전혼은 육체에 남아있고 선천혼만 빠져나온 상태이니라. 그래서 이렇게 오랜 시간 동안 분리되어 있어도 육체가 흩어지지 않고 보존되는 것이란다."

"축생계는 이해가 되는데 지옥계나 아귀계, 아수라계에 대해서는 생소합니다. 천상계도 그렇고요."

"지옥계는 생명력이 고갈된 영혼들이 처해지는 세계니라. 눈, 귀, 코, 입, 몸, 생각의 기능이 정체되면 지옥계에 처해지느니라.

아귀계는 영혼으로 존재하면서 먹고사는 방법을 잃어버린 존재들이 처해지는 세계니라. 육체를 갖고 있을때 먹던 습성을 버리지 못하면 아귀계에 처해지느니라.

아수라계는 투쟁과 경쟁심을 버리지 못한 생명들이 처해지는 세계니라. 이기심과 욕심을 버리지 못하면 아수라계에 처해지느니라.

천상계는 비로자나 광명이 비춰지는 세계니라. 스물여덟 개의 천상세계가 있는데 그 세계는 경쟁과 다툼이 없느니라. 천상계에 태어나려면 세 가지 조건이 갖추어져야 하느니라.

첫째는 선성을 얻는 것이니라.
둘째는 습성을 제도하는 것이니라.
셋째는 영혼으로써 큰 몸을 갖추는 것이니라.
선정을 얻는 것은 수행의 성취를 통해서이고 자기 습성을 제도하는 것은 인간적 습성에서 벗어나는 것이니라.
영혼으로써 큰 몸을 갖추려면 다른 생명의 호응을 얻어야 하느니라."

"천상세계에 태어나려면 얼만큼의 선정을 얻어야 하나요?"
"선정을 얻지 못해도 태어날 수 있는 천상계가 있고 선정을 얻어야 태어날 수 있는 천상세계가 있느니라."

"선정을 갖추지 못해도 태어날 수 있는 천상세계는 어디인가요?"
"욕계 6천이니라. 다만 세 가지 착함을 이루어야 하느니라."

"세 가지 착함이 무엇인가요?"
"몸의 착한 행과 입의 착한 행, 뜻의 착한 행이 세 가지 착함이니라."

"세 가지 착함을 이루면 어떤 과정을 거쳐서 천상세계에 태어나나요?"
"천상세계로 태어날 때는 먼저 인간의 식이 없어지고 천상의 식이 생겨나느니라. 중음 기간 동안 우중충한 백색 빛에 처해지면 인간의 식이 사라지고 곧 명색과 6입이 이루어지면서 천상의 식이 생겨나느니라.
그런 후에 어떤 천자(天子)나 천녀(天女)에게서 화생으로 태어나게 되느니라. 혹은 앉은 곳에서나 혹은 양 무릎 사이에서나 혹은 양 다리 사이에서 홀연히 나타나게 되느니라. 처음 날 때는 마치 인간 세상의 열두 살짜리 어린아이만 하게 태어나느니라. 만약 그가 하늘 남자라면 곧 천자의 앉은 곳이나 무릎가의 한 곳에서 나게 되고, 만약 그가 하늘 여자라면 곧 천녀의 양 다리 안에서 나게 되느니라. 태어나면 곧 '이는 나의 아들이다, 딸이다'라고 말하느니라. 천자와 천녀들은 처음 날 때부터 스스로의 업인(業因)으로 훈습되었기 때문에 세 가지 기억을 얻느니라.
첫째는 자신이 어떤 곳에서 죽은 줄을 알며,
둘째는 자신이 지금 이곳에 난 줄을 알며,
셋째는 그가 생겨난 것이 바로 이 업의 결과이고, 바로 이 복의 과보인 줄을 아는 것이니라.
또 이런 생각을 하느니라.
'나는 저곳에서 몸과 목숨이 무너진 뒤에 이 세간에 와서 났다. 나는 이 세 가지 업의 결과와 세 가지 업의 과보가 성숙함을 연하여 여기에 와서 났다. 무엇이 세 가지인가 하면, 이른바 몸의 착한 행과 입의 착한 행과 뜻의 착한 행이다. 이들 세 가지 업의 과보가 성숙하였기 때문에 몸이 부너지고 목숨을 마치고는 이곳에 와서 난 것이다.'
또 이런 생각을 하느니라.
'원컨대, 내가 만약 이곳에서 죽으면 장차 인간에 태어날지이다. 내가 인간에서 생을 받은 뒤에, 또 몸과 입과 뜻으로 착한 행을 닦고, 몸과 입과 뜻의 착한 행을 닦음으로써 몸이 무너진 이후에 다시 이곳에 와서 날지이다.'
이런 생각을 한 다음에는 이어 음식을 생각하는데, 먹고 싶다고 생각할 때에 바로 그 앞에는 여러 보배 그릇이 생기고, 그 그릇에는 저절로 하늘 수타의 맛이 갖가지 신기한 빛깔로 가득히 담겨지느니라.

여러 천자들 가운데 훌륭한 업을 지닌 이는, 그 수타 맛의 빛깔이 가장 희고 깨끗하며, 만약 그 천자의 과보가 중간이면 그 수타 맛의 빛깔은 조금 붉으며, 만약 그 천자의 복덕(福德)이 낮으면 그 수타 맛의 빛깔은 조금 검느니라.

그때 그 천자가 손으로 하늘 수타의 맛을 움켜쥐어 그 입 안에 넣으면 이 수타의 맛은 입에 들어가는 즉시 저절로 점점 녹아서 변화하는데, 마치 소(酥)와 생소(生酥)를 불속에 던져 넣으면 저절로 녹아서 형체나 그림자가 없어져 버리는 것과 같나니라.

이 맛을 먹고 난 뒤에, 만약 목이 마르면 이때 바로 그 앞에 하늘 보석의 그릇이 있다가 하늘 술이 가득히 담겨지는데, 복의 상·중·하에 따라 희고 붉고 검은 빛깔을 띠니 그 입안에 들어가서 녹는 것도 그러하니라.

그때 그 천자가 다 먹고 나면 몸이 어른 크기로 변화되느니라.

몸이 성장하고 나면 저마다 그 뜻에 따라 가고 싶은 곳으로 나아가느니라.

혹은 못물에 나아가기도 하는데, 그 못에 들어가서 깨끗하게 목욕하고 기뻐하며 즐거움을 누리느니라.

못에서 나온 뒤에 다시 향 나무로 나아가는데, 그때 그 향 나무의 가지가 저절로 낮게 굽어지느니라.

그러면서 가지 속에서 온갖 묘한 향기가 나와 그의 손을 적셔 주느니라. 그 향수를 몸에 바르고 다시 옷나무로 나아가느니라.

그때 옷나무도 가지를 낮추고 그 가지 사이에서 갖가지 미묘하고 좋은 옷을 내느니라.

천자의 손에 닿도록 가지를 드리우면 옷을 가져다 입느니라. 옷 입기를 마치면 영락 나무로 나아가느니라.

영락 나무도 가지가 낮게 드리워져서 영락이 손에 들어오느니라. 위아래에 영락을 둘러서 몸치장을 마치면 다시 다리[鬘] 나무로 나아가느니라. 그 나무가 낮게 드리워서 온갖 훌륭하고 묘한 꽃다발이 흘러나오면, 천자는 그것을 가져와 머리를 꾸미고는 다시 그릇 나무로 나아가느니라.

이 나무에서도 갖가지 여러 보석 그릇들이 나오므로 마음껏 취한 뒤에 과일 숲으로 가지고 가서 여러 가지 과일을 담아 깨물어 먹기도 하고, 혹은 즙을 내어서 먹기도 하느니라.

이렇게 하고 다시 여러 음악 나무로 나아가면, 나무가 또한 낮게 드리워지며 저절로 갖가지 악기로 변화되느니라. 그러면 뜻대로 가져다가 혹은 타거나 두드리고 혹은 노래하거나 춤추는데, 음성이 미묘하여 사람들이 즐겨 듣느니라.

이에 다시 여러 동산 숲으로 나아가는데, 동산에 들어가면, 곧 무량백(無量百)·무량천(無量千)·무량무변백천억(無量無邊白千億)의 여러 하늘 옥녀들을 만나게 되느니라. 천자가 아직 옥녀를 보지 못하였을 때는 전생의 업보를 전부 알고 똑똑하고 분명하게 지난 세상의 일을 기억하느니라. 하지만, 옥녀를 보게 되면 색(色)심에 이끌려서 깨달았던 마음이 곧 사라지느니라.
그렇게 되면 천상 복이 다해서 다시 인간으로 태어나게 되느니라."

"선정을 얻었을 때 태어날 수 있는 천상계는 어디인가요?"
"1선정에서 7선정을 이룬 사람이 몸에 대한 집착이 있으면 선정의 정도에 따라 색계 18천에 태어나게 되느니라. 5, 6, 7, 8선정을 이룬 사람이 몸에 대한 집착이 없으면 무색계 4천에 태어나게 되느니라."

"다른 생명의 호응으로 영혼의 크기가 커지는 것은 어떤 이치입니까?"
"영혼의 몸이 커지는 것은 두 가지 조건이 있느니라.
첫째가 마음의 안정이고 둘째가 다른 생명의 호응이니라. 마음의 안정은 선정으로 얻어지니 선정이 깊을수록 큰 몸이 갖춰지느니라.
다른 생명의 호응을 받으려면 이타심이 있어야 하느니라. 상대에게 이로움을 주어야 그로부터 호응을 얻게 되느니, 다른 생명으로부터 받는 호응은 공덕이 되고 공덕이 곧 복력이 되느니라. 어느 세계를 가더라도 복력이 있는 사람은 귀해지고 복력이 없는 사람은 천해지느니라.
반대로 다른 생명으로부터 비방을 받게 되면 업력이 커지게 되느니라. 업력이 커지면 죄가 되는데 그런 생명들은 점점 더 작은 몸을 갖게 되느니라.
생명의 몸은 밝은성품이 그 바탕을 이루니라.
호응을 통해서 뿌듯함이 증장되면 밝은성품이 많아지게 되니 그로써 큰 몸을 갖추게 되느니라.
반대로 비방을 통해서 번뇌가 많아지면 밝은성품이 줄어들게 되어 작은 몸을 갖게 되느니라."

"비로자나 광명이란 어떤 것입니까?"
"비로자나 광명은 생멸문의 중심에서 생성되는 밝은성품이니라."

"생멸문이란 무엇입니까?"
"우리가 살아가고 있는 이 우수는 거대한 생명의 몸이니라. 한 개의 우주가 하나의 생명인 것이지.
그 생명이 측량할 수 없는 큰 몸을 갖고 있어서 '문'이라 하고 그 안에서 생·주·이·멸(生住異滅)이 일어나기에 '생멸'이라 부른단다.
하나의 생멸문은 삼십삼천으로 이루어져 있고 그 삼십삼천은 색계, 욕계, 무색계로 이루어져 있느니라.
또한 삼십삼천 중에 28천은 천상계이고 나머지 5천은 인간계, 아수라계, 아귀계, 축생계, 지옥계로 이루어져 있느니라.
생멸문 안에서 육도윤회가 일어나는 것이니라.
육도윤회는 생멸문 안에서 일어나는 생·주·이·멸의 한 가지 형태이니라.
생멸문의 원형을 '원초신'이라 하느니라.
천지만물은 원초신이 분열되어서 생겨난 것이니라.
삼십삼천도 원초신이 분열되어서 생겨난 것이고 개체생명들도 원초신에서 분열된 것이니라.
원초신이 천지만물로 분열되는 과정이 곧 12연기니라.

개체생명에게 수명이 있듯이 원초신에게도 수명이 있느니라. 개체생명의 수명을 '일생(一生)'이라고 부르고 원초신의 수명은 '일겁(一劫)'이라고 부르느니라.
개체생명이 자성(自性)을 갖고 있듯이 원초신도 본성(本性)을 갖고 있느니라. 원초신의 본성에서 생성되는 밝은성품을 '비로자나 광명'이라 하느니라."

"원초신이 수명이 있다면 원초신도 죽는 것인가요?"
"그러니라. 겁이 다하면 원초신도 죽느니라."

"원초신이 죽으면 어찌되나요? 원초신도 영혼이 있나요?"
"원초신이 죽으면 빛과 소리로 돌아가느니라.

빛은, 몸을 이루던 공간이 변화된 것이고 소리는 마음을 이루던 정보가 만들어 내느니라.
그 빛과 소리가 원초신의 영혼이니라.
원초신은 다섯 가지 색깔의 빛과 여덟 가지 소리로써 영혼의 몸을 이루고 있느니라"

"그런 원초신은 어떻게 해서 생겨났나요?"
"부처님께서는 업(業)으로 생겨났다고 말씀하셨느니라.
자세한 과정은 나도 모르는 일이니라."

스승님께서 모른다고 말씀하시니 의아했다.
지금까지 한 번도 그런 말씀을 하신 적이 없기 때문이다.
의아한 표정으로 스승님을 바라보니 스승님께서 웃음을 지으셨다.

"왜? 내가 모른다고 하니 믿기지가 않는 것이냐?"
"아! 아닙니다. 스승님께서도 모르시는 것이 있나 싶어서요."

속마음을 들키고 나니 왠지 부끄러웠다.
나의 표정을 바라보던 스승님이 너털웃음을 터뜨렸다.
"구선아! 너는 그 일이 궁금하지 않느냐? 나 또한 그 일을 알고 싶단다. 하지만 지금의 깨달음으로는 그 일을 알 수가 없구나. 나중에 네가 그 일을 알게 되면 그때 나에게 가르쳐 주려무나."

스승님의 표정에는 웃음기가 남아 있었지만 눈빛은 차분하게 가라앉아 있었다. 스승님의 눈빛을 마주하니 미묘한 설레임이 일어났다.

"인간이 죽을 때는 중음을 겪게 되는데 원초신의 죽음에도 그런 과정이 있나요?"
"그렇단다. 겁이 다하기 전에는 조짐이 있느니라."

"어떤 조짐들이 일어나나요?"
세 종류의 겁이 있느니라.
소겁과 중겁, 대겁이 그것이니라.
소겁과 중겁 때는 원초신 전체가 겁에 들지 않느니라.
소겁 때는 삼십삼천 중에 광음천까지 겁화가 미치는 때가 있고 변정천과 광과천까지 겁화가 미치는 때가 있느니라.
광음천은 색계 2선천이고 변정천은 색계 3선천이며 광과천은 색계 4선천이니라.
중겁 때는 무색계를 제외한 모든 천상세계에 겁화가 미치느니라. 욕계 12천과 색계 18천이 모두 겁화에 드느니라.
대겁 때는 무색계 4천도 겁화에 드느니라.
소겁이 스무 번 일어나면 중겁에 들고 중겁이 세 번 일어난 후에 소겁이 스무 번 더 일어나면 대겁이 오느니라.

소겁이 80번 진행되면 1대겁이 오는 것이니라.
부처님께서는 중겁이 오기 전에 일어나는 조짐에 대해서 이와 같이 말씀하셨느니라.

[세간에는 각기 세 가지 중겁(中劫)이 있으니 무엇이 세 가지인가? 첫째 도병(刀兵)이고, 둘째 기근(飢饉)이고, 셋째 질역(疾疫)이니라.
어찌하여 도병 중겁이라 하는가?
도병겁(刀兵劫)때의 사람들은 바른 행이 없고, 법다운 말을 하지 않으며, 삿된 소견과 뒤바뀐 생각으로 열 가지 선하지 못한 업을 전부 함께 행하니라.
이때 중생들은 수명이 열 살이니라.
그 당시 여인들은 태어난 지 다섯 달 만에 시집가느니라. 마치 요즘 사람의 열대여섯에 남편 집으로 시집가는 것과 같느니라.
오늘날 땅에서 나는 소(酥)와 기름과 생소(生酥)와 석밀과 사탕과 멥쌀은 그때에 이르면 모조리 없어져서 다시는 나타나지 않느니라.
또 그 사람들은 순수한 암양의 털로 옷을 삼는데 훌륭하고 묘하니라.
그때는 피[稗子]만을 먹는데, 마치 지금 사람이 멥쌀과 같은 것을 맛있는 밥이라고 생각하며 먹는 것과 같으니라.
그들은 열 살을 사는 동안에 부모에게 불효하고, 사문과 바라문을 공경하지 않으며, 웃어른을 공경하지 않느니라.
오로지 권력의 힘으로 남의 공양과 섬김과 찬탄과 존중을 받느니라.
이때의 인간들은 서로 보기만 하면 저마다 해치고 죽이려는 마음을 낼 뿐 인자하고 가엾이 여기는 마음이 없느니라. 마치 오늘날의 사냥꾼이 빈 산이나 늪에서 짐승들을 보면 오직 해치고 죽일 마음을 내는 것과 같느니라.
그때의 사람들은 몸치장을 하는 기구가 전부 칼과 무기이니라.
중겁이 끝나려 할 때에는 7일 안에 모든 사물이 무기로 바뀌게 되느니라. 손에 닿는 것이라면 그것이 풀이거나 나무거나 흙·구슬·기와며 돌과 같은 것이라도 전부 칼과 무기로 변하는데, 그 끝이 매우 날카로워서 사람이 만든 것보다 더 하니라. 그 무기를 들고 저마다 다투어 붙잡고 서로 죽이고 해치느니라.
그리하여 이레 동안에 서로를 거의 다 죽이게 되느니라. 이때문에 목숨을 마치고 나면 모두 지옥의 고통을 받게 되느니라. 이것들을 도병 중겁이라고 하느니라.

기근겁(飢饉劫)일 때의 사람들도 법과 행이 없고 삿된 소견과 뒤바뀐 생각으로 열 가지 선하지 못한 업을 행하느니라. 이 인연 때문에 하늘에서 비가 오지 않느니라.
때문에 세상에는 기근이 들어 종자가 없어지느니라.

이때의 사람들은 네거리나 성곽과 다니는 길이나, 온갖 곳에서 흰 뼈를 줍고 거두어서 물에 달여 즙을 내어 마시며 이로써 목숨을 부지하느니라.
또한 온갖 나무껍질을 삶아서 그 즙을 마심으로써 자신의 목숨을 부지하느니라.
그때의 중생들은 굶어 죽은 뒤에 염마라(閻魔羅) 세상에 떨어져 아귀의 몸을 받느니라. 이것들을 기근 중겁이라 하느니라.

질역겁 때의 사람들은 바른 법을 행하려 하고, 법다운 것을 말하려 하고, 또한 뒤바뀜이 없는 소견에서 행하려 하고, 또한 열 가지 선업도를 빠짐없이 행하려 하느니라. 다만 이때에 그 법다운 사람들은 과거에 열 가지 선업의 훌륭한 과보를 쌓지 못했느니라.
때문에 많은 사람들이 병들어 죽게 되느니라.
질역겁일 때는 타방 세계의 한량없는 비인(非人)들이 와서 사람들에게 여러 가지 병을 전염시키느니라.
그 비인들이 그들의 정혼(精魂)을 빼앗아 그것을 악에 접촉시키면 마음이 답답하고 어지럽게 되느니라. 그중에 많은 박복한 사람들은 병으로 인해 죽게 되느니라.
그 몸이 죽으면, 모두가 여러 하늘에 나느니라.
왜냐하면 그곳의 사람들은 서로 해치려는 마음이 없었고, 괴롭히려는 마음이 없었고, 이롭게 하려는 마음, 인자한 마음, 청정한 마음이 있었기 때문이니라.
죽으려 할 때에 서로 '그대의 병은 견딜 만한가, 조금 덜한가, 헤어날 만한가, 일어날 만한가, 병이 완전히 나을 만한가?'라고 안부를 물었기 때문에 이런 인연으로 천상에 나게 되느니라.
이것들을 질역 중겁이라 한다.
이것이 세간의 세 가지 중겁이니라.]"

"소겁에 대해서는 어떻게 말씀하셨나요?"
"세 종류 소겁에 대해 말씀하셨느니라. 화재겁(火災劫), 수재겁(水災劫), 풍재겁(風災劫)이 그것이니라.
[대겁과 중겁 사이에 3재(災)가 있느니라.
첫째는 화재(火災)이고, 둘째는 수재(水災)이며, 셋째는 풍재(風災)이니라.
화재일 때는 광음천(光音天)에 들어가서야 그 재앙을 면하고, 수재일 때는 변정천(遍淨天)에 들어가서야 그 재앙을 면하고, 풍재일 때는 광과천(廣果天)에 들어가서야 그 재앙을 면하느니라.

화재겁 때의 중생들은 모두 선한 행이 있고, 그 말이 법다우며, 다섯 가지 소견이 성취되어 뒤바뀜이 없으며, 열 가지 선업도를 완전히 수행하고, 각(覺)과 관(觀)이 없어도 2선정을 자연히 얻게 되느니라.

그때 그 중생들은 신통의 힘으로 허공에 머무르고, 여러 신선의 도에 머무르고, 여러 하늘의 도에 머무르고, 범행의 도에 머무르느니라.
이렇게 머무른 뒤에 각관(覺觀)이 없이 제2선(禪)의 즐거움을 누리게 되느니라. 그러다가 몸이 무너지면 바로 광음천에 나게 되느니라.
지옥 중생과 축생과 염마라 세상과 아수라 세상과 사천왕 세상과 삼십삼천과 야마천과 도솔타천과 화락천과 타화자재천 및 마신천(魔身天)과 범세(梵世)에 이르기까지 일체 중생들은 인간으로 태어나서 모두 다 각관이 없는 2선정을 성취하여 몸이 무너지면 바로 광음천에 나느니라. 이때에는 육도윤회의 길이 모두 끊어지게 되느니라. 그때에는 한량없이 오랜 기간 동안에 비가 내리지 않아서 모든 초목이 모조리 말라죽게 되느니라.

이때 가리가(迦梨迦)라는 큰 바람이 8만 4천 유순의 큰 바닷물에 불어서 모두 사방으로 흩어지게 하느니라. 그런 다음, 해가 모여있는 큰 궁전으로 내려가 하나의 해를 바다 위로 불어 내어 해가 다니는 길의 한가운데에 놓아두느니라.
이것을 일러서 제2의 해가 세간에 나온 것이라 하느니라. 두 개의 해가 뜨면 작은 방죽·못·개천과 시내들은 모조리 말라버리고 남는 것이 없게 되느니라.
가리가 바람이 또 하나의 해를 궁전에서 불어내서 해의

길에 놓아두느니라. 이것을 제3의 해가 세간에 나온 것이라 하느니라. 이때에는 모든 큰 방죽, 큰 못, 큰 개천, 큰 시내며, 항하 등의 온갖 하천들이 모조리 말라서 남는 것이 없게 되느니라.

이러한 과정으로 세간에는 다시 제 4의 해가 나오게 되는데, 이때에는 온갖 큰 물이며 큰 못 등이 모조리 말라서 남는 것이 없게 되느니라.

이러한 차례로 세간에는 다시 제5의 해가 나오느니라.
이때에는 큰 바닷물은 점점 말라서 처음에는 조금 줄어들다가 나중에는 어디나 말라서 남은 물이 없게 되느니라.

또 여섯 개의 해가 세간에 나타날 때에 저 사대주(四大洲)와 8만 4천 소주(小洲)와 온갖 큰 산이며, 수미산에 이르기까지 모두 다 연기가 일어나느니라. 연기가 일어날 때에는 마치 기와장이가 그릇을 구울 때에 그릇 위로 불꽃이 한꺼번에 일어나는 것과 같느니라. 그 사대주와 큰 산들에서 연기가 세차게 일어나는 것도 그와 같느니라.

일곱 개의 해가 나오면 저 사대주와 8만 4천 소주와 온갖 큰 산과 수미산까지 모두 훤하게 타고 지하수까지도 모조리 말라 버리게 되느니라. 물 더미가 다하면 바람 더미도 스러지나니, 이렇게 불꽃이 훨훨 탈 때에 수미산 꼭대기 윗부분의 7백 유순이 한꺼번에 무너져 내리느니라. 그 불이 점점 타면서 범천 궁전을 태워버리느니라. 그러나 광음천까지는 이르지 못하느니라.

그때 광음천에서 늦게 태어난 광음천자들은 아직 세간의 겁(劫)이 파괴되는 것을 보지 못하였으므로 모두 무서워하고 놀라 떨면서 서로 이렇게 말하느니라.
'장차 불꽃이 뻗어 와서 이 광음 궁전을 태워 버리지 않을까?'
이때 그곳에부터 있던 광음 천자들은 세간의 겁이 파괴되고 생기고 머무름을 잘 알기 때문에 뒤에 난 여러 천자들을 위로하며 일깨워 주느니라.
'그대 어진 이들아, 놀라지 말고 무서워하지도 말라. 왜냐하면 그대들은 옛날에도 불꽃이 여기까지 닿았음을 알아야 하기 때문이다.'
그때 천자들은 이 말을 듣고, 문득 옛날의 불꽃을 기억하였는데, 그 불꽃을 기억하여 마음에서 떠나지 않았으므로 그때문에 이곳을 광천(光天)이라 부르게 되었느니라. 그 불은 그렇게 아주 훨훨 타며 세찬 불꽃이 시뻘겋게 달아올라 그것을 송두리째 태워 버리므로 기억할 만한 남는 것이 전혀 없게 되느니라.

수재겁 때의 중생들은 법다운 행이 있고, 법다운 말을 하고, 바른 소견을 성취하여 뒤바뀐 견해가 없으며, 열 가지 선한 행을 지니고 있느니라. 그 사람들은 장차 기쁨이 없는[無喜] 제3선(禪)을 얻을 것인데 애써 힘들이지 않고 고달픔이 없이 저절로 얻게 되느니라. 그때 그 중생들은 허공의 선인(仙人)과 하늘과 범행의 도에 머무르게 되고, 머문 뒤에는 기쁨을 떠난 즐거움을 얻게 되느니라.

이와 같이 기쁨이 없는 제3선의 도를 성취하는데, 성취한 뒤에 증득하고, 증득한 뒤에 생각하고, 생각한 뒤에 머무르니, 몸이 무너지고 목숨을 마치면 변정천에 나게 되느니라.

이렇게 하여 아래로 지옥, 염마라 세상, 아수라 세상에서, 사천왕천으로부터 범세(梵世)와 광음천에 이르기까지 아래에 있는 모든 중생과 온갖 처소와 온갖 존재[有]가 모조리 다 끊어지게 되느니라.

한량없고 오랜 삼마야(三摩耶)를 지났을 때 큰 구름이 두루 덮여서 광음천까지 꽉 차게 되느니라. 이로부터 아래에는 뜨겁게 끓는 잿물이 한량없이 내리게 되는데 백천억 년 동안 내리게 되느니라.

그 끓는 잿물의 비가 내릴 때 광음천의 모든 궁전이 녹아서 모조리 사라지니 그 형상이나 작은 티끌이나 그림자조차도 찾아볼 수 없게 되느니라.

이와 같이 범신천이나 마신천·화락천·타화자재천·도솔천·야마천의 여러 궁전들도 끓는 잿물의 비 때문에 녹아서 씻겨 없어지니 마치 소(酥)를 불에 던지면 녹아 없어져서 형상이 사라지는 것과 같느니라.

그 끓는 잿물의 비가 내릴 때에 사대주와 8만 소주와 다른 큰 산과 수미산에도 비가 내려 녹아 없어져서 기억할 만한 형상이 사라지니 이것을 수재겁이라 하느니라.

풍재겁 때의 중생들은 법답게 수행하고 바른 생각을 성취하여 제4선(禪) 중의 광과천에 나느니라.

지옥 중생이 인간세계에 태어나 청정한 행을 닦고 4선을 성취하는 것도 그와 같으며, 모든 축생의 도와 염마라 세상과 아수라 세상, 사천왕, 삼십삼천, 야마천, 도솔타천, 화락천, 타화자재천, 마신천, 범세, 광음천, 변정천 등에서도 모두 수행하여 4선을 성취하느니라.

한량없고 오랜 사마야를 지났을 때 큰 바람이 일어나는데, 그 바람의 이름이 승가다(僧伽多)이니라.

그 바람은 먼저 변정천들의 일체 궁전에 불어닥쳐서 마침내 파괴되고 없어져 기억할 만한 것이라고는 조금도 남아 있지 않게 되느니라.

마치 장사가 두 개의 구리 그릇을 두 손에 들고 서로 끝없이 문지르면, 파괴되고 소멸하여 알 수 있을 만한 나머지 형상조차도 사라져 버리는 것과 같느니라.

이렇게 하여 차례로 광음천에 있는 궁전과 범신천들에 있는 궁전, 마신천, 타화자재천, 화락천, 야마천의 일체 궁전에 불어 서로 부딪치고 갈려서 하나하나를 모두 티끌까지 없게 하느니라.

마치 건강한 장부가 손에 보릿가루를 쥐고 가루를 부수어 공중을 향하여 던져 흩으면, 바람에 휘날려 모조리 날아가서 형상도 없고 그림자도 없는 것과 같으니 그 바람이 불어 모든 주(洲)와 모든 산을 부수는 것도 그와 같느니라.

이것을 풍재겁이라 하느니라.]"

"소겁을 거친 세계가 다시 복원될 때는 어떤 과정을 거치게 되나요?"

"그 부분에 대해서도 부처님께서 말씀하신 대목이 있느니라. 기세경 세주품에서 이렇게 말씀하셨느니라.

[삼재겁으로 세간이 파괴된 뒤에 다시 생기기까지는 한량없이 오랜 세월이 지나야 하느니라.
그때에는 큰 겁구름이 일어나서 범천 세계까지 두루 덮느니라. 그런 다음 큰 비를 쏟아붓는데, 그 빗방울의 크기가 매우 커서 혹은 수레의 굴대만 하기도 하고, 혹은 절굿공이만 하기도 하느니라.
이런 비가 백천만년의 오랜 세월을 계속 내리면서 그 빗물 더미는 점점 불어나서 범천이 살고 있는 세계까지 그 물이 두루 차느니라.
그 물 더미는 네 개의 풍륜(風輪)으로 주지[住持]되고 있느니라. 그 풍륜의 이름은 주(住), 안주(安住), 불타(不墮), 뇌주(牢主)이니라.
비가 그친 이후에 그 물더미는 한량없는 백천만 유순을 내려오느니라. 이때 사방에서 한꺼번에 큰 바람이 일어나는데, 그 바람을 아나비라(阿那毘羅)라고 하느니라.
이 바람이 그 물 더미에 불면, 파도가 끓어올라 용솟음치면서 끊임없이 마구 뒤섞이다가 물속에서 자연히 큰 거품 더미가 생겨나느니라.

그때 아나비라 큰 바람이 그 거품 더미를 불어 공중에 던져 놓으면 위에서 범천의 궁전들이 만들어지느니라. 그 궁전들은 미묘하고 아름다우니 이른바 금·은·유리·파리·적주·차거·마노의 칠보가 섞여서 이루어졌느니라.

이 인연이 생겨난 후로 범신천들이 세간에 출생하게 되었느니라.

이렇게 범천을 만든 뒤에 그 큰 물 더미는 다시 한량없는 백천만억 유순을 내려오면서 사방에서 아나비라 바람과 부딪치게 되느니라. 이 큰 바람이 물 더미를 불어 올려 던져 버림으로 인해 마신천의 궁전이 생겼느니라.

이렇게 하여 타화자재천들의 궁전과 화락천들의 궁전, 도솔타천들의 궁전, 야마천들의 궁전을 이룩하였느니라. 이렇게 하여 차례로 출생하는 것이 모두 범신천들의 궁전에서와 같고, 다만 그 보석 빛깔만이 조금 거진 것이 다를 뿐이니라.

그때 물 더미는 더욱더 줄어들어 한량없는 백천만 유순을 내려가다가 고요히 머무느니라.

이때 물 무더기에서 사방을 빙 둘러 저절로 거품이 일어나 물 위에 뜨는데, 거품의 두께는 68억 유순이고, 둘레와 너비는 한량이 없느니라.

마치 샘·못·방죽·호수에서 두루 사방에서 모두 거품이 일어나 물 위를 꽉 덮으며 고요히 그대로 머무르는 것과 같으니라.

그때 아나비라 큰 바람이 그 물거품을 불어 다시 수미산을 만들어 내고, 다음에는 성곽을 짓는데, 여러 가지 빛깔이 어우러져 아름답고, 금·은·유리·파리 등의 네 가지 보석으로 이루어졌느니라.

이 인연으로 세간에 수미산이 생겨나게 되었느니라.

또 그때에 아나비라 큰 바람이 그 물거품을 불어 수미산 윗부분의 사방에 산봉우리를 만드는데, 그 봉우리들의 높이가 각각 7백 유순이니라.

여러 가지 빛깔이 어우러져 매우 미묘하고 아름다우며 이른바 금은으로부터 차거와 마노에 이르기까지의 칠보가 합해서 이루어졌느니라.

그 바람은 또 물 위에 떠 있는 거품을 불어 삼십삼천의 궁전을 지었느니라.

그다음에 수미산 동·서·남·북 중턱 4만 2천 유순인 곳에 사대천왕을 위하여 궁전을 만들었느니라. 성벽이나 담장은 모두 칠보이고, 단정하고 위엄에 넘치며, 자못 미묘하고 여러 가지 빛깔이 어우러져 보기가 매우 좋았느니라.

이렇게 한 뒤에 그 바람이 다시 물거품을 불어 수미산 중턱 4만 2천 유순되는 곳에 월천자(月天子)를 위하여 궁전을 만들었느니라. 높고 큰 성벽은 칠보로 이루어졌고, 여러 가지 빛깔이 어우러져 웅장하고 엄숙하였느니라.
이렇게 짓고 난 뒤에 다시 물거품을 불어 일천자(日天子)를 위하여 일곱 채의 거대한 궁전을 완전하게 지어냈느니라. 성곽과 다락은 칠보로 이루어지고 갖가지로 장엄되었으며, 여러 가지 빛깔이 어우러져 매우 보기가 좋았느니라. 이 인연으로 세간에는 일곱의 해의 궁전이 자리를 잡게 되었느니라.

그 바람이 저 물 더미의 거품을 불어 수미산 위에 다시 세 개의 성곽을 만들었느니라. 칠보로 장엄하였고 여러 가지 빛깔이 자못 미묘하니라.
아나비라 큰 바람이 다시 이 거품을 불어 바닷물 위 높이 만 유순 되는 곳에 공거(空居)야차를 위하여 파리로 궁전을 지었는데, 성곽과 다락이 모두 파리이니라.
그때 아나비라 큰 바람이 다시 물거품을 불어 수미산의 동·서·남·북에 각기 따로 산에서 1천 유순 떨어신 큰 바다 아래 사면(四面)에 아수라성을 만들었는데, 칠보로 장엄되어 미묘하고 아름다웠느니라.
아나비라 큰 바람이 그 물거품을 불어 수미산 밖에 던져 놓으면 바로 그곳에 다시 큰 산이 만들어지는데 거제라가산(佉提羅迦山)이라고 부르느니라. 산의 높이와 너비는 각 4만 2천 유순이며, 모두 칠보로 장엄되어 만들어져서 자못 미묘하여 보기에 매우 좋으니라.

또 다음에 아나비라 큰 바람이 그 물거품을 불어 거제라가산 밖에 던져놓으면 다시 그곳에 산이 하나 만들어지는데, 이사타라산(伊沙陀羅山)이라고 부르느니라. 그 산의 높이와 너비는 각 2만 1천유순이고, 여러 가지 빛깔이 어우러져 아름답고, 차거와 마노 등의 칠보로 이루어졌느니라. 다시 아나비라 큰 바람이 그 물거품을 불어 또 이사타라산 밖에 던져 놓으면 그곳에도 하나의 산이 만들어지는데, 유건타라산(由乾陀羅山)이라고 부르느니라.

이렇게 차례로 선현산(善現山)이 만들어지니 높이와 너비는 똑같이 6천 유순이고, 다음에는 마편두산(馬片頭山)이 만들어지니 높이와 너비는 똑같이 3천 유순이며, 다음에 니민타라산(尼民陀羅山)이 만들어지니 높이와 너비가 똑같이 1천2백 유순이며, 다음에 비나야가산(毘那耶迦山)이 만들어지니 높이와 너비가 똑같이 6백 유순이며, 다음에 작가라산(斫迦羅山)이 만들어지니 높이와 너비가 똑같이 5백 유순인데, 여러 가지 빛깔이 어우러져 사랑스럽고, 모두가 금·은·유리·파리·적주·차거와 마노 등의 일곱 가지 묘한 보배로 이루어졌느니라.

또 다음에 아나비라 큰 바람이 그 물거품을 불어 또 작가라산 밖에 흩어던져 놓으면 네 방위에 사대주와 8만 소주(小洲), 그 밖에 나머지 큰 산이 차례로 만들어지느니라.
또 아나비라 큰 바람이 그 물거품을 불어 사대주와 8만

소주와 수미산이며 다른 모든 큰 산을 지나서 바깥 둘레에 놓아두면 그것이 대윤위산(大輪圍山)이니, 높이와 너비는 똑같이 6백80만억 유순인데, 굳건하고 견실하며 금강으로 이루어져서 좀처럼 쉽게 무너지지 않느니라.
다시 아나비라 큰 바람이 대지에 불어 파는데 점점 깊이 파 들어가 그 가운데 큰 물 더미를 놓으면, 그 물더미는 꽉 차서 고요히 머무르게 되느니라. 이 인연으로 세간에 큰 바다가 있게 되었느니라.]"

"원초신이 죽어서 빛과 소리로 돌아가면 분열되어 생겨났던 천지만물들은 어떻게 되나요?"
"겁이 다하면 생멸문을 이루고 있던 모든 생명들은 다시 하나로 합쳐지느니라. 그러면서 개체적 성품을 잃어버리게 되느니라. 업보도 합쳐지고 깨달음도 합쳐지니 한 겁 동안 이루었던 성취와 과보가 모두 사라지게 되느니라.
마치 세상의 모든 강물이 바다에서 합쳐지듯이 천지만물도 그와 같은 상태가 되느니라."

"그렇게 되는 것이 좋은 일인가요?"
"좋은 일은 아니니라. 하루를 살더라도 하루만큼의 성취가 있을 텐데 그것을 잃어버리게 되니 안타까운 일이지.
부처님께서 삼계화택을 벗어나라고 하신 것은 겁화의 굴레에서 벗어나라는 의미니라."

"겁의 굴레에서 벗어날 수가 있나요?"
"그럼! 진여보살이 되면 겁화의 굴레에서 벗어나게 되느니라."

"얼만큼의 깨달음을 얻어야 겁화에서 벗어나고 진여보살이 될 수 있습니까?"
"생멸심을 제도해서 보살도에 들어가야 하느니라.
아직 너는 그 의미를 모르겠지만 훗날 깨닫게 될 것이다."

스승님의 말씀을 듣다 보니 문득 궁금한 생각이 들었다.
'스승님께서는 겁화의 굴레에서 벗어날 수 있는 깨달음을 얻으셨을까?'
하지만 송구스러워서 차마 여쭙지 못했다.
그런 나의 마음을 스승님께서는 알고 계셨다.
"그래, 나도 이제는 겁화의 굴레에서 벗어나게 되었느니라."
스승님의 말씀에 화들짝 놀랐다. 하지만 내색하지 않았다. 담담하게 말씀하시는 스승님의 모습이 거대한 산처럼 느껴졌다. 허리 숙여 합장을 하면서 송구한 마음을 전했다.

"스승님, 영가가 사후 8일째까지 육도윤회계에 들지도 못하고 우릉우릉 소리 나고 번쩍번쩍 빛나는 밝은 빛도 받아들이지 않으면 어떤 경계를 맞이하게 되나요?"
"폐의 습득혼도 받아들이지 못하고 아귀계로 태어나지도 않은 영가는 두 가지 경계 중 한 가지 경계를 맞이하게 되느니라.
첫 번째 경계는 우릉우릉 소리가 나고 번쩍번쩍 빛나는 다섯 가지 색깔의 빛이 오방에서 밀려오는 현상을 접하는 것이니라.
두 번째 경계는 좋고 싫은 것에 대한 업식이 발현되는것이니라.
첫 번째 경계를 맞이하려면 마음이 편안해야 하느니라. 두려움이 사라지고 편안한 마음이 생기면 우릉우릉 소리가 들리면서 번쩍번쩍 빛나는 빛들이 다가오게 되느니라. 이 빛들은 지나간 5일 동안에 받아들이지 못했던 습득혼들이 다시 다가오는 현상이니라. 영가가 이 빛들을 받아들이게 되면 영혼의 의식이 원만하게 갖춰지느니라. 하지만 이 빛들을 받아들이지 못하면 좋아하고 싫어했던 업식들이 발현되는 두 번째 경계를 맞이하게 되느니라.

마음이 안정되지 않으면 처음부터 이 빛들을 인식하시 못하게 되느니라. 때문에 첫 번째 경계를 맞이하려면 스스로의 마음을 다스려야 하느니라.
신앙을 갖고 있는 영가들은 믿음의 대상에게 귀의심을 일으키고 수행을 했던 영가들은 방편을 들어서 각성을 유지해야 하느니라.

첫 번째 경계가 다가올 때는, 머리 위에서는 우릉우릉 소리가 나고 번쩍번쩍 빛나는 녹색 빛이 다가오느니라.
북쪽에서는 우릉우릉 소리가 나고 번쩍번쩍 빛나는 푸른색 빛이 다가오느니라.
남쪽에서는 우릉우릉 소리가 나고 번쩍번쩍 빛나는 붉은색 빛이 다가오느니라.
서쪽에서는 우릉우릉 소리가 나고 번쩍번쩍 빛나는 황색 빛이 다가오느니라.
동쪽에서는 우릉우릉 소리가 나고 번쩍번쩍 빛나는 백색 빛이 다가오느니라.

첫 번째 경계를 받아들이지 못하면 두 번째 경계를 맞이하게 되느니라. 두 번째 경계를 맞이하는 때가 사후 9일째이니라."
스승님의 말씀은 경이롭고 아름다웠다.
그 말씀에 취해있다 보니 시공마저 인식되지 않았다.
오로지 스승님의 말씀만이 내 안에서 울려 퍼지고 있었다.
스승님의 말씀이 끊어지자 그때 비로소 시야가 열렸다.
궁창의 어둠 속에서 수많은 불빛들이 빛나고 있었다.

2) 좋고 싫음의 인연
- 사후 9일째 ~ 사후 15일째

"사후 9일째에는 어떤 인연이 다가오나요?"

"이날에는 좋고 싫음의 인연이 다가오느니라.
특히 눈으로 보았던 것에 대한 좋고 싫음의 인연이 다가오는데 이때에는 영가의 습성에 따라서 서로 다른 인연이 다가오게 되느니라.
좋아하는 것에 대해 집착이 많은 영혼에게는 좋아했던 것이 눈앞에 나타나고, 싫어하는 것에 대한 거부심이 강했던 영혼에게는 싫어했던 것이 눈앞에 나타나게 되느니라.
좋아했던 것에 대해 집착이 많은 영혼은 살아 있을 때 눈으로 보았던 대상들이 나타나게 되느니라. 아름다운 여인을 탐했으면 아름다운 여인의 형상이 나타나게 되고, 아름다운 꽃을 탐했으면 아름다운 꽃의 형상이 나타나게 되느니라. 재미있는 것을 탐했다면 그 재미있던 것이 눈앞에 나타나게 되느니라.
좋아했던 것이 나타날 때 그것에 빠지게 되면 영혼의 길을 가지 못하게 되느니라.
영혼이 그런 상황에 처해져서 49일이 지나게 되면, 생명력이 고갈되느니라. 그런 영혼을 '중음신'이라 하느니라.
중음신이 되면 지옥고를 받게 되느니라.
때에 따라서는 자손에게 빙의가 되기도 하는데 그렇기 때문에 좋아했던 것도 갖지 말고, 싫어하는 것도 갖지 말아야 하느니라.
좋고 싫음을 떠나서 자기 스스로를 다스릴 수 있는 면모를 갖추는 것은 바로 이때를 대비하기 위해서니라.

만약 좋은 것이 나타나면 이렇게 생각해야 되느니라.
'저것은 내가 집착했던 것이 추억으로 떠오른 것이다. 저것은 허상이다. 그저 기억일 뿐이니 집착하지 말아야 한다. 기억 속에 잠재되어 있었던 의식이 꿈을 꾸듯이 나타나는 것이다.'
이렇게 생각하면 눈앞의 현상들이 사라지게 되느니라.
환상이 사라지고 편안해지면 주변에서부터 우릉우릉 하는 소리가 들려오느니라. 그때 주변을 돌아보면 다섯 가지 색깔의 빛이 번쩍번쩍 빛을 발하면서 자신을 감싸고 있는 것을 볼 수 있느니라.
그 빛을 받아들이면 다시 영혼으로서 자유로운 삶을 누릴 수 있는 힘을 갖추게 되느니라.
좋아하던 것에 빠져있게 되면 다섯 가지 색깔의 빛을 인식하지 못하게 되느니라. 그렇게 되면 새로운 경계를 맞이하게 되느니라.
그때에 다가오는 경계가 듣는 것에 있어서 좋아하는 것이니라. 그것이 사후 10일째에 나타나는 현상이니라."

"만약 싫어했던 것이 많았다면 어떤 과정을 겪게 되나요?"
"그런 경우라면 보는 것을 통해 인식했던 것 중에서 싫어했던 것이 사후 9일째에 나타나게 되느니라. 사후 10일째에는 듣는 것을 통해 인식했던 것 중에서 싫어했던 현상들이 나타나게 되느니라."

"영혼의 습성에 따라서 먼저 나타나는 현상이 있으면 그 현상이 6일 동안 이어서 나타나는 것이군요."
"그렇단다. 싫은 것이 먼저 나타나면 그것에 대해 보고, 듣고, 냄새 맡고, 맛보고, 느끼고, 생각했던 것들이 6일 동안 이어서 나타나고 좋은 것이 먼저 나타나도 똑같이 6일 동안 이어서 나타나게 되느니라."

"그렇다면 그 이후에 나타나는 현상도 눈, 귀, 코, 입, 몸, 생각에 따라서 6일 동안 나타나나요?"
"아니니라. 그다음에 나타나는 현상은 하루 동안만 이어지느니라. 좋은 것이든 싫은 것이든 하루 동안에 한꺼번에 나타나느니라."

좋아하고 싫어하는 것은 누구나 갖고 있는 성향인데 그 성향으로 인해 나타나는 결과가 놀라웠다.
좋은 것에 집착하지 말고 싫은 것을 거부하지 않는 마음을 갖추는 것이 영혼의 삶을 준비하는 데 있어서 대단히 중요하다는 것을 스승님의 말씀을 통해 알게 되었다.

"그렇다면, 좋은 것이 먼저 나타났을 때 사후 10일째 되는 날에는 어떤 현상들이 나타나나요?"
"귀로 들었던 것들 중에서 좋아했던 것들이 나타나게 되느니라. 아름다운 음악이나, 남이 칭찬해 주던 소리나, 또 들음으로써 스스로가 애착했던 소리들이 들려오게 되느니라.
만약, 그 소리에 머물러서 애착하게 되면 수많은 시간을 보내다가 생명력이 고갈되어 중음신이 되느니라.
좋아했던 소리들이 들려오더라도 그 소리에 집착하지 않아야 그런 장애에 빠지지 않게 되느니라.
그런 소리들이 들려오면 이렇게 생각해야 하느니라.

'저것은 내 기억 속에 있는 잠재의식일 뿐이다.
한때 좋아하고 집착했던 소리들이 나타나는 것이다.
저것은 덧없는 것이다. 저것은 허깨비와 같은 것이다.
그러니 저 소리에 집착하면 안된다.'
이런 생각을 하게 되면 그 소리가 점점 작아지며 아득히 멀어지느니라. 그러면서 우릉우릉 하며 번쩍번쩍 빛나는 다섯 가지 색깔의 빛이 다가오게 되느니라.
그때 그 빛을 받아들이면, 영혼으로서 자유스럽게 살 수 있는 힘을 얻게 되느니라."

"그 빛을 받아들이지 못하면 어떻게 되나요?"
"그렇게 되면 또 다른 현상을 접하게 되느니라. 그것이 사후 11일째 맞이하는 현상이니라."

"11일째는 어떤 현상이 다가오나요?"
"이때에는 냄새를 통해서 좋아했던 현상들이 나타나느니

라. 온갖 좋은 향기들이 공간을 가득 채우게 되는데 좋은 추억과 함께 떠오르느니라. 특히 사랑했던 사람의 체취가 추억과 함께 떠오르면 그것을 극복하기가 어렵게 되느니라. 그 추억에 빠져서 스스로를 잃어버리게 되면, 마찬가지로 중음신이 되느니라.
그렇게 되지 않으려면 그것이 허상이란 것을 자각해야 되느니라. '**이것은 나의 추억이다. 이것은 실상이 아니다. 꿈이요 환상이다.**' 이런 생각을 일으키면 마음이 편안해지면서 향기와 추억의 환상에서 벗어나게 되느니라."

"그때에도 우릉우릉 소리 나고 번쩍번쩍 빛나는 다섯 가지 색깔의 빛들이 다가오나요?"
"그러하니라. 좋은 것의 인연이든 나쁜 것의 인연이든 그것을 극복하고 나면 항상 다섯 가지 색깔의 빛들이 다가오게 되느니라.
사후 12일째에는 맛으로 좋아했던 현상들이 나타나고 사후 13일째에는 촉감으로 좋아했던 현상들이 다가오는데 그때에도 그것들을 극복하면 다섯 가지 색깔의 빛들이 다가오게 되느니라."

"사후 12일째 다가오는 맛의 경계는 어떻게 극복해야 하나요? 맛있는 것들이 한꺼번에 나타나면 그것에서 벗어나는 것도 쉽지 않을 것 같은데요?"

"그러하니라. 그 또한 큰 장애니라.
그 장애에 빠지지 않으려면 먼저 영혼이 양식을 얻는 방법에 대해 알아야 하느니라.
영혼의 몸은 물질을 통해서는 양식을 얻지 못하느니라.
가장 좋은 양식은 스스로가 생성해 내는 밝은성품인데 대부분의 생명들은 그것을 자각하지 못하느니라.
왜 그런가 하면 밝은성품은 자기 본성에서 생성되는데 본성을 주시할 수 있는 각성을 갖추지 못했기 때문이니라.
견성을 한 사람만이 영혼의 양식을 스스로가 생성할 수 있느니라."

"영혼의 양식으로 밝은성품 다음으로 좋은 것은 어떤 것인가요?"
"바로 혼백의 힘이니라. 우릉우릉 소리가 나고 번쩍번쩍 빛나는 다섯 가지 색깔의 빛을 받아들이는 것이 영혼으로써 갖출 수 있는 두 번째 양식이니라."

"그 밖에도 영혼이 얻을 수 있는 양식들이 있나요?"
"있느니라. 하늘과 땅의 힘들이 있고 선정과 정성으로 만들어지는 양식이 있느니라."

"하늘과 땅의 힘들은 어떤 것들인가요?"
"하늘의 힘은 별들의 인력으로 생겨나는 힘이니라.

그 힘들이 허공중에 떠다니는데 영가가 그 힘을 취하게 되면 영혼의 양식으로 삼게 되느니라. 하지만 그 힘들은 오래가지 않느니라. 한 번 취하게 되면 삼일 동안 지속되는데 그렇기 때문에 반복적으로 섭취해야 되느니라.

땅의 힘은 지구가 생성해 내는 밝은성품이니라.
지구도 생명이기 때문에 스스로가 밝은성품을 생성해 내느니라. 지구의 밝은성품은 표출되는 장소가 있느니라.
그곳을 명당이라 하는데 그곳에는 많은 영혼들이 모여있느니라. 명당에서 생성되는 밝은성품의 양에 따라서 모여사는 영혼들의 숫자가 달라지느니라. 많은 곳은 수억 명도 되느니라. 그렇기 때문에 명당에 들어가는 것은 대단히 어려운 일이니라. 설령 들어갔다 해도 그 속에서 양식을 얻기 위한 경쟁을 해야 하는데 그 과정 또한 쉽지 않느니라.
명당에서 얻어지는 양식은 하루 동안 유지되느니라.
대부분의 명당에는 왕이 있느니라. 그 왕들 중에서 가장 큰 힘을 갖고 있는 영혼이 염라대왕이 되느니라."

"염라대왕요?"
염라대왕이라는 말씀에 깜짝 놀라서 나도 모르게 말이 튀어나왔다.
그런 나의 표정을 보고 스승님께서 껄껄껄 웃으셨다.
"염라대왕이라는 말에 왜 그리 놀라느냐?"

"염라대왕은 그저 전설 속에만 있는 존재인 줄 알았는데 실제로 있다 하시니 잠시 당혹스러웠습니다."
"허!허!허! 그랬구나. 나중에 염라대왕도 만나 보자꾸나."

"스승님, 그렇다면 견성을 해서 스스로가 밝은성품을 생성하는 것이 가장 좋은 방법인데 견성은 어떻게 해야 하는지요?"
"선정을 얻어야 하느니라. 4선정을 얻으면 견성을 하는 것인데 견성의 법에 대해서는 네 스스로가 깨달아야 하느니라."

"스승님께서 가르쳐주시면 안 되는 것입니까?"
"깨달음도 인연이 있느니라. 내가 너에게 줄 수 있는 것은 사유하는 방법과 근거들이니라. 조급해 하지 말고 차근 차근 닦음을 행하거라. 그러다 보면 큰 깨달음을 이루게 되느니라."

시무룩하게 풀이 죽어있는 나의 어깨를 스승님께서 다독여주셨다. 스승님의 따뜻한 마음이 전해져왔다.

"만약 영가가 물질의 음식에 탐착하게 되면 어떤 과보를 받게 됩니까?"
"아귀보를 받게 되느니라. 아무리 먹어도 배고픔이 채워지지 않고 시간이 갈수록 생명력이 고갈되게 되느니라.

대부분의 영혼들이 이 경계를 넘지 못하는데 그렇게 되면 저승사자의 인도를 받아야 되느니라."

"중음의 과정에 적응하지 못하는 영혼들은 모두 저승사자가 인도해 가나요?"
"대부분은 인도해 가지만 일부는 그렇지 못한 경우도 있느니라. 집착이 너무 강하든지 증오와 원망에 빠져있는 영혼들은 저승사자가 와도 인식하지 못하게 되느니라."

"영혼으로 돌아가기에 앞서서 먹는 습성을 버리는 것이 얼만큼 중요한 일인지 새삼 알게 되었습니다."
"그렇단다. 살아서나 죽어서나 먹고사는 것에서 벗어나는 것이 큰일 중의 하나란다. 살아서는 살생과보가 먹는 것에서부터 시작되지 않더냐? 죽어서도 마찬가지니라. 아귀가 되고 아수라가 되는 것도 먹는 습성에서 생겨나느니라. 나중에는 지옥과보까지 받게 되지."

"그런 관점에서 생각해 보면 우릉우릉 소리 나고 번쩍번쩍 빛나는 다섯 가지 색깔의 빛을 받아들이는 것이 대단히 중요한 일인 것 같습니다."
"그러니라. 견성을 하지 못한 생명들에게는 가장 중요한 일이니라. 어떤 상황에 처해져도 편안한 마음만 유지하면 언제라도 다섯 가지 색깔의 빛을 인식할 수 있게 되느니라."

"사후 13일째에 다가오는 촉감의 경계는 어떠합니까?"
"이날은 촉감으로 접해졌던 경계 중에 좋았던 기억들이 떠오르게 되느니라. 어머니의 따뜻했던 손길도 느껴지고 사랑했던 사람과의 관계도 떠오르게 되느니라.
특히 애욕이 많은 사람들이 이날에 다가오는 현상들을 극복하기 힘드니라. 육체의 쾌락을 탐닉했던 사람들은 이날에 다가오는 환상에 빠져서 수많은 시간을 묶여있게 되느니라. 그러다가 생명력이 고갈되면 떠오르던 환상도 사라지게 되고 깜깜한 어둠 속에 처해지게 되느니라."

"그런 상황에 처해지지 않으려면 어떻게 해야 하나요?"
"먼저 애욕을 제도해야 하느니라. 하지만 그것이 쉽게 이루어지지 않느니라. 중생이 애욕에서 태어나기 때문이니라."

"애욕을 제도하려면 어떻게 해야 하나요?"
"애욕의 뿌리는 참으로 깊은 것이니라. 육체를 갖추기 이전에 영혼으로 존재할 때부터 이미 애욕이 생겼느니라.
생명이 또 다른 생명을 그리워하는 마음에서 애욕이 시작되었느니라. 그리움은 외로움에서 비롯되고 외로움은 단절감에서 비롯되니 애욕을 극복하려면 단절감에서 벗어나야 하느니라"

"단절감은 왜 생깁니까?"

"천지만물은 원초신에서 분리된 것이니라. 본래 한 몸을 이루고 있다가 떨어져 나왔기 때문에 항상 원초신에 대한 그리움과 갈망이 있느니라. 그것은 마치 자식이 어머니를 그리워하는 것과 같나니라.

하지만 윤회의 굴레에 들면서 생과 생 사이가 단절되게 되고 그 과정에서 원초신마저 망각하게 되느니라. 그렇게 되니 스스로가 갖고 있는 그리움의 방향마저 잃어버리게 되었느니라. 그리움은 있는데 그 그리움이 향해져 갈 대상을 잃어버림으로써 단절감이 생겼느니라. 그때의 단절감이 외로움과 고독으로 나타나고 그것을 해소하기 위해 또 다른 생명을 갈망의 대상으로 삼게 된 것이 애욕이니라."

"그렇다면 단절감과 외로움, 애욕을 다스리려면 어떤 노력을 해야 하나요?"

"먼저 스스로가 갖고 있는 외로움의 색깔을 구분할 줄 알아야 하느니라. 이 외로움이 어디에서 오는 것인가를 살펴보고 그것을 극복하려는 노력을 해야 하느니라.

소외된 것으로부터 오는 외로움이 있고 막연하고 두려운 것에서부터 오는 외로움이 있느니라. 또한 집착과 이기성에서 생겨나는 외로움이 있는데 그 원인들을 해소시켜도 외로움이 남아있다면 그때는 두 가지 방향으로 노력해야 하느니라. 그것이 바로 신앙의 길과 수행의 길이니라."

"소외됨으로써 생기는 외로움은 어떻게 극복합니까?"
"함께 하는 노력으로 극복하느니라"

"막연하고 두려운 것에서부터 오는 외로움은 어떤 것입니까?"
"미래가 막연하고 현실이 두려울 때 생기는 외로움이니라."

"그런 외로움은 어떻게 벗어납니까?"
"자기 존재목적을 세우고 현실에 참여함으로써 벗어나느니라."

"집착과 이기성에서 생겨나는 외로움은 어떻게 극복합니까?"
"의식·감정·의지가 자기가 아닌 것을 알고 그것에 얽매이지 않으려고 노력해야 되느니라."

"의식과 감정과 의지가 내가 아닌 것입니까?"
"그러하니라. 그것은 쌓아진 업식이니라."

"그렇다면 참다운 나는 무엇으로 이루어져 있습니까?"
"본성과 각성, 밝은성품으로 이루어져 있느니라."

"의식·감정·의지가 없어도 살아갈 수 있습니까?"
"그러하니라. 본성·각성·밝은성품으로 살아가게 되느니라."

"저는 아직 그 말씀이 실감이 나지 않습니다. 스승님의 가르침이시니 이해하려고 노력은 하지마는 아직은 막연하기만 합니다."
"그래, 그럴 수 있느니라. 구선아! 너는 훗날에 누구도 이루지 못했던 큰 깨달음을 성취할 것이니라. 그러니 조급해 하지 말거라. 네 마음속에서 일어나는 모든 의문이 사라질 때까지 생각하고 또 생각해야 하느니라.
이 우주가 생겨난 원인과 천지만물이 생겨나는 과정을 너 스스로의 사유를 통해서 들여다 보려무나. 그리고 그 내용을 세상에 전하도록 하여라."

나를 바라보는 스승님의 눈빛 속에는 따뜻함과 열망이 담겨 있었다. 그런 스승님을 바라보면서 마음속으로 다짐했다.
'그래 한번 노력해 보자. 우주생성의 원인과 천지만물이 생겨나는 과정에 대해 알아보자. 스승님이 계신데 무슨 일인들 하지 못하랴.'

"신앙의 길이란 어떤 것입니까?"
"신앙의 길이란 믿음의 길이니라. 신을 믿는다든지 부처님을 믿는다든지 하는 것이 신앙이니라."

"사람마다 다른 신앙을 갖고 있는데 어떤 신앙이 올바른 신앙입니까?"
"지순하고, 배려하고, 더불어 사랑하는 것이 올바른 신앙이니라. 그러기 위해서는 먼저 신앙의 대상을 바르게 이해해야 하느니라."

"어떤 대상을 신앙의 대상으로 삼아야 합니까?"
"이기심이 없고 배타성이 없어야 하느니라. 신이라 할지라도 의식과 감정에 천착되어 있으면 이기심과 배타성을 갖게 되느니라. 그런 존재를 신앙의 대상으로 삼아서는 안되느니라."

"신앙의 대상이 그러한지를 어떻게 구별할 수 있습니까?"
"교리나 경전을 통해서 알 수 있느니라. 가르침의 목적과 존재관이 그 속에 제시되어 있기 때문이니라."

"지순이란 무엇입니까?"
"지극한 마음과 순종하는 마음이니라."

"어떻게 지극하고 무엇에 순종해야 합니까?"
"신앙의 대상에 대해 그리움을 일으키고 그 그리움을 지속해가는 것이 지극함이니라. 가르침을 따르고 계율을 지키는 것이 순종이니라."

"신앙심을 통해 외로움이 해소되는 것은 어떤 이치입니까?"
"세 가지 이치가 있나니라.

첫째는 함께하기 때문이니라.
둘째는 공감하고 나누기 때문이니라.
셋째는 감응하기 때문이니라."

"함께하고 나누는 속에서 외로움이 없어지는 것은 이해가 됩니다. 감응은 어떻게 이루어집니까?"
"신앙의 대상에 대해 지극한 그리움이 지속되면 서로 연결이 되느니라. 그때 감응이 오느니라. 감응이 오는 형태는 서로 다르니라. 눈·귀·코·입·몸·생각을 통해서 직접 올 수도 있고 대리자를 통해서 간접적으로 올 수도 있느니라. 천지만물은 본래 한 생명에서 나누어졌기 때문에 서로 연결되어 있느니라. 본성으로도 연결되어 있고 밝은성품으로도 연결되어 있느니라. 그렇기 때문에 그리움을 일으키면 언제라도 연결을 이루게 되느니라.
부처님과도 연결되고 원초신과도 연결되며 신이나 그 밖의 생명들과도 서로 연결을 이루게 되느니라."

"자연과도 연결이 되나요?"
"그러니라. 자연과도 연결이 되고 죽은 영혼과도 연결이 되느니라."

"원초신과 연결이 되면 외로움과 그리움이 없어진다 하셨는데 원초신에 대한 그리움은 어떻게 일으키는 것인가요?"

"먼저 원초신을 심상화해야 하느니라.
원초신의 면모를 심상화하고 원초신의 본성을 심상화하고 원초신이 생성해내는 밝은성품을 받아들이겠다는 의도를 내야 하느니라."

"원초신의 면모란 무엇이고 그것을 어떻게 심상화 합니까?"
"원초신의 면모는 원초신의 의식 상태이니라. 원초신의 면모를 심상화하려면 원초신의 의식구조에 대해서 알아야 하느니라. 원초신의 의식은 단순계를 이루고 있느니라.
그와 비견해서 현재 중생의 의식은 복잡계를 이루고 있느니라. 의식의 단순계란 주체의식만 존재하고 객체의식이 없는 상태니라. 복잡계는 주체의식과 객체의식이 함께 갖추어진 상태니라.
복잡계로 이루어진 의식을 갖고 있는 중생이 단순계의 의식을 갖추기 위해서는 주체의식에서 객체의식을 걷어내야 하느니라. 그러기 위해서는 무념과 무심을 증득해야 하느니라. 무념에 들어서 원초신에 대한 그리움을 일으키든지 무심에 들어서 원초신에 대한 그리움을 일으키면 원초신과 면모로써 일치를 이룰 수 있게 되느니라.
무념은 머릿골 속에서 세워지고 무심은 가슴바탕에서 세워지느니라. 머릿골 속에서 텅 빈자리를 보는 것도 무념이요, 아무렇지 않은 자리를 인식하는 것도 무념이니라.
여건에 따라서 무념을 인식한 다음에 그 상태에 머무르는 것이 원초신의 면모에 대한 심상이니라.

무심은 가슴바탕에 세워지는 편안한 마음이니라.
가슴바탕에 의지를 두고 편안한 마음에 머무르는 것이 원초신의 면모에 대한 심상이니라."

"원초신의 본성에 대해서는 어떻게 심상을 하나요?"
"원초신의 본성과 중생의 본성은 같은 것이니라.
천지만물의 본성 또한 다르지 않나니 너의 본성을 심상화함으로써 원초신과 연결이 되느니라."

"저는 저의 본성을 보지 못하는데 이런 때는 어떡해야 합니까?"
"먼저 무념 무심을 증득하고 그다음에 본성을 인식하면 되느니라. 견성 이전에는 본성을 심상화하는 것이 어려우니라."

"애욕을 제도한다는 것이 어렵다고 하신 말씀이 실감이 됩니다. 원초신을 신앙의 대상으로 삼는 것도 이처럼 어려운데 부처님을 신앙의 대상으로 삼으려면 어찌해야 합니까?"
"부처님의 경우는 오히려 어렵지 않느니라.
부처님의 깨달음이 무엇인지를 이해하고 무념과 무심을 갈망하면 되느니라. 부처님은 모든 중생의 갈망을 알고 계시느니라. 특히 대상 없는 믿음을 갖고 있는 중생의 갈망을 먼저 살피시니 무념과 무심을 갈망하는 것은 대상 없는 믿음을 실천하기 위해서니라."

"수행의 길이란 어떤 것입니까?"
"수행의 길이란 무명을 제도하고 의식·감정·의지에서 벗어나는 것이니라."

"무명의 제도는 어떻게 이루어 집니까?"
"무명은 각성이 본성을 망각한 상태를 말하느니라.
때문에 각성이 본성을 인식하게 되면 무명이 제도되느니라."

"의식·감정·의지로부터 어떻게 벗어날 수 있습니까?"
"먼저 본성을 인식할 수 있는 각성을 증득한 다음에 밝은 성품을 인식해야 하느니라. 그런 다음에 각성을 단계적으로 증장시켜서 본각을 얻어야 하느니라.
본각을 얻게 되면 해탈도에 들어가게 되느니라.
해탈도의 절차를 통해서 의식·감정·의지를 분리시키게 되는데 그런 성취를 이룬 사람을 아라한이라 하느니라.
견성오도를 이룬 후에 비로소 수행의 길에 들어서는 것이니라."

"견성을 하는 것이 수행의 끝이 아니고 수행의 시작이라 하시니 수행의 길이 너무 멀게만 느껴집니다."

"수행의 길은 끝이 없느니라. 성불이 곧 수행의 완성이니라."

"수행을 통해서 욕정이 제도되는 것은 어떤 이치입니까?"
"욕정은 의식·감정·의지에서 생겨나느니라.
수행을 통해 의식·감정·의지를 분리시키면 욕정이 일어나지 않느니라."

"촉감의 업식이 이토록 뿌리 깊은 것인 줄 미처 알지 못했습니다. 영가들이 이날의 장애를 극복하는 것이 대단히 어려울 것 같습니다."
"그러하니라. 대부분의 영가들이 이날의 장애를 극복하지 못해서 윤회에 들게 되느니라."

"욕정에 집착하지 않고 이날의 장애를 극복하게 되면 어떤 경계를 맞이하게 되나요?"
"마찬가지로 우릉우릉 소리가 나고 번쩍번쩍 빛나는 오색의 빛이 다가오게 되느니라. 편안하게 그 빛을 받아들이면 영혼으로써 마음대로 움직일 수 있는 힘을 얻게 되느니라. 하지만 그 빛이 두려워서 피하게 되면 또 다른 경계를 맞이하게 되느니라."

"그것이 사후 14일째에 맞이하는 경계인가요?"
"그러하니라. 그날에는 생각으로 집착했던 현상들이 다가오게 되느니라.

생각의 경계가 다가올 때는 온갖 좋았던 기억들과 추억들이 떠오르고 집착하고 애착했던 물건이나 사람들이 나타나게 되느니라.

각성이 없는 영혼들은 이날에 다가오는 현상들을 현실이라고 착각하게 되느니라. 때문에 좋아하는 것에 빠져서 스스로를 잃어버리게 되느니라.

생전에 마음 챙김을 경험해 본 사람은 이날의 환상에서 벗어날 수 있지만 그렇지 못한 사람은 생명력이 고갈되느니라. 이 상태에서 벗어나려면 마음 챙김을 통해서 깨어있는 마음을 유지해야 하느니라. 수행의 방편이나 신앙의 대상을 떠올려서 마음 챙김을 행하다 보면 생각이 다스려지고 편안한 마음이 생겨나게 되느니라.

그렇게 되면 우릉우릉 소리가 나고 번쩍번쩍 빛나는 다섯 가지 색깔의 빛을 인식하게 되느니라. 그 빛을 취하게 되면 자유로운 영혼으로 살게 되느니라."

"사후 15일째에는 어떤 경계를 맞이하게 되나요?"
"눈·귀·코·입·몸·생각으로 집착했던 모든 현상들이 한꺼번에 나타나느니라."

"한 갈래 의식 경로로 접해지는 경계들도 감당하기가 어렵다 하셨는데 그것이 한꺼번에 다가오면 어떻게 해야 하나요?"

"근기가 없으면 이날의 장애를 극복하지 못하느니라. 대부분의 영가들이 이날에 머물러서 스스로를 망각하게 되느니라. 중생은 좋은 것에 취해서 생을 낭비하는 존재니라. 의식이 좋아하는 것을 취득했을 때 그것에서부터 행복감을 느끼고 끝없이 반복해서 추구하는 삶을 살아왔기 때문에 그 습성에서 벗어나는 것이 대단히 어려우니라. 이날에는 스스로를 행복하게 했던 모든 추억이 한꺼번에 다가오니 얼마나 좋겠느냐. 살아서는 그것들이 자기를 행복하게 해주는 대상들이었지만 죽어서는 그것들로 인해 영혼의 삶이 얽매이게 되느니라.

이날의 경계를 극복하려면 먼저 스스로가 죽었음을 자각해야 되느니라. 그런 다음에 이렇게 생각해야 하느니라.

'나는 죽은 존재다.

나는 영혼으로 돌아왔다.

이제부터는 영혼의 삶을 살아야 한다.

생전에 육체로 살던 모든 삶의 방식을 이제는 버려야 한다. 먹는 습관을 버리고 입는 습관을 버리고 향기에 집착하고 촉감을 탐닉하고 아름다운 것을 취하고자 하는 습관을 버려야 한다.

영혼은 스스로가 생성해내는 에너지를 양식으로 삼고 혼백의 빛으로써 의복을 삼나니 그저 번쩍번쩍 빛나고 우릉우릉 소리를 내는 저 빛만 받아들이면 된다.

따로이 먹고 입는 것에 대해서 애쓸 필요가 없다.

지금부터 내가 해야 할 일은 각성을 키우고 고요함을 깊게 하는 것이다. 이것이 영혼의 삶을 원만히 하는 것이니 지금부터는 이런 노력을 하자.'

자손들이 장례를 치르는 것은 영가에게 죽었다는 것을 인식시켜주기 위해서니라.
장례의 의식을 통해 스스로가 죽었다는 것을 자각하는 것이 영혼의 삶을 준비하는 시작이니라.

생명은 죽음을 통해 최고의 진화를 이룰 수 있는 기회를 갖게 되느니라. 그 첫번째 기회가 중음을 통해 다가오느니라. 좋아하는 것에 대한 집착을 버리고 마음이 편안해지면 이날에도 우릉우릉 소리 나고 번쩍번쩍 빛나는 다섯 색깔의 빛들이 다가오게 되느니라."

"좋아했던 것의 인연이 영혼의 삶에서 이토록 큰 장애가 된다는 것이 놀라울 뿐입니다. 그렇다면 싫어했던 것의 인연은 어떤 형태로 다가오게 되나요?"
"살아생전에 거부적 성향이 강했던 사람은 사후 9일째부터 15일째까지 싫어했던 현상들을 접하게 되느니라.
눈으로 거부했던 것은 사후 9일째에 나타나게 되고, 귀로 거부했던 것은 사후 10일째, 냄새로 거부했던 것은 사후 11일째, 맛으로 거부했던 것은 사후 12일째, 촉감으로 거부했던 것은 사후 13일째, 생각으로 거부했던 것은 사후 14일째에 나타나게 되느니라.
사후 15일째에는 눈·귀·코·입·몸·생각으로 거부했던 형상들이 한꺼번에 나타나느니라.

좋아했던 것에 집착했던 것도 영혼의 길을 가는데 장애가 되지만, 싫어했던 것도 영혼의 길을 가는데 장애가 되느니라.
때문에 싫은 것이 나타나더라도 거부하는 마음을 일으키지 말아야 하느니라.
싫어했던 대상들이 안·이·비·설·신·의를 통해 접해질 때는 대부분의 영혼들이 그것을 회피하게 되느니라. 그러다 보면 도망 다니면서 생명력을 잃어버리게 되느니라.
생전에 악몽을 꾸는 것처럼 그런 현상이 6일 동안 이어지니 얼마나 괴롭겠느냐. 그런 과보를 받지 않으려면 싫어하는 마음을 제도하기 위해 노력해야 되느니라.
죽음이 무엇인지를 알고 죽음 후에 다가오는 현상들을 대처할 수 있는 방법을 미리 알아두는 것이 대단히 중요한 일이니라.

싫어하는 경계가 도래하게 되면 그것을 거부하지 말고 그 자리에 앉아서 마음 챙김을 행해야 되느니라.
그것을 꿈이요, 환상이요, 업식이라고 생각하고 관여되지 않는 마음자리를 세워줘야 하느니라.

수행의 방편과 신앙의 대상을 떠올리는 것도 좋은 방법이다. 마음이 편안해지면 우릉우릉 소리가 나고 번쩍번쩍 빛나는 다섯 가지 색깔의 빛이 다가오느니라.
그 빛을 받아들이게 되면 그와 같은 환상에서 벗어나게 되느니라.

사후 9일째부터 15일째까지 다가오는 좋고 싫음의 경계를 극복하려면 생전에 그 방법에 대해 배워야 하느니라.
그러기 위해서 필요한 것이 마음 챙김을 배우고 관여되지 않는 마음을 세워주는 것이니라.

구선아! 너는 이 법을 세상 사람들에게 전해줘야 하느니라. 그들이 죽음을 이해하고 준비할 수 있도록 도와주는 것이 너의 또 다른 사명이니라."
"명심하겠습니다, 스승님!"

스승님께서 사후세계를 경험하게 하는 것이 이유가 있으실 것이라고 생각하고 있었지만 그것이 나의 사명일 것이라고는 생각하지 못했다. 스승님의 간곡하신 말씀이 가슴 깊이 파고들었다.

"사후 16일째 되는 날은 어떤 경계가 다가오는지요?"
"거부하는 성향이 강했던 사람은 좋아했던 형상이 다가

오고, 좋아했던 성향이 강했던 사람은 싫어했던 것이 다 가오게 되느니라."

"좋고 싫은 것이 한꺼번에 다가오는 것입니까?"
"그러하니라. 그래도 이날은 어렵지 않게 지나가게 되느니라. 영가가 갖고 있는 성향과 맞지 않는 경계가 다가오기 때문에 크게 관여하지 않게 되느니라."

"그렇다면 이날에는 우릉우릉 소리 나고 번쩍번쩍 빛나는 밝은 빛을 받아들이기가 쉽겠네요."
"마음이 편안하면 그럴 수 있느니라. 싫은 것이 보여도 아무렇지 않고 좋은 것이 보여도 아무렇지 않게 되면 그 빛을 인식하고 받아들일 수 있게 되느니라. 이날에 밝은 빛을 받아들이면 다음 날부터 다가오는 경계들을 수월하게 극복할 수 있느니라. 하지만 그 빛을 받아들이지 못했으면 다음 날부터 다가오는 경계들을 어렵게 맞이하게 되느니라."

"다음 날부터는 어떤 경계가 다가오게 되나요?"
"의식·감정·의지와 연관된 업식들이 다가오느니라. 의식의 탐심과 감정의 진심, 의지의 치심이 업식으로 다가오게 되느니라."

3) 탐·진·치 삼독의 길
- 사후 17일째 ~ 사후 19일째

"사후 3일째는 백의 인연이 다가오고 4일째부터 8일째까지는 혼의 인연이 다가왔습니다. 9일째부터 16일째까지는 좋고 싫음의 인연이 다가왔고 17일째부터 19일째까지는 탐·진·치의 인연이 다가온다 하셨습니다.
중음의 기간 동안에 영혼이 이와 같은 과정을 겪는 것이 어떤 이유 때문입니까? 무언가 일정한 법칙이 작용하고 있는 것 같아서 여쭈어 봅니다."
"좋은 질문이다. 이제 네가 중음의 원리를 생각하게 되었구나. 그렇단다. 영혼으로 돌아간 생명이 이와 같은 과정을 겪는 것은 원인과 이유가 있느니라."

"어떤 원인과 어떤 이유가 있습니까?"
"원인은 12연기가 진행되어 온 과정에 있고 이유는 죽음을 통해 12연기를 거슬러 올라가기 때문이니라."

"12연기가 무엇입니까?"
"12연기란 생멸문의 생명이 변화되어 온 과정을 말하느니라. 곧 원초신이 출현하고 원초신에서 천지만물이 분열되어 나오는 과정이 12단계로 이루어졌다고 해서 12연기라 하느니라."

"12연기는 어떤 과정으로 이루어졌습니까?"
"12연기는 크게 다섯 단계로 구분할 수 있느니라.
첫 번째 단계는 원초신의 생성 과정이니라.
이 과정을 통해 원초신의 몸과 식의 틀이 갖추어지고 물질입자가 생성되었느니라. 이 과정이 세 단계로 나누어져 있느니라.
무명(無明)-행(行)-식(識)이 그 과정이니라.

두 번째 단계는 원초신에서 천지만물이 분열되고 개체생명이 출현하는 과정이니라. 이 과정에서 영의 몸과 의식, 의지가 생겨났느니라. 이 과정은 두 단계로 이루어져 있느니라.
명색(名色)-육입(六入)이 그 과정이니라.

세 번째 단계는 영의 상태로 존재하던 생명들이 혼의 몸을 갖추게 되는 과정이니라. 이 과정에서 감정이 생겨나게 되었느니라. 이 과정은 네 난계로 이루어졌느니라.
촉(觸)-수(受)-애(愛)-취(取)가 그 과정이니라.

네 번째 단계는 영혼의 몸을 갖고 있던 생명이 체백을 갖추고 육체의 몸으로 변화되는 과정이니라. 이 과정에서 영혼의 몸이 육체에 내장되고 생(生)이 시작되느니라. 이 과정이 두 단계로 이루어져 있느니라. 유(有)-생(生)이 그 과정이니라.

다섯 번째 단계는 육체에 깃들어 있던 영혼이 육체에서 빠져나오고 새로운 형태의 생을 맞이하는 과정이니라.
이 과정에서 죽음과 육도윤회가 이루어지느니라.
사(死)-생(生)이 그 과정이니라.

천지만물은 12연기를 통해 개체적 성품을 갖추게 되었느니라. 개체적 성품을 갖춘 이후에 영의 몸을 갖추게 되었고 혼의 몸과 육체의 몸을 갖추게 되었느니라.
영의 몸은 본성에서 생성되는 밝은성품으로 이루어져 있느니라. 혼의 몸은 물질입자로 이루어져 있느니라.
육체의 몸은 세포로 이루어져 있느니라.
세포로 이루어진 육체의 몸에 영혼의 몸이 깃드는 것이 생(生)이고 육체의 몸과 영혼의 몸이 서로 분리되는 것이 죽음이니라.
죽음의 과정에서 날짜별로 서로 다른 경계를 접하게 되는 것은 생명이 변화되어 온 과정이 역순으로 나타나기 때문이니라.
육체를 벗어났을 때 백의 인연이 다가오는 것은 유의 과정이 도래하는 것이고 습득혼의 인연이 다가오는 것은 취의 과정이 도래하는 것이니라.
좋고 싫은 것이 다가오는 것은 의지의 분별이 만들어낸 업식이 다가오는 것이고 탐·진·치의 인연이 다가오는 것은 의식·감정·의지의 업식이 다가오는 것이니라.

생과 사, 그리고 육도윤회는 육체의 몸과 영혼의 몸, 영의 몸 사이를 오고 가는 것이니라.
영의 몸으로 살다가 혼의 몸을 갖게 되면 그것도 생이고 영혼의 몸이 육체를 갖게 되는 것도 생이니라.
반대로 영의 몸이 혼의 몸을 갖게 되면 그것도 죽음이고 영혼의 몸이 육체를 갖게 되는 것도 죽음이니라.
이쪽 세계에서 태어남은 저쪽 세계에서는 죽은 것이고 이쪽 세계에서 죽은 것은 저쪽 세계에서는 태어나는 것이지. 이것을 반복하는 것을 윤회라 하느니라.
윤회를 통해서 나고 죽는 세계가 여섯 세계가 있기 때문에 육도윤회계라 부르느니라."

'그렇구나. 생과 사가 그렇게 연결되어 있구나. 죽음은 태어나기 위한 변화이고 생 또한 영혼의 몸이 육체의 몸으로 변화되는 것이구나. 생명의 일이 참으로 오묘하구나. 생명이 일으키는 이 모든 변화가 생과 사로써 나타나는구나.'

"그래 이제 죽음이 무엇인지 이해가 가느냐?"
생각에 빠져있던 나의 어깨를 토닥이면서 스승님께서 말씀하셨다.

"예, 스승님. 생명의 일이 참으로 오묘하다는 생각을 했습니다. 죽음도 그렇지만 생 또한 그러한 줄 미처 생각하지 못했습니다. 스승님의 말씀을 듣고 나니 생명의 이치에 대해 좀 더 참구해 봐야겠다는 열망이 생겼습니다."
"그래, 그래야지. 너는 그 일을 반드시 이루어야 하느니라. 네가 그 일을 성취하면 너로 인해 법계의 질서가 세워지고 천지만물이 어둠의 굴레에서 벗어나게 될 것이니라."

"스승님, 12연기에 대해 좀 더 여쭙고 싶습니다. 무명에 대해서는 앞서 말씀하셨기에 이해가 됩니다. 하지만 행·식·명색·육입·촉·수·애·취·유에 대해서는 생소합니다. 그것이 어떤 뜻입니까?"
"행(行)이란 생명이 일으킨 두 가지 변화를 말하느니라.
첫 번째 변화는 각성이 의지로 전환된 것이니라.
두 번째 변화는 밝은성품이 물질입자로 변화된 것이니라.

식(識)이란 원초신이 최초의 식을 갖추게 된 상태를 말하는 것이니라. 이때 원초신이 갖추게 된 식의 구조가 단순계로 이루어졌느니라.

명색(名色)이란 단순계로 이루어진 원초신의 식이 서로 교류하는 상태를 말하는 것이니라. 명색을 통해 원초신의 의식이 복잡계를 이루게 되느니라.
복잡계로 이루어진 원초신의 의식에서 객체의식이 분리되어 나오면서 천지만물이 생겨나느니라.

육입(六入)이란 원초신에서 분리된 생명들이 영의 몸을 통해 서로 교류하는 상태를 말하는 것이니라.
명색을 통해 분리된 천지만물은 복잡계로 이루어진 여섯 가지 의식의 경로를 갖추고 있었느니라. 그것을 육식이라고 하느니라. 육식을 활용해서 서로 간에 교류를 하는 것을 육입이라 하느니라. 육식은 나중에 눈·귀·코·입·몸·생각으로 변화 되느니라.

촉(觸)이란 물질입자로 이루어진 혼의 몸을 갖게 된 생명들이 서로 접촉하는 것을 말하느니라. 이 과정에서 감정이 생겨나게 되었느니라.

수(受)란 촉을 이룬 생명들이 감정을 통한 교류를 통해서 새로운 감정을 갖춘 것이니라.

애(愛)란 수를 경험한 영혼늘이 상대에 대한 갈망을 일으킨 것을 말하느니라.

취(取)란 애를 통해 만난 영혼 생명들이 서로 합체된 상태를 말하느니라.

유(有)란 체백으로 변화된 혼의 몸이 세포구조물로 변화된 것을 말하느니라. 유를 통해 형성된 육체가 물질 양분을 섭취하면서 포태적 성향이 생겨나고 생(生)이 시작되었느니라."

"12연기를 통해 생명이 변화되는 것은 어떤 이치가 있습니까? 각각의 단계가 일어나는 원인과 과정이 궁금합니다."

"그것에 대해서는 나도 모르느니라. 그것을 밝히는 것 또한 너의 책임이니라. 부처님 멸도 후에 그 이치를 밝힌 사람이 아무도 없었느니라. 나 또한 그 이치를 탐구해 보았지만 이 이상은 알 수가 없었느니라."

"스승님께서도 밝히지 못했던 이치를 제자가 밝힐 수 있을지 지금으로서는 엄두가 나지 않습니다."

"너에게는 법연이 있느니라. 부처님의 보살핌이 있을 것이니 걱정하지 말거라. 그래 어떠하냐. 이제 중음이 진행되는 원리와 과정에 대해 이해가 되었느냐?"

"예, 스승님! 12연기의 과정을 듣고 나니 이해가 됩니다. 탐·진·치 삼독의 길에 대해서 말씀해 주십시오."

"사후 17일째부터 사후 19일째 까지는 탐·진·치 삼독의 길이 열리게 되느니라. 탐심이 강했던 사람은 탐심의 업식이 먼저 다가오고, 진심이 강했던 사람은 진심의 업식이 먼저 다가오느니라. 치심이 강했던 사람은 치심의 업식이 먼저 다가오느니라.
탐심의 업식은 흰색의 길로 나타나느니라.
마치 하얀 소금을 뿌려놓은 것과 같은 하얀색의 길이 영혼 앞에 펼쳐지면 그 길을 따라서 걷게 되느니라.
그 길은 처음도 없고 끝도 없느니라.
하염없이 걷다 보면 어느때부터 쉬고 싶다는 생각이 물밀듯이 일어나느니라.
쉴 자리를 찾아서 주변을 둘러보면 앉을 자리가 마땅치 않느니라. 지저분하고, 젖어있고, 벌레나 뱀이 있고, 더러운 오물로 덮여있고….
지치고 피곤한데 쉴 자리가 없으니 하염없이 걸을 수밖에 없느니라.
하루 동안을 그렇게 걷다 보면 자포자기하고 그 자리에 주저앉게 되느니라.
그 상태에서 주변을 돌아보면 사방의 길이 끊겨 있느니라. 끝도 보이지 않는 벼랑이 사방으로 펼쳐져 있어서 앞으로도 갈 수 없고 뒤로도 물러서지 못하게 되느니라.
영혼이 그런 상태에 처해지게 되면 그 자리에 묶여서 하염없는 시간을 보내야 하느니라.
개중에 어떤 영혼들은 벼랑으로 떨어지게 되느니라.
그런 영혼들은 탐심의 정도에 따라서 육도윤회에 들게 되느니라.
그 자리에서 오도 가도 못하는 영혼들은 49일이 지나면 생명력이 고갈되느니라.
그런 상황에서 벗어나려면 탐심을 제도해야 하느니라.
탐심의 원인은 의식의 집착이니 어떤 집착에 머물러있는지를 살펴보고 그것을 놓고 맡겨야 하느니라.
이때 필요한 것이 신앙심과 각성이니라.
신앙의 대상에게 모든 것을 맡기고 간절하게 기도하다 보면 점차로 마음이 편안해지면서 우릉우릉 소리 나고 번쩍번쩍 빛나는 다섯 색깔의 빛이 다가오게 되느니라.

각성이 있는 사람은 무념에 머무르면 되느니라.
머릿속에서 인식했던 텅 빈 감각을 떠올리든지 아무렇지 않은 마음을 떠올려서 그 자리에 머무르면 우릉우릉 소리 나고 번쩍번쩍 빛나는 다섯 가지 색깔의 빛을 맞이하게 되느니라."

"의식의 습성은 무념으로 제도하는 것입니까?"
"그러하니라. 그렇기 때문에 탐심의 장애에 빠지지 않으려면 생전에 무념을 체득해야 하느니라."

"진심의 경계는 어떤 형태로 다가옵니까?"
"진심은 붉은색의 길로 나타나느니라.
감정에 천착되어 있는 마음을 진심이라 하느니라.
이날에는 슬프고, 외롭고, 두렵고, 화나는 감정 등이 일어나느니라.
감정이 일어나면 영혼이 붉은색의 길 위에 서있게 되느니라. 그 붉은색의 길을 황토길이라 하느니라.
9만리 저승길이라고 말하는 것이 진심의 길을 표현한 것이니라.
감정이 가라앉지 않으면 하염없이 그 길을 걷게 되느니라. 이유도 모른 채 그 길을 걷다가 불현듯 의문이 일어나면 그 길이 뚝 끊기게 되느니라."

"어떤 의문이 일어납니까?"
" '내가 왜 이 길을 걷고 있지?' 하는 의문이니라."

"그 의문이 일어나면 어떤 연유로 길이 끊기게 됩니까?"
"의문이 일어나는 순간 일시적으로 감정이 쉬어지면서 길이 끊기는 것이니라. 그렇게 되면 사방에 낭떠러지가 펼쳐져 있느니라.
그 자리에 머물러서 오도 가도 못하면 생명력이 고갈되어 중음신이 되느니라.
그런 상황에 처해지면 스스로가 진심의 길에 들어서 있음을 자각해야 하느니라.
그런 다음 감정을 가라앉히고, 지극하게 믿음의 대상을 떠올려야 하느니라. 놓고, 맡기고, 간구하다 보면 마음이 편안해지느니라.

수행을 통해 무심을 인식했던 영혼은 무심에 머물러서 편안함을 유지해야 하느니라.
그러다 보면 우릉우릉 소리 나고, 번쩍번쩍 빛나는 다섯 가지 색깔의 빛이 다가오게 되느니라.
그 빛을 받아들이면 진심의 길에서 벗어나게 되느니라."

"탐심은 무념으로 제도하고 진심은 무심으로 제도하는군요?"
"그러니라. 무념과 무심으로 의식과 감정을 제도하는 것이니라"

"그렇다면 치심은 무엇으로 제도하나요?"
"치심은 각성으로 제도하느니라.
치심의 근원은 의지이고 의지는 각성이 변화되어 생겨난 것이니라."

"각성은 깨어있는 마음이라 하셨는데 깨어있는 마음이 어떻게 해서 분별과 비교를 일으키는 의지가 되었나요?"
"본성을 지켜보던 각성이 밝은성품이 일으키는 변화에 치중해서 의지로 전환된 것이니라. 의지는 각성이 유위적 현상에 치우쳐서 생겨난 것이니라. 의지를 일러서 유위각이라 하느니라."

"밝은성품은 본성에서 생성되는 생명 에너지라 하셨는데

어떤 연유로 부딪침이 일어나나요? 또한 밝은성품을 인식해서 해탈도를 이룬다 하셨는데 이때의 밝은성품과 각성을 의지로 전환시킨 밝은성품은 서로 다른 것인가요?"
"먼저 생성된 밝은성품과 나중 생성된 밝은성품이 서로 부딪치는 것이니라. 그 부딪침의 과정에서 밝은성품이 변화를 일으키는데 그 변화하는 모습에 취해서 본성을 망각한 것이니라. 이것을 일러 각성의 '무명적 습성'이라 하느니라. 처음에 증득하는 깨달음은 본성을 인식할 수 있는 각성을 얻는 것이지만 나중에 증득하는 깨달음은 각성의 무명적 습성을 제도하는 것이니라.

각성을 의지로 전환시킨 밝은성품과 해탈도를 이루기 위해 인식하는 밝은성품은 같은 밝은성품이니라.
다만 전자의 밝은성품은 의식과 감정이 생겨나기 이전의 밝은성품이고 후자의 밝은성품은 의식·감정·의지가 갖추어신 이후의 밝은성품이니라.

생멸연기가 시작될 때는 밝은성품의 자연적 성향으로 인해 공간이 형성되고 몸이 갖추어지게 되었느니라.
이로 인해 천지만물이 분열되는 향하문(向下門)이 열리게 되었느니라. 이때의 밝은성품은 생명성을 퇴화시키는 역할을 하였느니라.

반면에 해탈도의 과정에서는 본성과 의식·감정·의지를 분리시키는 도구로 밝은성품을 활용하느니라.
밝은성품의 기쁨으로 의식·감정·의지에 천착되어 있던 중생심을 제도해서 본성에 머물 수 있는 근기를 갖추게 되느니라. 밝은성품은 그 자체로 불완전하느니라. 영혼에게는 최고의 양식이지만 부딪치고 변화하는 성향이 있어서 이 또한 제도해야 할 대상이니라."

"밝은성품의 제도는 어떻게 하는 것인가요?"
"운용하고 다스려서 하느니라."

"각성의 무명적 습성은 어떻게 제도하나요?"
"유위각을 무위각으로 전환시킨 다음에 시각, 본각, 구경각, 등각을 이루어서 제도하느니라."

"저에게는 각성의 제도나 밝은성품의 제도는 너무도 멀게만 느껴집니다."
"허!허! 그러하더냐. 그 또한 조급해하지 말거라. 너에게는 크나큰 법연이 부여되어 있느니라."

"탐심과 진심의 길이 사후 17일째와 18일째에 나타났다면 19일째에는 치심의 길이 다가오게 되나요?"
"그러하니라. 탐심과 진심의 길을 겪은 사람은 19일째에는 치심의 길을 걷게 되느니라.
그 길의 색깔은 검은색이니라.
치심의 길을 걸을 때도 탐심과 진심의 길에서 겪었던 현상들이 똑같이 나타나느니라.
하염없이 검은색의 길을 걷다가 앞뒤가 끊어진 벼랑 끝에 앉아있게 되느니라.
그런 상황에 처해지면 스스로가 망각의 길 위에 서 있음을 자각해야 하느니라.
'**각성이 없어서 무명의 길을 걷게 되었으니 각성을 키워서 이 길에서 벗어나자**'라고 생각하고 그 자리에 앉아서 명상을 해야 하느니라. 마음 챙김이 이루어지고 무념과 무심이 돈독해지면 주변에서부터 우릉우릉 소리가 나고 번쩍번쩍 빛나는 다섯 가지 색깔의 빛들이 다가오게 되느니라. 그 빛들을 받아들이면 치심의 길에서 벗어나게 되느니라.

지심의 길을 벗어나게 되면 탐·진·지 삼독의 길이 한꺼번에 나타나게 되느니라.
그렇게 되면 때로는 이 길과 저 길의 갈림길에 서 있기도 하고 때로는 어느 한 길을 걷기도 하느니라.
그런 상황에 처해지면 그 자리에 앉아서 참회해야 하느니라. 어리석고 우매해서 탐·진·치에 얽매여 있음을 참회하고 그런 자신을 제도하려는 의지를 내야 하느니라.
신앙이 있는 사람은 기도로써 마음을 다스리고 수행자는

마음 챙김으로써 무념 무심에 들어가야 하느니라.
마음이 편안해지면 우릉우릉 소리 나고 번쩍번쩍 빛나는 다섯 가지 색깔의 빛이 다가오게 되느니라. 그 빛을 받아들이면 영혼이 활동할 수 있는 힘을 얻게 되느니라.

탐·진·치 삼독의 길을 걸으면서 윤회에 들지 않은 영혼들은 사후 20일째를 맞이하게 되느니라.
이날부터 사후 23일째까지는 성스러운 네 가지 몸이 발현되는 때이니라."

"성스러운 네 가지 몸이라는 것은 무엇을 말합니까?"
"성스러운 몸이란 진여신(眞如身)을 말하니라.
본성·각성·밝은성품으로 이루어진 몸을 진여신이라 하느니라. 사후 19일째 까지는 생멸신(生滅身)의 인연이 다가왔던 것이니라. 의식·감정·의지가 영혼의 몸에 내재되어 있는 것이 생멸신이니라. 진여신은 네 가지 몸으로 이루어져 있느니라. 원초신, 법신, 화신, 보신이 그것이니라."

"생멸신은 영혼에 내재되어 있다 하셨는데 진여신은 어디에 내재되어 있나요?"
"진여신은 내재된 것이 아니니라. 진여신은 자기 생명의 바탕이니라. 진여신의 바탕 위에 의식·감정·의지가 쌓이면서 생멸신이 생겨났느니라. 본성에서 생성되는 밝은성품이 영의 몸을 이루면 그 몸 안에 생멸정보가 쌓여지면서 의식과 의지가 생겨나고 영의 몸이 혼의 몸을 만나면서 감정이 생겨난 것이니라. 탐·진·치를 걷어내고 의식·감정·의지를 분리시키면 그 자리에서 진여신이 나타나게 되느니라."

"본래 갖추고 있는 진여신을 인식하지 못하는 것은 무슨 이유 때문인가요?"
"의식·감정·의지가 자기인 줄 알고 본성을 주시할 수 있는 각성이 부족하기 때문이니라. 해탈도에 들어가서 본각을 증득해야 진여신을 인식할 수 있게 되느니라."

4) 성스러운 네 가지 몸의 발현
   - 사후 20일째 ~ 사후 23일째

"그렇다면 본각을 증득하지 못한 영혼들은 사후 20일째에 나오는 인연을 어떤 방법으로 받아들여야 하나요?"
"생전에 본각을 증득하지 못했더라도 이날에 다가오는 인연을 통해서 '원초신'을 발현시킬 수 있게 되느니라."

"이때 발현되는 원초신과 생멸문의 주체인 원초신은 같은 것인가요?"
"식의 구조는 같지만 체성(體性)은 서로 다르니라. 즉 단순계로 이루어진 식의 구조는 같지만 서로 다른 존재성을 갖고 있다는 말이니라."
"그렇다면 영가 스스로가 하나의 생멸문이 된다는 말씀인가요?"
"그러니라. 영혼이 원초신을 발현시키게 되면 또 하나의 생멸문이 생겨난 것이니라."

"어떻게 그런 일이 일어날 수 있나요? 하나의 영혼이 단 하루 만에 한 개의 우주가 된다는 것이 도저히 믿어지지가 않아요."
"허허! 그러하냐? 그럴 만도 하느니라. 하지만 구선아, 한 사람의 진여보살의 몸이 이 생멸문 전체를 덮을 수 있느니라. 그러니 원초신만큼 커지는 것이 무어 그리 대단하다 하겠느냐?"

"스승님의 가르침이시니 이해하려고 노력하고 있지만 아직도 의구심이 해소된 것은 아닙니다. 그렇게 되는 이치에 대해 좀 더 설명해 주십시오."
"사후 20일째에 도달한 영혼들은 탐·진·치 3독의 길을 걸으면서 몹시 피곤한 상태가 되어있느니라.
때문에 이날이 되면 모든 것을 떨쳐버리고 쉬고 싶다는 생각을 하게 되느니라.
쉬고 싶다는 생각이 절실해지면 의식의 흐름이 끊어지면서 식의 틀이 단순계 구조로 바뀌게 되느니라. 그런 상태가 되면 영의 몸과 혼의 몸이 분리되느니라. 혼의 몸이 분리되면 감정이 사라지느니라. 감정이 사라진 자리에는 무심이 세워지고 지극한 고요함이 자리하게 되느니라.
그러면서 영의 몸이 폭발적으로 확장되느니라.
이때 각성을 유지하면서 고요함의 이면을 비춰보게 되면 원초신의 발현이 이루어지느니라.
감정이 쉬어지고 의식이 쉬어진 것을 '적정(寂靜)에 들었다'라고 하느니라. 적정이 곧 본성의 상태니라. 영혼이 분리되고 영의 몸을 갖춘 존재가 본성을 자각하고 단순계로 이루어진 식의 틀을 갖게 되면 그것이 곧 원초신의 상태니라. 적정에 들어있는 생명은 밝은성품을 생성해 내느니라. 밝은성품의 형상은 맑고 투명하니라. 그 기질은 온유하고 그 느낌은 뿌듯하니라.
적정을 성취한 존재는 무한하게 확장되는 밝은성품으로 영의 몸을 이루고 뿌듯함과 기쁨으로 충만되어 있느니라. 그 상태를 열반이라 하느니라.
열반에 머물러서 밝은성품을 지속적으로 생성해 내면 밝은성품이 생멸문 전체를 덮게 되느니라.
이렇게 되면 생멸문을 벗어나서 새로운 진여문을 형성한 것이니라. 그런 존재를 '진여보살'이라 하느니라."

"스승님의 말씀을 듣다 보니 저도 모르게 가슴이 벅차오릅니다. 식의 틀이 단순계를 이루면서 혼의 몸이 분리되고 혼의 몸이 분리되면서 무심처가 생겨나는 것도 놀라운 일이고 적정에서 생성되는 밝은성품이 생멸문을 넘어서서 진여문을 이룬다는 것은 상상조차 할 수 없는 놀라운 말씀입니다. 한 명의 중생이 하나의 생멸문을 이루고 그것을 넘어서서 진여문을 이룬다니 참으로 놀라울 뿐입니다. 그렇다면 스승님! 열반에 들어있는 시간에 따라서 원초신도 되고 진여문도 된다는 말씀이신데 그 시간이 짧으면 어떻게 되는지요?"

"열반에 들어있는 시간이 짧은 영가들도 있느니라.
각성이 부족하든지 적정의 상태를 심심하다고 느끼는 영가들은 원초신이 완전하게 발현되기 이전에 적정에서 깨어나게 되느니라. 그런 상태가 되면 밝은성품의 생성은 중단되느니라. 그렇더라도 고요한 마음만 유지하면 영의 몸과 혼의 몸이 합쳐지지 않느니라.
원초신은 이루지 못했더라도 확장된 영의 몸을 갖게 되면 무색계에서 화생하게 되느니라.
무색계는 생멸문 안에서 가장 높은 세계니라.
오로지 대겁에 들 때에만 생사에 들어가고 그 이전에는 나고 죽음이 없는 영생의 세계니라."

"사후 20일째에 원초신의 인연을 맞이하려면 생전에 얼마만큼의 깨달음을 얻어야 하나요?"
"2선정을 얻고 원초신을 발현시키는 방법을 알고 있다면 원초신의 인연을 수용할 수 있느니라."

"견성을 못해도 원초신이 될 수 있다는 말씀인가요?"
"그러하니라. 그렇기 때문에 죽음을 깨달음을 이룰 수 있는 최고의 기회라고 하느니라. 더불어서 더 깊은 무명으로 들어가는 퇴전의 관문인 셈이지."

"2선정의 어떠한 부분이 원초신의 발현과 연관이 되나요?"
"2선정에 들어가면 무념과 무심이 서로를 비춰보게 되느니라. 그 상태가 적정이니라."

"2선정을 이루지 못하면 어떤 연유로 원초신의 인연을 받아들이지 못하게 되나요?"
"적정력이 없는 사람들은 의식이 쉬어지면 답답함과 외로움에 빠지게 되느니라. 그렇게 되면 한시라도 빨리 그 상태에서 벗어나기 위해 몸부림을 치느니라. 그 상태에서는 원초신의 인연이 목전에 다가와 있어도 받아들일 수 없게 되느니라.
원초신을 증득하고자 하면 수행을 통해 무념·무심을 즐길 줄 아는 각성을 얻어야 하느니라.
사후 20일째에 다가오는 원초신의 인연은 영가가 최고의 깨달음을 얻을 수 있는 절호의 기회니라.
그러니 죽음을 준비하는 사람들은 반드시 2선정을 성취

해야 하느니라."

원초신에 대한 가르침은 놀라웠다. 그러면서도 새로운 희망을 주었다. 견성의 일은 멀게만 느껴졌었다. 하지만 2선정을 이루는 것은 왠지 나도 할 수 있을 것 같았다.

"이날에 원초신의 인연을 받아들이지 못한 영혼들은 어떻게 되나요?"
"피곤함에 지쳐서 잠들게 되느니라. 그런 상태에서 깨어나면 사후 21일째를 맞이하게 되느니라. 하지만 이날에도 무료하고 심심한 것을 달래기 위해 유희의 대상을 찾아 헤매게 되느니라."

"원초신을 증득한 영혼은 사후 21일째를 어떻게 맞이하게 되나요?"
"법신의 인연을 맞이하게 되느니라.
법신이란 진공(眞空)이 체(體)화 된 것이니라."

"진공이란 무엇인가요?"
"진공은 본성의 바탕이니라. 본성은 무념과 무심으로 이루어져 있느니라. 그 무념과 무심이 한 자리를 이루고 있으면서 합쳐지지도 않고 분리되지도 않는 간격을 유지하고 있느니라. 진공의 면모는 무념과 무심 사이의 간극에서 드러나느니라. 그 간극의 상태가 특정지워진 상이 없기 때문에 진공이라 부르느니라. 견성의 단계에서는 본성의 간극을 인식할 수 없느니라. 해탈도에 들어가야 비로소 간극을 인식하게 되느니라.
간극의 진공에 머물러서 무념과 무심을 껴안고 있는 것을 대적정(大寂靜)에 들었다고 하느니라."

"원초신을 이룬 다음에 대적정을 얻으려면 어떤 노력을 해야하나요?"
"오로지 본성에 머무르는 무소구행(無所求行)을 해야 하느니라. 원초신을 이룬 존재는 단순계로 이루어진 식의 틀을 갖고 있기 때문에 무소구행이 쉽게 이루어지느니라. 무소구행으로 본성에 집중하다 보면 무념과 무심 사이의 간극이 드러나게 되느니라.
간극을 인식한 후에 그 상태에 집중하면서 무념·무심을 함께 수시하면 대적정을 성취한 것이니라."

"진공이 체화되어 법신을 이룬다 하셨는데 그 과정은 어떻게 이루어 지나요?"
"진공이 체화되었다는 것은 언제든지 진공의 상태를 인식할 수 있게 되었다는 말이니라. 그렇게 되면 마치 자기 몸을 인식하듯이 진공의 상태가 뚜렷하게 보이느니라. 진공이 체화되면서 나타나는 한 가지 변화가 있느니라. 그것이 바로 밝은성품이 생성되는 것을 시각적으로 인식하게 되는 것이니라.
밝은성품은 본성의 간극에서 생성되느니라. 간극에 머물러서 밝은성품이 생성되는 것을 함께 주시하게 되면 그 상태가 법신이 갖추어진 것이니라."

"원초신도 성취하고 법신도 성취한 존재는 어떤 삶을 살게 됩니까?"
"진여보살로서의 삶을 살게 되느니라. 생멸문을 다니면서 인연 있는 중생들을 제도하고 스스로 공여래장(空如來藏)을 성취하기 위해 노력하게 되느니라."

"공여래장이란 무엇입니까?"
"대적정을 통해 각성의 무명적 습성을 제도하고 밝은성품의 자연적 성향을 제도하면 진여신이 공여래장으로 변화하느니라. 제도된 진여문을 공여래장이라 하느니라."

"완전한 원초신을 증득하지 못하고 무색계에 머물러있는 존재들은 법신의 인연을 어떻게 맞이하게 되나요?"
"그런 존재들은 고요하고 텅 빈 마음에 머물러서 법신의 인연을 만나게 되느니라. 고요한 마음에 지극하게 머물러 있다 보면 어느 때부터 맑고 투명한 느낌이 명료해 지느니라. 그 느낌을 주시하다 보면 식의 바탕을 인식하게 되느니라. 식의 바탕은 텅 비워져 있느니라. 텅 빈자리를 명료하게 바라보다 보면 빈 공간의 질감이 인식되느니라. 빈 공간의 질감은 무념과 밝은성품이 서로 어우러져서 만들어 내는 살아있는 느낌이니라. 이를 일러 생명성(生命性)이라 하느니라. 그때의 생명성이 곧 법신이니라. 생명성에 집중하면 영의 몸이 점점 더 확장되느니라.
이를 일러 '원신배양'이라 하느니라.
본성의 간극을 인식하지 못한 상태에서는 진공의 인식이 온전하게 이루어지지 않느니라. 때문에 이때의 법신은 온전한 것이 아니니라.

자기 생명성을 인식한 존재는 다른 존재의 생명성도 인식하게 되느니라.
그렇게되면 다른 생명들이 생성해 내는 밝은성품을 섭취할 수 있게 되느니라.
아수라왕은 다른 생명들이 생성해 내는 부성석 에너지를 섭취해서 자기 세계를 확장시키느니라.
반대로 천신들은 다른 생명들이 생성해 내는 긍정적 에너지를 섭취해서 천상계를 확장시켜 가느니라."

"다른 생명이 생성해 내는 밝은성품을 섭취하는 것은 올바른 일인가요? 아수라왕은 부정적 에너지를 섭취해서 아수라계를 넓힌다 하니 잘못된 것 같은데 천신의 경우는 입장이 모호한 것 같습니다."
"잘못된 일이 아니니라.
생멸문의 공간은 원초신이 생성해 내는 밝은성품과 천지만물이 생성해 내는 생명에너지로 인해 형체적 틀을 유지해 가느니라. 원초신과 천지만물은 각각이 생성해 내는 생명에너지를 공유하면서 하나의 문(門)을 이루고 있느니라. 하나의 문은 두 종류의 공간으로 분열되어 있고 두 공간은 여섯 세계로 구분되어 있으며 여섯 세계는 서른세 개의 공간으로 차원을 이루고 있느니라.
하나의 문은 생멸문이니라.
두 종류 공간은 천상계와 아수라계이니라.
여섯 세계는 육도윤회계이니라.
서른세 개의 차원화된 공간은 삼십삼천이니라.

생멸문은 천상계와 아수라계로 이루어져 있느니라.
그중 천상계는 삼계(三界) 28천(天)으로 이루어져 있느니라.
삼계란 욕계(慾界), 색계(色界), 무색계(無色界)를 말하니라.
28천은 욕계 6천, 색계 18천, 무색계 4천으로 이루어져 있느니라.
욕계 6천은 사천왕천, 도리천, 야마천, 도솔타천, 낙변화천, 타화자재천으로 이루어져 있느니라.
색계18천은 범중천, 범보천, 대범천, 소광천, 무량광천, 광음천, 소정천, 무량정천, 변정천, 복애천(무운천), 복생천,

광과천, 무상천, 5불환천(무번천, 무열천, 선견천, 선현천, 색구경천)으로 이루어져 있느니라.
무색계 4천은 공무변처천, 식무변처천, 무소유처천, 비상비비상처천으로 이루어져 있느니라.

아수라계는 인간계를 포함해서 다섯 개의 세계로 이루어져 있느니라.
아수라는 생(生)의 형태에 따라 네 종류가 있느니라.
알로 태어나는 아수라, 태로 태어나는 아수라, 화생으로 태어나는 아수라, 습생으로 태어나는 아수라가 그것이니라.
네 종류의 아수라로 인해 네 개의 아수라계가 만들어졌느니라.
천상계와 아수라계를 이루는 다섯 세계를 합쳐서 육도윤회계라 하느니라.
각각의 세계는 그 세계의 공간을 생성하는 주재 생명이 있느니라. 그 생명을 천주(天主)라 하느니라.
아수라계의 천주는 아수라왕이니라.
천상계는 28천마다 서로 다른 천주가 있느니라.
각각의 천주들은 원초신과 법신을 이룰 수 있는 근기가 갖춰져 있느니라. 때문에 역할을 다하면 진여보살이 되느니라.

생멸문을 살아가는 모든 생명들은 서로가 생성해 내는 에너지를 공유하고 있느니라.

천주는 자기 생명력을 펼쳐서 하나의 세계를 이루고 그 세계에서 살아가는 개체생명들은 각각이 생성해 내는 생명에너지를 활용해서 세계의 공간을 지탱해 가는 역할을 하느니라.

때문에 천주와 개체 생명들은 하나의 장(場)안에서 동체(同體)를 이루고 있느니라. 그 관계가 영혼과 육체를 구성하는 세포와 같나니라.

세포가 생성해 내는 에너지로 영혼이 육체 안에서 활동할 수 있게 되고 영혼이 생성해 내는 밝은성품과 파동으로 세포와 세포가 서로 공명하게 되느니라.

천신이 개체 생명들이 생성해 내는 생명에너지를 섭취하는 것이 잘못된 일이 아니라고 하는 것은 이와 같은 이유니라."

"생멸문이 천상계와 아수라계로 나누어진 이유가 무엇인가요?"
"천상계는 원초신이 생성해 내는 밝은성품이 서로 공유되는 세계니라. 하지만 아수라계에서는 그 일이 일어나지 않느니라.

밝은성품은 에너지적 성향이 있느니라.

밝은성품은 양기와 친하고 음기와는 친하지 않느니라.

때문에 양기로 이루어진 공간에는 밝은성품이 충만하지만 음기로 이루어진 공간은 밝은성품이 차단되어 있느니라. 양기는 생명이 갖고 있는 긍정적 성향으로 만들어지느니라. 그에 반해 음기는 생명이 갖고 있는 부정적 성향으로 만들어지느니라.

생멸문을 살아가는 대부분의 중생들은 오탁(五濁)으로 생겨난 두려움을 본능적으로 안고 있느니라.

두려움으로 인해 부정적 성향을 갖게 되고 그 결과로 음기를 생성하게 되느니라. 중생들이 만들어낸 음기가 공간을 채우게 되면 그 공간에는 원초신이 생성해 내는 밝은 성품이 들어오지 못하게 되느니라. 그러면서 아수라계가 열리게 되느니라.

현재의 생멸문은 아수라계가 점점 더 넓어지고 있느니라."

"오탁이란 것이 무엇인가요?"
"겁탁, 중생탁, 견탁, 명탁, 번뇌탁을 말하느니라.
겁탁(劫濁)은 생멸문이 팽창하고 수축할 때 생겨나는 두려움이니라.
중생탁(衆生濁)은 의식·감정·의지를 자기로 심은 데시 오는 두려움이니라.
견탁(見濁)은 자기 견해가 배척될 때 생겨나는 두려움이니라.
명탁(命濁)은 나고 죽는 과정에서 생겨나는 두려움이니라.
번뇌탁(煩惱濁)은 심식이 동떨어진 데서 생겨나는 두려움이니라."

"생멸문을 살아가는 중생들은 모두 오탁의 두려움에서 벗어나지 못하겠네요? 그렇게 되면 결국에는 생멸문 전체가 아수라계로 바뀌는 것이 아닌가요?"
"그러니라. 그렇기 때문에 여래장계의 수많은 생멸문들이 어둠에 휩싸여있느니라.
구선아, 부처님께서는 오래전부터 여래장계의 어둠을 걷어내기 위해 정토불사의 서원을 세우셨느니라.
너 또한 그 불사에 동참해보지 않겠느냐?"
"예! 스승님! 미력하나마 최선을 다해보겠습니다."

우리가 살고 있는 생멸문뿐만이 아니라 여래장계의 대다수 생멸문이 어둠에 휩싸여 있다는 말씀이 암울하게 느껴졌다. 그러면서 한편으로는 반드시 그 역할을 해내겠다는 의기가 솟구쳤다. 그런 내 마음을 아시는지 스승님께서 내 어깨를 다독여 주셨다.

"천상계의 삼계는 어떤 과정으로 생겨났나요?"
"모든 세계는 두 가지 원인으로 생겨나느니라.
하나는 정신이 갖고 있는 고유진동수이니라.
또 하나는 몸을 이루는 공간이니라.
정신의 고유진동수는 세계를 이루는 근본이니라.
고유진동수가 펼쳐지는 범위 안에 밝은성품이 펼쳐지고 밝은성품이 펼쳐진 범위가 곧 몸이 되느니라.
고유진동수가 안정되어 있을수록 넓은 범위에 영향을 미치고 그로 인해 큰 몸이 생겨나느니라.

앞서 말했듯이 생멸신은 세 종류의 몸으로 이루어져 있느니라.
영의 몸이 가장 크고 혼의 몸이 그 다음이며 육체의 몸이 가장 작으니라.

원초신의 공간 안에 세 종류의 고유진동수를 갖고 있는 미완의 원초신들이 출현하게 되었느니라.
그들이 추구하는 몸의 성향이 서로 달라지면서 삼계가 생겨났느니라.
무색계는 영의 몸과 영혼의 몸으로 이루어진 세계니라.
공무변처천과 식무변처천은 영혼의 몸으로 이루어져 있고 무소유처천과 비상비비상처천은 영의 몸으로 이루어져 있느니라.
색계는 육제의 몸으로 이루어신 세세니라.
열여덟 개의 세계마다 서로 다른 크기의 육체를 갖고 있느니라. 색계 생명들은 육체를 갖고 있지만 오욕(五慾)이 없느니라
욕계는 육체의 몸과 오욕칠정(五慾七情)을 갖고 있는 존재들이 태어나는 세계니라. 여섯 개의 세계마다 몸의 크기가 다르고 오욕칠정의 정도가 다르니라.
천지만물이 생겨나면서 그들 또한 세 종류 고유진동수와

세 가지 몸을 갖추게 되었느니라. 그 조건에 따라서 서로 다른 세계에 처해지게 되었느니라.

28천 또한 고유진동수와 몸의 성향으로 이루어진 세계니라. 욕계 6천은 안·이·비·설·신·의의 의식과 오욕칠정이 더해져서 여섯 개의 차원으로 나누어진 세계이니라.

색계 18천은 6경, 6근, 6식과 칠정이 더해져서 열여덟 개의 차원으로 나누어진 세계니라.

색계 생명은 선정을 체득한 정도에 따라서 각기 다른 세계에 처해지느니라.

범중천, 범보천, 대범천은 초선정을 증득한 존재들이 태어나는 세계니라.

소광천, 무량광천, 광음천은 2선정을 증득한 존재들이 태어나는 세계니라.

소정천, 무량정천, 변정천은 3선정을 증득한 존재들이 태어나는 세계니라.

복생천, 복애천(무운천), 광과천, 무상천은 4선정을 증득한 존재들이 태어나는 세계니라.

5불환천인 무번천, 무열천, 선견천, 선현천, 색구경천은 금강해탈과 반야해탈을 체득한 존재들이 태어나는 세계니라. 그중 색구경천은 아나함과를 증득한 존재들이 태어나는 세계이니라.

무색계 4천은 아나함과를 이룬 존재들이 처해지는 세계

니라. 심식의 세업을 제도한 정도에 따라서 처해지는 세계가 서로 다르니라.

"28천의 천주는 어떤 과정을 통해 출현하게 되었나요?"
"성스러운 네 가지 몸 중에서 원초신의 발현을 이루다가 중간에서 멈춰지면 그 세계의 천주가 되느니라. 그때에 펼쳐진 밝은성품이 세계를 이루는 공간이 되고 의식적 성향과 고유진동수에 따라서 독립된 차원계가 형성되면 그 세계의 천주가 되느니라. 각각의 천주들은 언제든지 완성된 원초신을 이룰 수 있는 근기가 갖추어져 있느니라."

"현대인들이 믿음의 대상으로 삼고 있는 하나님이 천주인가요?"
"그러하니라."

"법신을 증득한 사람은 28천중에 어떤 세계에 태어나나요?"
"법신을 증득한 영혼은 28천에 태어나지 않느니라.
그런 존재는 대아라한이 되어서 멸진정에 머물든지 초지보살이 되어서 진여문을 이루게 되느니라."

"자기 생명성을 인식해서 법신으로 삼은 무색계의 존재들과 천주들 중 어떤 존재가 더 높은 깨달음을 얻은 것인가요?
"무색계의 존재들이 더 큰 깨달음을 이루었느니라.

5불환천의 천주들도 무색계의 존재들은 인식하지 못하느니라."

"원초신의 인연과 법신의 인연이 참으로 오묘합니다.
더군다나 깨달음의 정도에 따라 서로 다른 천상세계에 태어난다 하시니 그 말씀도 듣고 싶습니다."
"깨달음과 윤회에 대해서는 나중에 얘기하고 먼저 성스러운 네 가지 몸 중에서 화신과 보신을 발현시키는 방법에 대해서 들려주도록 하마."
"예, 스승님"

"화신의 인연은 사후 22일째에 다가오게 되느니라.
원초신과 법신의 인연을 받아들이지 못한 영가들은 이날에는 분별의 업식과 그리움으로 인해 깨어나는 업식들을 함께 인식하게 되느니라.
좋고 나쁘고, 옳고 그르고, 싫어하고 좋아했던 경계들이 두서없이 깨어났다가 꺼지듯이 사라지고 원인도 모를 그리움이 일어나서 아련해지느니라. 이때에 느껴지는 그리움은 영가가 일으킨 것이 아니니라. 가족이나 가까웠던 사람들이 영가를 향해 일으키는 그리움이 전이된 것인데 영가는 그것을 자각하지 못하느니라. 이때의 그리움에는 연민심과 갈애가 함께 배어 있느니라. 그런 상태가 지속되면 영가도 이승에 대한 그리움을 일으키게 되느니라. 한번 시작된 그리움은 시간이 지날수록 점점 더 커지게 되느니라. 자식도 보고 싶고 친구도 보고 싶고, 물밀듯이 밀려오는 그리움에 천착되어 있다 보면 어느새 하루가 지나가게 되느니라.
비교와 분별, 그리움에 빠져있는 영가들은 일치를 통해 다가오는 화신의 인연을 인식할 수 없느니라.

원초신과 법신을 체득한 존재들도 이날에는 중생계로부터 전이되는 그리움을 맞이하게 되느니라.
본성의 간극에 머물러서 무념·무심을 껴안고 있던 법신보살은 중생으로부터 전이되는 그리움을 무심처로 받아들이게 되느니라.
중생의 그리움에는 갈망과 사무침이 배어있느니라.
법신보살은 스스로의 무심으로 중생의 그리움을 비추면서 중생의 감정을 제도하느니라. 이 과정을 통해 제도된 중생은 공무변처정을 이룰 수 있는 근기를 갖추게 되느니라.
중생의 감정을 제도한 법신보살은 제도된 그리움을 활용해서 스스로의 불공여래상을 확상시켜 가느니라.

다른 생명과 일치를 이룰 수 있는 역량을 갖춘 것을 '화신'이라 하느니라. 이때 활용되는 것이 제도된 그리움이니라.
중생으로부터 전이되는 모든 감정을 이와 같은 방법으로 제도하다 보면 화신의 능력이 점점 더 커지게 되느니라.
진여보살의 화신이 능력을 활용해서 생멸문 전체를 일치할 수 있게 되면 불공여래장이 완성되느니라."

"무색계의 신들이나 색계, 욕계의 천주가 된 신들은 화신의 인연을 어떻게 맞이하게 되나요?"

"그들도 이날에는 중생으로부터 전이되어 오는 그리움을 맞이하게 되느니라. 중생의 그리움은 천신이 갖고 있는 혼의 몸에 중첩되느니라. 그렇게 되면 천신의 감정이 치성해지느니라. 무념과 무심으로 이때의 감정을 제도해가느니라. 무심으로 일치하고 무념으로 제도하면서 갈애와 사무침의 습기를 씻어내게 되느니라.

중생의 그리움을 제도하면서 스스로의 감정 또한 제도하게 되느니라. 제도된 중생의 그리움과 제도된 감정으로 화신의 역량을 키워가게 되느니라.

화신은 일치를 통해 인식된 경계를 제도하면서 이루는 것이니라. 각성의 정도와 깨달음의 방편에 따라서 화신을 이루는 방법이 서로 달라지게 되느니라.

진여보살은 본성의 간극과 무심을 활용해서 화신을 이루고 천신들은 혼의 몸과 무념, 무심을 활용해서 화신을 이루느니라. 각성이 없는 중생은 일치되는 경계를 알아차리지 못해서 화신의 인연을 저버리게 되느니라.

화신의 역량은 천지만물이 본래부터 갖추고 있는 것이니라. 서로에게 향해지는 그리움이 화신을 만들어내는 원인이니라. 제도된 그리움은 최상의 깨달음을 이룰 수 있는 최고의 방편이니라. 각성의 무명적 습성을 제도하고 밝은 성품의 자연적 성향을 제도하는 것이 화신을 통해 이루어지느니라.
대적정으로 법신을 이루고 제도된 그리움으로 화신을 이룬 존재는 나중에 부처님의 초대를 받아서 불세계로 가게 되느니라."

"본래부터 갖추고 있던 화신의 능력을 어떻게 해서 잃어버리게 되었는지요?"
"이기심과 욕심, 갈애와 집착, 분별과 비교, 우월감과 열등감에 빠져서 그리움이 갖고 있는 순수성을 훼손시켰기 때문이니라."

"보신의 인연은 어떤 형태로 다가오게 됩니까?"
"사후 23일째가 되는 날에 보신의 인연이 다가오느니라.
이날은 영혼이 갖추고 있는 지혜가 발현되는 날이니라.
지혜로써 갖추어진 영혼의 몸을 '보신'이라 하느니라.

범부지혜가 있고 유루지혜가 있으며 무루지혜가 있느니라.
이 중 중생의 지혜가 범부지혜니라.
유루지혜는 본성을 인식하기 이전에 갖추어지는 지혜이니라. 각성의 정도에 따라서 두 가지 지혜가 있느니라.
무루지혜는 본성을 인식한 이후에 갖춰지는 지혜니라.

해탈의 정도에 따라서 세 가지 지혜가 있느니라.

범부지혜는 지식과 경험을 바탕으로 삼느니라.
때문에 지혜의 주체가 의식·감정·의지이니라.
유루지혜는 선정의 힘을 바탕으로 삼느니라.
지혜의 주체가 유위각이니라.
무루지혜는 본성이 바탕을 이루느니라.
지혜의 주체가 무위각이니라.

보신의 발현은 활용을 통해서 이루어지느니라.
가치의 창출과 조화를 성취하는 과정에서 보신이 발현되느니라.
보신을 발현시키려면 먼저 비교하고 분별하는 습성에서 벗어나야 하느니라. 그런 다음에 접해지는 경계를 활용적 관점으로 바라보아야 하느니라.
모든 경계에는 좋고 나쁘고, 옳고 그르고, 크고 작은 차별성이 있느니라.
그런 경계를 대할 때 좀 더 진보된 가치를 창출하고자 노력하는 과정에서 보신의 발현이 이루어지느니라.
범부지혜를 갖고 있는 중생이라 할지라도 보신적 관점만 투철하게 유지하면 사후세계의 여러 가지 장애를 극복하게 되느니라.
좋은 경계도 잘 활용하고 싫은 경계도 잘 쓰게 되면 좋고 싫음에서 벗어나서 자유로운 삶을 성취하게 되느니라.
이런 상태에서 윤회에 들면 욕계 2천인 도리천에 태어날 수 있느니라.

"두 가지 유루지혜란 어떻게 갖추어 지나요?"
"유루지혜는 선정의 성취와 각성의 증득을 통해 갖추어 지느니라.
초선정의 성취와 상사각(相似覺)의 증득으로써 첫 번째 유루지혜를 체득하게 되느니라.
2선정, 3선정의 성취와 수분각(隨分覺)의 증득으로써 두 번째 유루지혜를 체득하게 되느니라.
초선정은 감정의 산란함과 의식의 분별이 쉬어진 상태니라. 편안함과 아무렇지 않은 마음으로 초선정에 들어가느니라.
상사각을 갖추게 되면 있는 그대로 볼 수 있는 역량이 갖춰지느니라. 때문에 경계에 대한 분별을 일으키지 않게 되느니라. 분별이 쉬어진 상태에서 인식되는 경계를 활용적 관점으로 바라보는 것이 이때에 행해지는 보신행이니라.
초선정을 이룬 영혼은 색계의 초선천에 태어나게 되느니라.

2선정은 무념과 무심이 돈독하게 세워진 상태니라.
그러면서 서로를 비춰보게 되느니라.
무심의 바탕 위에 무념이 자리하고 무념의 바탕 위에 무심이 자리하면 이때가 곧 2선정이 성취된 것이니라.
2선정의 무심처는 경계와 일치를 이룰 수 있는 통로로 쓰여지느니라. 2선정을 성취한 영혼은 색계 2선천에 태어나게 되느니라.

3선정은 무심이 철벽을 이루고 무념이 그 이면에 자리한 상태니라. 이때에는 무심으로 일치되던 모든 경계가 차단되느니라. 3선정을 성취한 영혼은 색계 3선천에 태어나게 되느니라.
수분각이 갖춰지면 일치된 경계의 인과를 볼 수 있게 되느니라. 그러면서 말라식에 내재된 업식들을 관찰할 수 있느니라.
2선정의 과정에서는 보신과 화신의 발현이 광범위하게 이루어지느니라. 무심으로 일치하고 무념으로 제도하면서 그와 같은 성취를 이루게 되느니라."

"세 가지 무루지혜란 어떤 것입니까?"
"혜(慧)와 해탈(解脫), 해탈지견(解脫知見)이니라."

"혜(慧)란 무엇입니까?"
"본성에 입각해서 의식·감정·의지가 쓰여지는 것이니라."

"해탈(解脫)이란 무엇입니까?"

"본성이 주체가 되어서 의식·감정·의지를 제도하는 것이니라."

"해탈지견(解脫知見)이란 무엇입니까?"
"의식·감정·의지를 분리시키고 본성·각성·밝은성품으로 진여심을 이룬 것이니라."

"무루지혜를 활용해서 보신을 이루는 방법에 대해 말씀해 주십시오."
"혜(慧)가 활용되면 탐·진·치가 일어나지 않느니라. 그러면서 의식은 무념으로 제도되고 감정은 무심으로 제도되며 의지는 무위각으로 전환되느니라.
무념으로 제도된 생각은 분별과 망상을 일으키지 않느니라. 무심으로 제도된 감정은 희·로·애·락·우·비·고뇌에 빠지지 않느니라.
무위각으로 전환된 의지는 비교와 극단적 선택을 일으키지 않느니라.
혜로써 인식한 경계는 존재목적에 입각한 교류를 통해 허공해탈을 이루게 되느니라.
허공해탈이란 경계가 상대와 주변에게 이로움을 주는 역할을 하는 것이니라.
경계가 허공해탈을 이루게 되면 존재목적을 실현하고 복력을 얻게 되느니라.
혜가 활용되면서 보신이 성취되느니라.

혜를 활용해서 보신을 이룬 영혼은 색계 4선천에 태어나 게 되느니라.

해탈(解脫)이 이루어지면 본성의 간극에 머물게 되느니라. 그 상태에서 의식·감정·의지를 바라보면 내 것이 아닌 남의 것처럼 느껴지느니라.

이때에 인식되는 경계는 머무름의 대상이 아니니라.

각성은 오로지 간극과 무념·무심 사이를 오가면서 공무변처정과 식무변처정, 무소유처정에 머물게 되느니라.

간극과 무심에 머물면서 공무변처정에 들어가고 간극과 무념에 머물면서 식무변처정에 들어가느니라.

간극과 무심, 무념에 함께 머물러서 무소유처정에 들어가느니라.

공무변처정을 통해서는 감정의 세업을 제도하고 밝은성품의 자연적 성향을 제도하게 되느니라. 해탈로써 공무변처정을 성취한 영혼은 색계 무번천에 태어나게 되느니라.

식무변처정을 통해서는 의식의 세업을 제도하고 육근을 제도하느니라. 해탈로써 식무변처정을 이룬 영혼은 색계 선현천에 태어나게 되느니라.

무소유처정을 통해서는 의식·감정·의지를 분리시키게 되느니라. 그 상태에서 무념·무심·간극 사이를 넘나들게 되느니라. 해탈로써 무소유처정에 이른 영혼은 색계의 색구경천에 태어나게 되느니라.

해탈로써 제도된 의식·감정·의지는 그 자체로써 보신이 되느니라.

해탈지견은 생멸심과 진여심이 완전하게 분리된 상태에서 갖추어지는 '진여지혜'이니라.
해탈지견을 갖춘 존재를 '아라한'이라 하느니라.
아라한의 지혜는 6신통에서 비롯되는 것이니라.
천이통, 천안통, 숙명통, 타심통, 신족통, 누진통이 아라한이 갖고 있는 6신통이니라.
아라한들은 육도윤회를 벗어난 존재이니라.
육도윤회의 원인이 생멸심인데 그것을 분리시켜서 인식의 대상으로 삼지 않기 때문에 윤회의 굴레에서 벗어난 것이니라.
해탈지견을 갖춘 아라한은 법신에 머물 뿐 화신과 보신을 추구하지 않느니라. 아라한이 화신과 보신을 이루려면 진여출가를 통해 보살도에 들어가야 하느니라.

해탈과 해탈지견의 사이에서 네 가지 보신의 길이 열리게 되느니라.
그것이 바로 아나함과에서 이루어지는 공무변처정, 식무변처정, 무소유처정, 비상비비상처정의 과정이니라.
아나함과에 들어간 영혼은 의식·감정·의지를 완전하게 분리시키지 않고 진여심과 공존하는 상태를 유지하고 있느니라. 그 상태에서 공무변처정에 들어가면 감정의 세업이 제도되면서 보신을 성취하게 되느니라. 무색계 4천중에 공무변처천에 화생하게 되느니라.
그 상태에서 식무변처정에 들어가면 의식의 세업이 제도되면서 보신을 성취하게 되느니라. 무색계 4천 중에 식무변처천에 화생하게 되느니라.

그 상태에서 무소유처정에 들어가면 의식·감정·의지가 완전하게 분리되면서 보신을 성취하게 되느니라. 무색계 4천 중에 무소유처천에 화생하게 되느니라.

그 상태에서 비상비비상처정에 들어가면 밝은성품의 자연적 성향을 제도하면서 비상비비상처해탈을 성취하게 되느니라. 무색계 4천 중에 비상비비상처천에 화생하게 되느니라."

"사후 23일째에 성스러운 네 가지 몸을 갖추지 못한 영혼들은 어떤 경계를 맞이하게 되나요?"
"여섯 가지 중생의 습성이 발현되는 육도윤회계의 인연을 맞이하게 되느니라.
그 인연이 사후 24일째, 25일째, 26일째, 27일째, 28일째, 29일째까지 다가오게 되느니라.
생전에 수행을 통해 자기 제도를 이룬 영혼들은 주로 천상계의 인연이 다가오게 되느니라.
하지만 자기 제도를 이루지 못한 영혼들은 나머지 5도계의 인연이 다가오게 되느니라."

5) 여섯 가지 중생적 습성의 발현과 육도윤회
   - 사후 24일째 ~ 29일째

"사후 24일째는 어떤 인연이 다가오게 됩니까?"
"여섯 가지 중생적 습성 중에서 보는 의식이 갖고 있는 거부적 성향이 발현되느니라.
그로 인해서 보는 기능이 상실되느니라.
영혼이 보는 기능을 상실하게 되면 깜깜한 어둠 속에 처해지게 되느니라. 그러다가 습성이 같은 생명을 만나게 되면 희끄무레한 빛으로 인식하게 되느니라.
이런 상태에 처해지면 무간지옥에 들어간 것이니라.
무간지옥에 들어가 있는 영혼들은 밝음을 그리워하게 되느니라. 그러다 보니 희끄무레한 빛을 보게 되면 곧장 그 빛 속으로 뛰어들게 되느니라.
그 빛은 같은 습성을 갖고 있는 살아있는 생명에게서 오는 것이니라.
때문에 영혼이 그 빛에 뛰어들게 되면 살아 있는 생명에게 '입신(入神)'이 되느니라."

"입신이 뭔가요?"
"살아있는 생명의 몸 안에 죽은 영혼이 들어오는 것을 말하느니라."

"입신이 되면 어떻게 됩니까?"
"그로 인해서 이루 말할 수 없는 고통을 당하게 되느니라. 입신이 되어 육체 안으로 들어온 영혼은 살아있는 생명이 가지고 있는 생명력을 섭취해서 의식 활동을 하게 되느니라. 살아 있는 생명이 동물인 경우에는 동물 구실을 하게 되고, 인간인 경우에는 인간 구실을 하게 되느니라.
다른 생명의 육체에 들어가게 되면 기존의 영혼과 끊임없이 다투게 되느니라. 그 과정에서 수많은 고초를 당하게 되느니라.
영혼을 받아들인 살아있는 생명도 쉼 없이 고통을 받게 되느니라. 그런 경우를 신병(神病)에 걸렸다고 하느니라."

"인간의 영혼이 동물의 몸 속에 들어가면 어떻게 되나요?"
"동물의 몸속으로 입신이 되면 영혼의 주체의식이 분리되느니라. 그렇게 되면 윤회에 들 때 축생 과보를 받게 되느니라."

"입신의 인연은 어떤 과보로 생기게 됩니까?"
"그런 인과는 습성이 같기 때문에 생기는 것이니라. 살아있는 생명이 죽은 영혼을 접하지 않으려면 보고, 듣고, 느끼고, 생각하고, 말하고, 냄새 맡는 것에 대한 거부 의식이 없어야 하느니라.

"사람이나 동물에게 입신이 되지 않은 지옥계의 영혼들은 어떤 상태에 처해져 있습니까?"
"수많은 시간을 어둠 속에서 보내야 하느니라.
그 상태에서 두려움에 빠지게 되면 생명력이 소실되면서 듣고, 느끼고, 생각하고, 말하는 기능도 사라지게 되느니라."

"그런 상황에서 벗어나려면 어떻게 해야 합니까?"
"마음에 안식을 얻어야 하느니라.
지극한 마음으로 기도하면서 믿음의 대상을 갈망하다 보면 점차로 마음이 안정되느니라.
마음이 안정되면 주변으로부터 우릉우릉 소리가 나고 번쩍번쩍 빛나는 오색의 빛이 다가오게 되느니라.
그 빛을 받아들이면 보는 기능이 다시 복구되느니라."

"사후 25일째에는 어떤 인연이 다가오는지요?"
"깜깜한 어둠 속에 처해져 있던 영가에게 시끄러운 소리들이 들려오게 되느니라. 욕하는 소리, 비방하는 소리, 쇠 긁는 소리, 등등 생전에 싫어했던 소리들이 사방에서 들려오게 되느니라.
이 소리들은 듣는 경로에 내재되어 있던 부정적인 업식들이 깨어나는 것이니라.

그 소리들이 싫어서 쫓겨다니다 보면 어느 때부터 모든 소리를 듣지 못하게 되느니라.
보고 듣는 기능이 상실되면 영혼이 분열되게 되느니라.
그렇게 되면 보고 듣는 의식이 떨어져 나와서 독립된 개체 생명이 되느니라.
보는 기능과 듣는 기능이 떨어져 나간 영혼은 네 가지 주체의식만 갖고 있게 되느니라. 그 상태에서 윤회에 들면 축생계에 태어나게 되느니라.
이런 경우에는 분리된 두 가지 주체의식은 한 마리 새가 되어 태어날 수도 있고, 나머지 네 가지 주체의식은 한 마리 소가 되어 태어날 수도 있느니라.
축생으로 태어날 때는 우중충한 청색 빛의 세계에 처해지게 되느니라.
깜깜한 어둠 속에 있던 영가가 우중충한 청색 빛을 보게 되면 그것이 보배 광명처럼 인식되면서 그 속으로 뛰어들게 되느니라.
영혼이 분리되어 축생의 의식체계를 갖고 있는 존재는 축생의 과보를 피할 수가 없느니라.
하지만 그런 과정을 거치지 않고 인간의 의식체계를 보존하고 있는 영혼은 우중충한 청색 빛의 세계에서 벗어나야 하느니라.
그러려면 지극한 갈망으로 믿음의 대상을 떠올리면서 일심으로 귀의하는 마음을 일으켜야 하느니라. 관세음보살을 염송하면서 스스로가 축생보를 받지 않기를 간절하게 기원하다 보면 마음이 편안해지면서 우릉우릉 소리가 나고 번쩍번쩍 빛나는 오색의 빛무리가 다가오게 되느니라.
그 빛을 받아들이면 보고 듣는 기능이 회복되면서 축생계를 벗어나게 되느니라."

"지옥계와 축생계의 인연이 지나가고 나면 어떤 인연이 다가오게 됩니까?"
"사후 26일째 되는 날에는 냄새 경로에 내재되어 있던 부정적인 업식들이 깨어나게 되느니라.
갖가지 악취들이 진동하는 상황에 처해지면 그것을 피해서 달아나다가 생명력이 고갈되느니라.
그러면서 냄새 맡는 기능을 잃어버리게 되느니라.

영혼의 비식(鼻識)은 두 가지 기능을 갖고 있느니라.
한 가지 기능은 외부의 진동을 감지하는 것이니라.
또 한 가지 기능은 외부의 진동과 내부의 진동을 조율하는 기능이니라. 영혼은 이 두 가지 기능을 활용해서 취식(取食)을 행하느니라.
영혼이 냄새 맡는 기능을 잃어버리게 되면 취식을 행하지 못하게 되느니라.
그렇게 되면 다른 의식 경로에 남아있던 생명력도 고갈되면서 영혼이 세분화되느니라.

세분화된 영혼은 습생(濕生)을 통해 아수라로 태어나느니라. 취식을 하지 못한 영혼이 생명력이 고갈되면 우중충한 녹색 빛에 처해지게 되느니라.
영혼이 세분화되기 이전에 그런 상황에 처해지면 한시라도 빨리 그 공간에서 벗어나야 하느니라.
지극하게 믿음의 대상을 갈망하고 일심으로 기도하다 보면 마음이 평안해지면서 우릉우릉 하는 소리를 듣게 되느니라. 그 소리와 함께 다가오는 오색빛을 받아들이게 되면 비식의 기능이 회복되면서 아수라계를 벗어나게 되느니라."

"영혼이 코를 활용해서 취식을 하게 되면 영혼의 생명력이 고갈되지 않게 됩니까?"
"그러니라. 영혼으로 존재하면서 취식을 할 줄 알게 되면 그것만으로도 식의 틀을 유지해 갈 수가 있게 되느니라.
하지만 대부분의 영혼들은 그것조차 자각하지 못하고 있느니라."

"왜 그런 것입니까?"
"대부분 부정적인 업식에 끄달려 있고 각성이 없기 때문이니라. 생전에 스스로의 호흡을 관찰해 보았던 영혼이라면 죽어서도 호흡을 관찰하면서 취식법을 깨닫게 되지만 그런 수행을 하지 못했던 영혼은 취식의 이치를 알지 못하게 되느니라. 생전에도 숨 쉬는 것에 관심을 두지 않았기 때문에 죽어서도 관심을 갖지 않는 것이니라."

"참으로 애석한 일입니다. 사후 27일째 되는 날에는 어떤 인연이 다가오게 되나요?"

"이날에는 말하고 맛보는 의식 경로에 내재되어 있던 부정적인 업식들이 깨어나게 되느니라.
썩은 음식들이 널브러져 있고 쥐나 구더기들이 들끓고 있는 음식들이 목전에 놓이게 되느니라. 그것을 피해 달아나다 보면 생명력이 고갈되면서 배고픔에 시달리게 되느니라.
배고픔을 해소하기 위해 여기 저기 먹을 것을 찾아 헤매다 보면 음식에 달라붙게 되느니라.
그러면서 정신없이 먹게 되느니라.
하지만 아무리 먹어도 배고픔이 해소되지 않느니라.
그런 상태에 처해진 생명이 바로 '아귀'이니라.
아귀가 되면 수많은 세월을 채워지지 않는 배고픔 속에서 보내게 되느니라.

작금의 시대에는 수많은 영혼들이 아귀가 되느니라.
영혼으로서 양식을 섭취하는 방법을 모르기 때문이니라.
아귀들이 많아지면서 우리가 속한 생멸문의 진동이 점점 더 높아지게 되었느니라.
천상계가 아수라계로 변화되는 가장 큰 요인이 아귀적 습성이니라.

영혼으로써 살아가는 방법을 세상에 전하는 것은 아수라계가 넓어지는 것을 방지하기 위해서니라.
죽음에 적응하지 못한 영혼들이 생성해 내는 부정적 에너지를 차단시키고 '비로자나광명'이 들어올 수 있는 환경을 만들어 주는 것이 정토불사의 첫 번째 목적이니라.
비로자나광명이 비추게 되면 생명과 생명이 서로 다투지 않고 조화를 이루면서 살게 되느니라.

영혼의 양식은 고요한 마음에서 얻어지느니라.
마음을 고요히 하면 자신 안에서 생성되는 밝은성품을 인식할 수도 있고 혼백의 에너지를 받아들일 수도 있느니라.
또한 취식을 통해 천기와 지기, 물질의 양분도 섭취할 수 있게 되느니라.
하지만 마음의 고요함을 갖추지 못하면 어떠한 양식도 취할 수가 없느니라.
취식을 통해 영혼의 양식을 얻는 것은 영원한 것이 아니니라. 때에 따라서는 과보도 생기기 때문에 전적으로 의지해서는 안 되는 법이니라.
영혼의 양식은 오로지 자신 안에서 얻어야 하느니라.
바깥에 의존하여 양식을 얻으려고 하면 반드시 과보가 뒤따르게 되느니라.
영혼에게 양식을 얻는 방법을 일러주는 것이 참다운 방생이며 활인공덕을 짓는 것이니라.

아귀계에 들어가면 우중충한 붉은빛의 세계에 처해지게 되느니라. 그렇게 되면 마음을 편안하게 하기 위해 노력해야 하느니라. 믿음의 대상을 떠올려서 일심으로 기도하고 수행의 방편을 떠올려서 염송을 하다 보면 점차로 편안한 마음이 갖춰지게 되느니라.
그러면서 우릉우릉 소리 나고 번쩍번쩍 빛나는 다섯 가지 색깔의 빛들이 다가오게 되느니라.
그 빛을 받아들이게 되면 배고픔과 목마름에서 벗어나게 되느니라."

"생명력이 고갈되어 지옥계에 처해지고 영혼이 세분화되면서 축생계와 아수라계에 들어가고 영혼으로 양식을 얻지 못해 아귀가 된다고 하셨습니다.
그럼 인간으로 태어나려면 어떤 조건을 갖추어야 합니까?"
"사후 28일째에 인간계의 인연이 다가오느니라.
이날에는 감정에 내재되어 있던 부정적 습성이 깨어나게 되느니라.
이때 깨어나는 감정이 증오하는 마음과 애욕이니라.
자기감정에 대한 부정에서부터 증오심이 생겨나느니라. 감정은 접촉을 통해 혼성이 교류되면서 형성되는 것이니라. 자기감정에 대한 부정성이 접촉의 대상에게 향해지면서 상대적 증오가 생겨나느니라.

상대에 대한 갈망과 그리움이 애욕이니라.
증오와 애욕은 그 뿌리가 혼성에 있느니라.
영성만 갖고 있는 존재들은 애욕과 증오가 생겨나지 않느니라. 영성만 갖고 있는 존재들은 무색계 4천 중 무소유처천과 비상비비상처천에서 화생하느니라. 영혼으로 존재하면서 애욕과 증오가 없는 존재들이 몸에 대한 집착이 있으면 색계에서 태어나게 되느니라. 몸에 대한 집착이 없으면 무색계 공무변처천과 식무변처천에 태어나게 되느니라. 애욕만 있고 증오가 없는 존재들은 욕계 6천에서 태어나게 되느니라.
애욕과 증오를 함께 갖고 있는 존재들은 인간계에서 태어나게 되느니라.
갈애와 갈망으로 생겨나는 취심(取心)은 욕망일 뿐 사랑이 아니니라.

인간의 영혼이 욕망에 빠지게 되면 우중충한 황색 빛에 처해지게 되느니라. 그렇게 되면 고향에 돌아온 것 같이 편안한 마음이 생기게 되느니라.
인간으로 환생하려고 하면 그 빛 속에 머무르면 되느니라. 그때 좋은 부모를 만나려고 하면 생전의 삶을 돌아볼 줄 알아야 하느니라. 착하고 떳떳하게 살았으면 밝은 황색 빛에 머무르면 되느니라.
반대로 이기적이고 못되게 살았으면 어두운 황색 빛에 머무르면 되느니라.
황색 빛에 처해졌을 때 밝게 인식되는 공간은 영가와 비슷한 습성을 갖고 있는 인간에게서 나오는 빛이니라.
반대로 어둡게 인식되는 공간은 영가와 다른 습성을 갖고 있는 인간에게서 나오는 빛이니라."

"인간으로 환생하는 것이 어렵다고 하는데 정말 그렇습니까?"
"그렇지 않느니라. 대부분의 인간 영혼들은 다시 인간으로 윤회에 드느니라."

"왜 그러합니까?"
"먼저 주체의식의 가짓수 때문이니라.
주체의식이 여섯 개인 생명이 인간과 신분이기 때문이니라. 그다음에는 습성 때문이니라.
인간의 습성이 다시 인간으로 태어나는 원인이 되느니라.
그다음에는 체백의 공명 때문이니라.
조상과 자손이 같은 체백을 공유하면서 살아가기 때문에 윤회에 들 때에 서로 공명하게 되느니라.
그래서 조상이 자손으로 태어나고 자손이 또 그 조상에게서 태어나는 일이 반복해서 일어나게 되느니라.
인간의 영혼에서 주체의식이 떨어져 나가면 동물이 되고 영혼의 크기가 커지면 신이 되느니라.
인간으로 태어나서 투쟁적 본능을 버리지 못하면 아수라

가 되느니라.

육도 생명 중에 인간만이 신도 될 수 있고 아수라도 될 수 있는 양면성을 갖고 있느니라.

현재의 인간들은 아수라의 습성으로 살아가고 있느니라.

투쟁하고 경쟁하는 방식으로 살아가기 때문에 아수라가 되었느니라. 개중에 깨달음을 얻은 존재들이 있어서 그나마 인간세계의 틀을 유지해가고 있지만 그마저도 끊어지면 완전한 아수라계로 변화될 것이니라.

지구에 비로자나광명이 들어오지 못한 것이 근 일만년이 되었느니라. 삼천년 전에 부처님이 오셔서 본신광명을 놓으셨기에 이 만큼의 상태를 유지하는 것이니라."

"부처님의 위신력으로 인간세계를 천상세계로 바꿀 수는 없었습니까?"

"세계의 고유성은 그 세계를 살아가고 있는 생명들로 인해 만들어지느니라. 때문에 일시적으로는 변화될 수는 있지만 그 상태가 영원히 지속되지는 않느니라.

인간계가 천상계로 바뀌려면 인간들 스스로가 신의 습성을 갖추어야 하느니라. 경쟁심과 이기심을 버리고 조화성과 이타성을 갖추어야 하며 선정과 깨달음을 통해 영혼의 몸을 확장시켜가야 하느니라.

인간세계가 그와 같이 변화되려면 부처님의 가르침이 널리 펼쳐져야 하느니라. 부처님께서는 그 모든 방법을 가르침으로 남겨놓으셨느니라."

"부처님께서는 왜 이 지구에 좀 더 오래 머무시면서 정토 불사를 완성하지 않으셨습니까?"
"거기에는 몇 가지 이유가 있느니라.
첫째는 인간들에게 가르침의 소중함을 일깨워주기 위해서이니라.
둘째는 현재의 인간에게서 새로운 부처가 나오기 때문이니라.
셋째는 무명연기의 근원을 제도하기 위해서이니라."

"가르침의 소중함을 일깨워준다는 것은 어떤 의미입니까?"
"부처님이 항상 곁에 머무르신다고 생각하게 되면 가르침을 소중하게 생각하지 않고 깨달음을 얻고자 하는 노력을 방일하게 되느니라.
마치 능력 있는 부모가 곁에 있으면 항상 보살펴 줄 것이라고 생각해서 자기 삶을 개척해 가는 것을 게을리하는 것과 같은 경우니라."

"현재의 인간에게서 새로운 부처가 나온다는 것은 어떤 의미입니까?"
"미래의 부처님은 인간세계에서 출현하시느니라.
현겁의 모든 부처님도 인간세계에서 출현하셨느니라.
여래장계 안의 모든 생명 중에 부처의 유전자를 갖고 있는 유일한 생명이 인간이니라.
그런 인간의 성품을 지키고 보호하기 위해 부처님께서 열반에 든 것이니라.
부처를 이루기 위해서는 반드시 갖추어야 할 조건이 있느니라.
첫째는 적당한 수명이니라.
너무 짧아도 안되고 너무 길어도 안되느니라.
너무 짧으면 깨달음을 성취할 수 있는 시간이 부족하고 너무 길면 해태심이 일어나게 되느니라.

둘째는 천지만물의 성품을 담을 수 있는 그릇이니라.
인간은 천지만물이 갖고 있는 좋은 습성과 나쁜 습성을 모두 갖추고 있느니라. 조화성과 경쟁성도 함께 갖추고 있고 성스러움과 비천함도 함께 갖추고 있느니라.
윤회에 들더라도 육도윤회계의 어떤 생명으로도 변화될 수 있는 조건을 갖고 있는 것이 인간이니라.
그와 같은 인간의 성향은 분별심과 애착에서 비롯된 것이니라. 수많은 생을 거치면서 분별하고 애착했던 마음이 그 안에 천지만물의 성품이 깃들 수 있는 식의 틀을 갖추도록 하였느니라.

셋째는 적당한 고난과 역경이니라.
고난과 역경이 있으므로 고통의 원인을 참구하게 되느니

라. 부처님께서도 생·노·병·사의 원인을 알기 위해 출가 발심을 하시었느니라.
넷째는 열두 단계의 생멸연기를 거치면서 취득한 생멸정보가 온전하게 보전되어 있어야 하느니라.
이 또한 인간만이 갖추고 있는 유일한 면모이니라.
천상의 신들은 영성과 혼성, 세포성을 갖추고 있더라도 열여덟 가지 중생적 습성을 모두 갖추고 있지 못하느니라.
때문에 생멸연기의 원인과 과정을 깨달을 수 있는 인연과보를 갖추지 못했느니라.
부처가 되는 것은 모든 연기의 굴레를 벗어나서 연기가 이루어지는 원인을 제도하기 위해서니라.
그러려면 그 원인을 들여다볼 수 있는 근거가 있어야 되지 않겠느냐? 연기의 모든 과정과 원인을 볼 수 있는 유일한 근거가 인간의 생명속에 내재되어 있느니라.
열여덟 가지 중생적 습성이란 6식과 7식 8식에 내재된 눈눈·귀·코·입·몸·생각의 업식이니라."

"분별과 애착은 버려야 될 것이라고만 알고 있었는데 그것이 인간만이 갖고 있는 유일한 장점이라는 것이 놀랍습니다. 더군다나 그것이 부처가 되는 인연과보를 만든다는 것이 아직은 이해가 되지 않습니다."
"허!허!허! 그래 그럴 것이다. 분별과 애착으로 인해 육도 윤회계가 생겨나는 이치를 지금까지 말해주었는데 그것이 부처님의 씨앗이라 하니 혼동이 되기도 하겠지.
하지만 구선아! 너야말로 분별과 애착의 원인을 보게 될 것이니라. 생멸연기가 어떻게 이루어지는지 그 과정과 절차가 너로 인해 밝혀질 것이며 생멸연기의 원인 또한 너로 인해 밝혀질 것이니라. 그것이 너에게 부여된 숙명이며 또한 소명이니라."

"무명의 근원을 제도한다는 것은 어떤 의미입니까?"
"여래장계 안에 진여문과 생멸문이 생겨났고 생멸문 안에서 천지만물이 생겨났느니라. 천지만물이 갖고 있는 의식과 감정과 의지는 탐심과 진심 치심을 만들어내나니 그로 인해 수많은 생명이 고통의 바다에 빠지게 되었느니라. 그렇다면 이 일의 시작이 어디서부터 비롯되었을까?
불성의 공적함에서 천지만물이 시작되었다 했는데 공(空)이 천지만물로 변화되기 위해서는 어떤 과정을 거쳐야 했을까? 또한 본래 온전한 불성에서 어찌 지금과 같은 중생이 생겨나게 되었을까?
생멸연기가 무명에서 시작되었다면 그 무명은 누구의 무명인가?
원초신은 무명의 소산인데 그렇다면 무명을 일으킨 주체가 누구인가?
진여문인가?
아니면 여래장인가?

불성의 당체는 어떻게 존재하는가?
원초신에도 본성이 있고 천지만물에도 본성이 있는데 여래장과 진여문에도 본성이 있는가?
그렇다면 그 본성은 어떤 양태로 내재되어 있는가?
본성과 불성은 같은 것인가? 아니면 다른 것인가?
진여문의 본성이 불성인가? 아니면 여래장의 본성이 불성인가?
천지만물이 생겨난 불성과 부처님의 불성은 같은가? 다른가?
같다면 부처님도 또다시 중생으로 변화되는가?
다르다면 어떤 부분이 다른가?
이런 의문을 참구하다 보면 결국엔 무명연기의 원인에 도달하게 되느니라.
부처님께서는 그 모든 질문에 대한 답을 알고 계시느니라. 때문에 무명연기의 원인을 제도하기 위해 열반에 드신 것이니라."

스승님이 말씀하신 하나하나의 질문이 송곳처럼 가슴속에 파고들었다. 그런데 그 질문들이 생소하지가 않았다. 마치 본래부터 내 안에 있었던 질문처럼 전혀 어색하게 느껴지지 않았다. 한 마디씩 그 질문들을 되뇌어 보았다.
답답한 마음이 차오르더니 빙글빙글 어지럼증이 생겨났다. 그러면서도 마음 한자락에서 미묘한 기쁨이 일어났다.

"그래 그것이 본래부터 네가 가지고 있던 의문이니라.
그러니 이생에서는 그 질문들에 대한 답을 찾아보려무나."

"예, 스승님! 최선을 다해 노력해 보겠습니다.
인간이 참으로 미묘한 존재인 것 같습니다.
아수라의 습성과 부처의 유전자를 동시에 갖고 있는 것도 희유한 일이고 분별과 애착마저도 그렇게 쓰여진다는 것이 놀라울 뿐입니다.
육도윤회계 중 천상계의 인연은 어떻게 다가옵니까?"
"사후 29일째 되는 날에 천상계의 인연이 다가오게 되느니라.
착한 생명, 곧 긍정적인 자세로 삶을 살아왔던 생명들이 천상생명으로 태어날 수 있는 인연을 부여받게 되느니라.
이날이 되면, 영혼이 우중충한 백색 빛으로 이루어진 공간에 처해지게 되느니라.
우중충한 백색 빛 중에서 밝은 쪽을 취하게 되면 자기 인과에 맞는 천상계로 태어나게 되느니라.
천상계로 윤회에 들려면 세 가지 공덕을 갖추어야 하고 두 가지 선택을 해야 하느니라.
세 가지 공덕이란 깨달음과 복력, 바라밀이니라.
무념과 무심으로 선정을 이룬 사람이 천상세계에 태어날 수 있느니라. 선정의 정도에 따라서 서로 다른 차원의 세계에서 태어나게 되느니라.

복력은 다른 생명의 호응으로 생기는 것이니라. 선근 공덕을 쌓아서 적정한 복력이 갖추어져 있어야 천상생명이 될 수 있느니라. 선정의 정도와 복력의 크기에 따라서 몸의 크기가 달라지느니라.
바라밀은 자기 습성을 극복하는 것이니라.
인간의 습성을 극복하고 신의 습성을 갖추어야 천상생명이 될 수 있느니라.

두 가지 선택이란 욕념의 유무와 몸에 대한 집착이니라.
깨달음, 복력, 바라밀이 갖춰져있을 때 욕념의 유무로써 색계와 욕계가 정해지느니라.
위의 세 가지 공덕이 갖추어지고 욕념이 제도되었을 때 몸에 대한 집착이 있으면 색계에 태어나느니라.
선정의 성취와 복력에 따라서 태어나는 세계가 달라지느니라.
깨달음이 반야해탈에 이르고 복력과 바라밀을 갖춘 생명이 몸에 대한 집착이 없으면 무색계에 태어나게 되느니라."

"앞서 말씀하셨듯이 욕계는 6천으로 이루어져 있고 색계는 18천으로 이루어져 있다 하셨습니다. 무색계는 4천으로 이루어졌다 하셨는데 각각의 세계에서 태어날 수 있는 깨달음의 성취와 복력, 바라밀에 대해 말씀해 주십시오."
"**욕계**는 6개의 하늘로 이루어져 있느니라.
사천왕천은 수미산 중턱에 있는 천상세계니라.

동쪽에 지국천, 서쪽에 광목천, 남쪽에 증장천, 북쪽에 다문천이 있느니라. 각각의 하늘에는 네 명의 천왕이 있느니라. 부처님의 가르침을 보호하고 부처님이 출현하실 때 호위 신장이 되느니라.

키는 약 반유순이고 수명은 900만년이니라.

천상의 수타 '맛'으로 양식을 삼느니라.

사천왕천은 광음천의 지광륜(地光輪)에서 생겨났느니라. 무상의 진리를 체득하진 않았지만 유위각을 증득하고 몸의 제도를 통해 지륜삼매(地輪三昧)를 체득하면 사천왕으로 태어나게 되느니라. 처첩의 은혜와 사랑하는 마음을 저버리지 않고 마음이 삿된 음행에 방탕하게 흐르지 않으면 사왕천에 태어날 수 있는 복력이 갖추어진 것이니라.

몸을 이루는 사대(四大)중에 지대(地大)를 제도하고 사후에 우릉우릉 소리 나고 번쩍번쩍 빛나는 황색 빛을 받아들이면 지광정을 체득한 것이니라.

부처님께서 말씀하신 **사왕천**에 대한 내용이니라.
[수미산의 동쪽 중턱에 유건타(由乾陀)라는 산이 있다. 산 꼭대기는 땅에서 4만 2천 유순이나 떨어져 있는데, 그 산 꼭대기 위에는 제두뢰타(提頭賴 : 持國天王)천왕이 살고 있는 성곽이 있으며, 성의 이름은 현상(賢上)이다.

세로와 너비는 똑같이 6백 유순이고, 일곱 겹의 담장과 일곱 겹의 난간과 일곱 겹의 방울 달린 그물이 있고, 또 일곱 겹의 다라 나무들이 줄지어서 둘레를 에워싸고 있는데, 여러 가지 빛깔이 어우러져 매우 보기 좋고, 모두가 금·은·유리·파리·적주·차거·마노의 칠보로 잘 꾸며져 있다.
사면에 각기 여러 문들이 있고, 하나하나의 문마다 모두 다락집과 돈대와 동산과 여러 못들이 있으며, 온갖 꽃 숲에는 갖가지 기이한 나무들이 있다. 그 나무에는 저마다 갖가지 잎과 갖가지 꽃과 갖가지 과일과 갖가지 향기가 있으며, 그 향기는 널리 퍼져 나간다. 온갖 새들이 있어서 저마다 화답하며 지저귀는데, 그 소리는 곱고 맑아서 사랑스럽고 즐길 만하다.

수미산 남쪽 중턱에 아래로 땅으로부터 4만 2천 유순 떨어진 유건타 산꼭대기에 비루륵가(毘樓勒迦 : 增長天王)천왕이 살고 있는 성곽이 있는데, 성의 이름은 선현(善現)이다.
수미산 서쪽 중턱에 아래로 땅으로부터 4만 2천 유순 떨어진 유건타 산꼭대기에 비루박차(毘嘍博叉 : 廣目天)천왕이 살고 있는 성곽이 있는데, 성의 이름은 선관(善觀)이다.
수미산 북쪽 중턱에 아래로 땅으로부터 4만 2천 유순 떨어 진 유건타 산꼭대기에 바사문(毘沙門)천왕이 살고 있는 세 큰 성곽이 있다. 그 세 성곽이란, 첫째 비사라파(毘舍羅婆)이고, 둘째 가파발제(伽婆鉢帝)이고, 셋째 아다반다(阿荼槃多)인데, 다 각각 세로와 너비가 6백 유순이고, 일곱 겹

의 담장과 일곱 겹의 난간이 있으며 온갖 새들이 저마다 화답하며 지저귀고 있다.]

도리천은 수미산의 꼭대기에 자리한 하늘세계니라.
수미산의 꼭대기는 평평한 땅으로 이루어져 있느니라.
땅의 모양은 사각형을 이루고 네 모서리에는 각각의 봉우리가 있느니라.
도리천은 서른세 개의 하늘로 나누어져 있느니라.
중앙에는 선견천이 있어서 제석천이 머무르고 있고 사방으로 서른두 개의 하늘이 있어서 각각의 천주가 머무르고 있느니라.
주선법당천(선견천), 주봉천, 주산정천, 선견성천, 발사지천, 주구타천, 잡전천, 주환희원천, 광명천, 파리야다수원천, 험안천, 주잡험안천, 주마니장천, 선행지천, 금전천, 만영처천, 주유연지천, 잡장엄천, 여의지천, 미세행천, 가음희락천, 위덕륜천, 월행천, 염마사라천, 속행천, 영조천, 지혜행천, 중분천, 주륜천, 상행천, 위덕안천, 위덕염륜천, 청정천이 서른세 개의 하늘이니라.
도리천인의 키는 약 1유순이고 수명은 3600만년 이니라.
천상의 수타 '맛'으로 양식을 삼느니라.
도리천은 광음천의 수광륜(水光輪)이 변화된 세계니라.
석제환인이 수륜삼매(水輪三昧)를 이룬 다음에 원초신을 발현시켜서 제석천왕이 되었느니라.

식의 청정함을 추구했으나 그것을 완전하게 성취하지 못하고 엷고 미약한 음욕을 갖고 있으면 죽은 뒤에 도리천에 태어나느니라. 생전에 수대(水大)를 제도하고 죽은 다음에 다섯 가지 광명을 받아들이면 도리천에 인연이 맺어지느니라. 부처님께서 말씀하신 도리천에 대한 내용이니라.

[수미산 꼭대기에 삼십삼천이 살고 있는 궁전이 있다. 그곳의 세로와 너비는 8만 유순이고, 일곱 겹의 성벽과 일곱 겹의 난간과 일곱 겹의 방울 달린 그물이 있으며, 밖에는 일곱 겹의 다라 나무가 줄지어 서서 둘레를 에워싸고 있는데, 여러 가지 빛깔이 어우러져 매우 보기 좋으며, 금·은·유리·파리·적주·차거·마노 등의 칠보로 이루어졌다.
그 성의 전체 높이가 4백 유순이며, 두께는 50유순이고, 성벽의 사면은 각기 5백 유순씩 서로 떨어져 있다.

그 성 안에는 삼십삼천왕을 위하여 다시 성이 한 채 세워져 있는데, 이름은 선견(善見)이다. 그 성의 세로와 너비는 6만 유순이고, 일곱 겹의 성벽과 일곱 겹의 난간과 일곱 겹의 방울 달린 그물이 있고, 밖에는 일곱 겹의 다라 나무가 줄지어 서서 둘레를 에워싸고 있는데, 여러 가지 빛깔이 어우러져 매우 보기 좋고, 금은으로부터 마노에 이르기까지의 칠보로 이루어졌다.

삼십삼천의 선견성 옆에 이라발나(伊羅鉢那) 큰 코끼리 왕을 위하여 궁전이 한 채 서 있는데, 그 궁전의 세로와 너비는 6백 유순이고, 일곱 겹의 담장과 일곱 겹의 난간이 있으며 갖가지 새들이 저마다 화답하며 지저귀고 있다.
선견성 안에 삼십삼천이 모이는 곳이 있는데, 선법당(善法堂)이라 한다.

선법당의 동·서·남·북 사면에는 모두 여러 작은 천왕들이 살고 있는 궁전이 있다.
또 선법당의 동·서·남·북에 각각 삼십삼천의 여러 작은 하늘들이 살고 있는 궁전이 있다.
선법당의 동쪽에 삼십삼천왕의 동산이 있는데, 파루사(波婁沙)라 한다.
파루사 동산에 큰 돌이 두 개 있는데, 첫 번째 돌의 이름은 현(賢)이고, 두 번째 돌의 이름은 선현(先賢)이다. 모두 하늘의 마노로 이루어졌고, 다 각각 세로와 너비는 50유순이며, 부드럽고 섬세하며 매끄럽고, 그 촉감은 마치 가전린제가 옷과 같다.
선법당의 남쪽에도 잡색거(雜色車)라는 삼십삼천왕의 동산이 있다.
그 동산에도 돌이 두 개 있는데, 첫 번째 돌의 이름은 잡색(雜色)이요, 두 번째 돌의 이름은 선잡색(善雜色)이다. 하늘의 청유리로 이루어졌으며, 각기 세로와 너비가 50유순이고, 부드럽고 섬세하고 매끄러우며, 촉감은 마치 가전린제가 옷과 같다.

선법당의 서쪽에 다시 삼십삼천왕의 동산이 있는데, 잡란(雜亂)이라 한다.

이 잡란 동산에도 돌이 두 개 있는데, 첫 번째 돌의 이름은 선현(善現)이고, 두 번째 돌의 이름은 소선현(小善現)이다. 모두 하늘의 파리로 이루어졌으며, 또한 각각 세로와 너비가 50유순이며, 부드럽고 섬세하고 매끄러우며, 그 촉감도 마치 가전린제가 옷과 같다.

선법당의 북쪽에 다시 환희(歡喜)라는 삼십삼천왕의 동산이 있다.

환희 동산에 돌이 두 개 있는데, 첫 번째 돌의 이름은 환희(歡喜)이고, 두 번째 돌의 이름은 선환희(善歡喜)이다. 하늘의 은으로 이루어졌으며, 역시 각각 세로와 너비가 50순이며, 부드럽고 윤택이 흐르며, 그 촉감은 마치 가전린제가 옷을 만지는 것과도 같다.

파루사와 잡색거의 두 동산 사이에 삼십삼천왕을 위하여 환희(歡喜)라는 큰 못이 하나 있는데, 세로와 너비가 똑같이 5백 유순이며, 그 물은 시원하고 차며 가볍고 부드럽고 감미로우며, 깨끗하여 흐리지 않다.

잡란과 환희의 두 동산 사이에 삼십삼천왕을 위하여 큰 나무가 한 그루 있는데, 파리야달라구비타라(波利夜怛邏俱

毘陀羅)라 한다. 그 나무의 뿌리 아래는 둘레가 7유순이며 가지와 잎은 담장을 두루 덮었는데, 세로와 너비는 5백 유순이고, 일곱 겹의 담장이 있으며 여러 새들이 저마다 화답하며 지저귀고 있다.

이 파리야달라구비타라 나무 아래 돌이 있는데, 반다감파라(般茶甘婆羅)라고 한다. 하늘의 금으로 이루어졌는데, 그 돌의 세로와 너비는 50유순이며, 부드럽고 윤기가 흐르며 그 촉감은 가전린제가 옷을 만지는 것과 같다.

삼십삼천이 비록 느닷없는 질병에 걸렸더라도 일찍이 반다감파석(般茶甘婆石)을 버리려고 한 적은 없었으니, 반드시 공양을 마련하고 존중하고 공경하며, 그런 뒤에라야 비로소 뜻대로 떠나간다. 무슨 까닭인가 하면, 이 돌은 바로 여래께서 옛날에 사셨던 곳이기 때문이다. 그러므로 하늘들이 지제(支提)로 삼고, 일체 세간의 천인(天人)과 마범(魔梵)과 사문과 바라문 등이 공양하는 것이다.

삼십삼천이 모이는 곳인 선법당에는 두 갈래 길이 있다. 제석천왕이 살고 있는 궁전에도 두 갈래 길이 있고, 여러 작은 천왕들과 다른 권속들인 삼십삼천이 있는 궁전에도 두 갈래 길이 있으며, 이라파나 큰 코끼리 왕이 살고 있는 궁전에도 두 갈래 길이 있으며, 파루사가 동산에도 역시 두 갈래 길이 있으며, 잡색거 동산과 잡란 동산과 환희 동산과 환희 못 등의 낱낱 처소에도 각각 두 갈래 길이 있으며, 파리야달라구비타라 나무 아래에도 두 갈래 길이 있다. 제석천왕이 만약 파루사가 동산과 잡색거 동산, 환희 동산에 나아가서 목욕하고 노닐며 즐거움을 누리고 싶어지면, 그때 바로 이라파나 큰 코끼리 왕을 생각한다. 그러면 이라파나 큰 코끼리 왕도 '제석천왕이 나를 생각하는구나'라고 생각하고, 이렇게 안 뒤에는 그 궁전으로부터 나와 곧 저절로 서른세 개 머리로 변하는데, 그 머리 하나씩마다 여섯 개의 어금니를 갖추었고, 그 어금니 하나하나마다 뒤에는 일곱 개의 못이 만들어졌으며, 하나하나의 못 속에는 저마다 일곱 송이의 꽃이 놓여 있고, 하나하나의 꽃 위에는 저마다 일곱 옥녀가 있으며, 하나하나의 옥녀에게는 또 각각 저절로 일곱의 여인이 모시고 있다.

이렇게 이라파나 큰 코끼리 왕은 이와 같은 여러 신통 변화를 지은 뒤에 즉시 제석왕에게 나아가며, 도착한 뒤에는 앞에서 엄숙하게 서 있는다.

제석천왕에게는 열 천자가 항상 수호하는데, 그 열 명의 천자가 누구인가 하면, 첫째는 인타라가(因陀羅迦), 둘째는 구파가(瞿波迦), 셋째는 빈두가(頻頭迦), 넷째는 빈두파가(頻頭婆迦), 다섯째는 아구타가(阿俱迦), 여섯째는 타도다가(都多迦), 일곱째는 시파가(時婆迦), 여덟째는 호로기나(胡盧祇那), 아홉째는 난다가(難茶迦), 열째는 호로파가(胡盧婆迦)이다.]

야마천은 도리천 위 8만유순 높이의 허공에 자리하고 있는 하늘세계니라.

수염마천이라고도 하는데 이 세계의 천주를 염마천왕이라 하느니라. 염마천왕은 최초의 인간이며 최초로 죽음을 맞이한 존재이니라. 죽은 뒤에는 영혼이 두 개로 나누어져서 하나의 영혼은 야마천의 천주가 되었고 또 하나의 영혼은 명계를 지배하는 염라대왕이 되었느니라. 야마천주는 여자이고 염라대왕은 남자이니라.

영혼이 분리된 후에도 식의 정보를 공유하면서 양체일심(兩體一心)의 상태를 유지하고 있느니라.

야마천의 하루는 인간세계의 200년에 해당하느니라.

인간계의 나이로 환산하면 야마천인의 수명은 1억 4400만년 이니라. 키는 2유순이니라.

양식은 천상의 수타 '맛'으로 삼느니라.

음욕의 경계를 만나면 잠시 머물렀다가 돌아서면 아무 생각이 없는 성품을 갖고 있고 무심과 무념이 돈독한 사람은 죽은 뒤에 야마천에 태어나느니라. 야마천에는 해와 달의 광명이 비치지 않느니라. 하지만 천인의 몸에서 밝은 광명이 생겨나서 세계를 밝게 하느니라.

사후에 다섯 가지 광명을 받아들인 영혼들이 복력과 과보에 따라 야마천에 태어나느니라.

도솔천은 욕계 6천중 네 번째 하늘세계이니라.

야마천 위 16만유순 떨어진 곳에 위치하고 내원과 외원으로 이루어져 있느니라.
외원은 수많은 천인들이 즐거움을 누리는 곳이니라.
내원은 미륵보살이 머무는 곳이니라.
도솔천인의 키는 4유순이고 수명은 5억 1600만년이니라.
도솔천의 내원은 욕계 안에 세워진 진여공간이니라.
10지 보살이 자기 밝은성품을 펼쳐서 만들어놓은 진여문이니라. 도솔천의 내원은 생멸문이 대겁에 들어가도 겁화가 미치지 않는 공간이니라. 10지 보살이 도솔천에 머무는 것은 생멸문을 제도하면서 등각을 이룰 수 있는 법을 만나기 위해서니라.
등각법을 얻으면 인간으로 환생해서 부처가 되느니라.
도솔천에는 영혼의 크기를 조율할 수 있는 난타방이 있느니라. 인간으로 환생할 때는 난타방에 들어가서 영혼의 크기를 조율하게 되느니라.
욕념이 일어나지 않아서 언제나 고요하게 지내다가 간절하게 접촉을 원하는 상대를 만났을 때 그것을 거절하지 못하는 사람은 죽은 뒤에 도솔천에 태어나게 되느니라.
도솔천은 인간세계와도 접해져있지 않고 하늘세계와도 접해져있지 않느니라.

화락천은 욕계 6천 중에 다섯 번째 하늘이니라.
도솔천 위 허공중에 떠있는 하늘세계로 오욕의 습성이 남아있는 곳이니라. 화락천의 신들은 오욕의 대상을 스스로 창조하느니라. 이 과정에서 수많은 상념체들이 창조되느니라. 화락천의 신들과 상념체는 창조주와 창조물의 관계로써 서로의 삶에 영향을 미치느니라. 그 과보로 수명이 생겨나고 윤회의 굴레에 떨어지게 되느니라.
화락천의 천주도 수명이 있느니라.
때문에 시기별로 수많은 화락천왕이 출현하게 되었느니라. 선변화천왕, 적정음광명천왕, 변화력광명천왕, 장엄주천왕 등등이 상수가 되는 천왕이니라.
화락천인의 수명은 23억 400만년이고 키는 8유순이니라.
화락천왕은 자기 밝은성품으로 중생에게 기쁨을 주느니라. 그를 방편으로 중생을 조복시키고 깨달음으로 이끌어 가느니라. 화락천의 신들이 욕념을 극복하면 색계 광음천에 화생하느니라. 반대로 타락하면 아수라계에 태어나게 되느니라.
상대의 뜻에 따라 관계를 하면서도 음욕이 일어나지 않고 일체의 즐거움을 느끼지 못하는 사람은 죽은 뒤에 화락천에 태어나느니라.

타화자재천은 욕계 6천 중에 여섯 번째 하늘세계이니라.
화락천 위에 허공중에 위치하고 두 개의 하늘로 나누어져 있느니라. 아래의 하늘이 타화자재천이고 위에 하늘이 마왕천이니라.
타화자재천인의 키는 16유순이고 수명은 약 92억 1600만년이니라.

이곳에서는 생각만 하면 그것이 즉시 이루어지느니라.

남녀가 서로 마주 보는 것만으로도 음욕이 충족되고 아들을 낳겠다는 생각만 일으켜도 아들이 무릎 위에 앉아있게 되느니라. 타화자재천은 아래의 화락천과 서로 연결되어 있느니라. 이곳에는 선신들이 거주하면서 착한 생명들이 생성해 내는 밝은성품을 취합하느니라.

마왕천이 아래 세계로 확장되는 것을 막고 선신들을 보호하는 역할을 하느니라.

권력욕과 명예욕이 없고 조화를 성취하기 위해 노력하면서도 이기심을 극복한 사람은 죽은 뒤에 타화자재천에 태어나느니라.

마왕천의 천주는 '파순'이니라.

마왕 파순은 아수라계의 왕이니라.

마왕전은 아수라계이니라.

마왕 천인의 키는 32유순이고 수명은 184억 3200만년이니라.

파순은 천마이니라. 천마는 다른 생명이 생성해 내는 밝은성품을 취해서 자기 생명력을 보충하는 존재니라.

마왕천 안에서는 서로의 생명력을 취하기 위해 끊임없는 다툼이 일어나고 있느니라.

그렇다고 이들이 저급한 신이 아니니라.

투쟁심과 경쟁심을 제도하지 못했을 뿐 상당한 깨달음을 성취하고 있느니라.

파순은 욕계의 여섯 세계와 인간계, 아수라계를 마음대로 넘나들 수 있나니라.

그러면서 깨달음을 추구하는 수행자들을 방해하느니라.

때로는 천신처럼 강림해서 위신력을 보여주다가 밝은성품을 모두 탈취한 다음에 떠나가기도 하고 때로는 권속들로 하여금 온갖 유혹을 하게 해서 색심을 유발하기도 하느니라. 욕계 6천을 다니면서는 천주로 변신하여 천인들을 괴롭히기도 하느니라.

마왕 파순이의 장애를 극복하는 것이 상승의 깨달음을 얻는 것에 있어서 대단히 중요한 과정이고 영혼이 천상계로 윤회에 들 때에도 반드시 넘어가야 할 장벽이니라.

특히 색계 18천에 태어날 수 있는 근기를 갖춘 영혼들은 파순이의 장애를 극복해야 하느니라.

파순이의 장애를 극복하려면 티끌만큼의 경쟁심과 투쟁심도 없어야 하느니라.

부정적인 견해나 거부적 성향, 투쟁심과 경쟁심을 여의지 못한 영혼은 사후 29일째에 아수라계의 인연이 다가오느니라.

이날에는 우중충한 녹색 빛의 공간에 처해지게 되느니라. 그중에서 밝은 곳을 취해서 머물게 되면 자기와 같은 습성을 가지고 있는 아수라계에 태어나게 되느니라.
아수라로 태어날 때는 영혼의 성향에 따라서 네 종류 생의 형태를 취하게 되느니라. 태로 낳는 아수라, 알로 낳는 아수라, 습생하는 아수라, 화생하는 아수라가 있느니라.
네 종류 생을 통해 태어난 아수라는 육체를 가진 것도 있고 영혼으로 존재하는 것도 있느니라.

귀신의 길에서 법을 지킨 힘으로 신통을 부려서 허공으로 들어간 아수라는 알로 태어나느니라. 귀신의 갈래에 포함되느니라.

하늘에서 복덕이 감하여 아래로 떨어져서 그 사는 곳이 일월과 가깝다면 이 아수라는 태로 태어나느니라.
사람의 갈래에 포함되느니라.

세계를 거머쥐고 힘이 넘쳐서 두려움이 없는 가운데 범왕과 제석천과 사천왕과 패권을 다툰다면 이 아수라는 화생으로 태어나느니라.
하늘 갈래에 포함되느니라.

별도로 낮고 열등한 아수라가 있느니라.
큰 바다 한복판에 태어나서 물이 빠지는 곳에 잠겨있다가 아침에는 허공에서 놀고 저녁에는 물로 돌아와서 자는 아수라가 있느니라. 이 아수라는 습생으로 태어나느니라. 축생의 갈래에 포함되느니라.

색계는 18개의 하늘 세계로 이루어져 있느니라.
색계에 태어나려면 탐·진·치를 벗어나서 욕념을 제도해야 하고 선정을 증득해야 하느니라. 초선정에서부터 7선정을 증득한 존재들이 색계에 태어나느니라.

선정의 단계에 따라 초선천은 범중천, 범보천, 대범천으로 이루어져 있느니라.
2선천은 소광천, 무량광천, 광음천으로 이루어졌느니라.
3선천은 소정천, 무량정천, 변정천으로 이루어져 있느니라.
4선천은 복생천, 복애천(무운천), 광과천, 무상천으로 이루어져 있느니라.
무번천, 무열천, 선견천, 선현천, 색구경천은 5선정과 6선정, 7선정을 이룬 존재들이 태어나는 세계니라.

범중천(梵衆天)은 색계 제1천이니라.
대범천의 권속들이 살아가는 하늘세계이니라.
범중천인은 범보천인의 자손들이니라.
대범천왕은 겁 초에 광음천에서 분리된 최초 생명중의 한 명이니라. 습생(濕生)으로써 스스로의 영혼을 분리시켜서 범보천인을 낳았느니라.

범중천인의 키는 반유순(약40km)이고 수명은 반겁이니라. 선나에 의지하지 않아서 초선정을 이루지는 못했으나 단지 몸을 잘 단속하여 음욕을 행하지 않고 다닐 때나 앉을 때나 음욕에 대한 기억이 함께 없어져서 애욕의 집착이 생기지 않는 사람은 뜻에 따라 범중천에 태어나느니라.

범보천(梵輔天)은 색계 제2천이니라.
대범천의 자식들이 사는 세계이고 대범천을 보좌하는 역할을 하느니라.
범보천인의 키는 1유순(약80km)이고 수명은 1겁이니라.
초선천은 이생희락지(離生喜樂地)이니라.
일체 욕망을 떠나고 기쁨과 즐거움이 충만한 세계니라.
심(尋), 사(伺), 희(喜), 락(樂), 정(定)으로 삼매를 이루느니라.
심(尋)은 찾아야 하는 마음을 말하느니라. 곧 본성을 말하느니라.
사(伺)는 찾아야 할 마음의 자취를 말하는 것이니라.
곧 무념과 무심을 말하느니라.
희(喜)는 무념·무심을 기쁘게 바라보는 것이니라.
락(樂)은 무념·무심을 즐기는 것이니라.
정(定)은 무념·무심이 돈독해서 서로를 비추는 상태를 말하느니라.
음욕의 습기를 모두 없애고 식의 청정함이 드러나서 모든 율의를 즐겁게 행하는 사람은 범보천에 태어날 수 있는 근기를 갖춘 것이니라.
그런 다음 초선정을 증득하고 보시바라밀을 행하면 뜻에 따라 범보천에 태어날 수 있느니라.

대범천(大梵天)은 대범천왕이 사는 하늘세계이니라.
색계 제3천이니라.
대범천왕의 이름은 '시기'이니라.
키는 1유순 반(120Km)이고 수명은 1겁 반이니라.
대범천왕은 모든 중생의 창조주이고 사바세계의 주인이니라.
대범천은 광음천의 화광륜으로 성립된 세계이니라.
시기가 초선정과 화륜삼매를 얻은 다음 원초신을 발현시켜서 대범천왕이 되었느니라.
시기 대범천왕은 용모가 동자 같고 몸은 하얀 은색이니라.
황금색 옷을 입고 선열로 양식을 삼느니라.
향음수행의 공덕과 선삼매의 방편을 찬탄하느니라.
석가모니 부처님에게 교화를 받아서 불법을 수호하는 수호신이 되었느니라.
대범천왕이 부처님에게 여쭈었느니라.
"모든 세계와 이 세상 삼라만상 모든 것은 어느 분이 만드신 것입니까?"
부처님께서 대답하셨느니라.
"그 모든 것은 업(業)이 만든 것이니라.

업의 인연에 의해서 천지 간의 삼라만상이 생하고 멸하게 되느니라."

"부처님 몸은 청정하고 항상 적멸하여
광명을 비추어 세간에 두루하시되
모양도 없고 행도 없고 영상도 없음이여
허공의 구름같이 이러하게 보여 주시도다."
시기대범천왕의 게송이니라.

복력이 수승하고, 무념과 무심이 돈독하며, 몸과 마음이 미묘하고 원만하여 위의에 모자람이 없고, 계율을 청정하게 지키면서, 초선에서 이선으로 나아가는 사람은 죽은 뒤에 범천의 대중을 통솔하는 대범왕이 되느니라.
초선천의 세 하늘은 일체의 고뇌와 핍박을 받지 않느니라. 비록 올바른 삼마지를 성취하지 못했더라도 청정한 마음으로 온갖 번뇌가 동하지 않느니라.

소광천(小光天)은 색계 제4천이니라.
범천 사람들을 다스리는 범왕들로 이루어진 세계니라.
수명은 2겁이니라.
2선정을 증득하고 무념·무심이 돈독해서 스스로가 생성해 내는 광명을 인식하면 죽어서 소광천에 태어나게 되느니라. 생전에 교화 공덕이 있어야 하느니라.

무량광천(無量光天)은 색계 제5천이니라.
천인들이 생성해 내는 광명들이 끝없이 어울려서 서로 빛나고 사방 경계를 비추어서 온 경계가 두루 투명해지느니라. 2선정으로 무념·무심을 돈독하게 하고 넓은 교화를 행한 공덕으로 그와 같은 위신력이 갖추어지느니라.
수명은 2겁이니라.
2선천은 정생희락지(定生喜樂地)이니라.
선정에 의해 기쁨과 낙이 생겨나는 세계이니라.
무념과 무심이 정의 주체로 자리해서 선정의 기쁨과 즐거움을 누리는 세계이니라.

광음천은 색계 제6천이니라.
빛과 소리로 이루어진 세계니라.
광음천인들은 빛의 파동으로 대화를 하느니라.
7식을 발현시켜서 혼의 몸을 인식하고 무념·무심으로 2선정을 이룬 사람이 죽어서 빛의 몸을 받아들이면 광음천에 태어나느니라.
생전에 교화의 공덕이 갖추어져야 하느니라.
수명은 2겁이니라.
광음천왕은 광대하고 적정하며 기쁘고 즐거운 무애법문에 머무르느니라.
여러 명의 광음천왕들이 있었느니라.
그중 가애락광명천왕은 항상 적정락을 누리면서 세간의 고통을 소멸하는 해탈문을 얻었느니라.

이선천의 세 하늘은 일체 근심과 걱정의 핍박을 받지 않느니라. 비록 바르게 진실한 삼마지를 성취하지 못했을지라도 청정한 마음 가운데 거친 번뇌를 눌렀기 때문이니라. 소겁(小劫) 중 화재겁(火災劫)때에는 광음천의 모든 하늘이 그 재앙을 면하고 수재겁(水災劫)때에는 변정천의 모든 하늘이 그 재앙을 면하게 되고 풍재겁(風災劫)때에는 광과천의 모든 하늘이 그 재앙을 면하게 되느니라.

소정천(小淨天)은 색계 제7천이니라.
3선정의 초입에 들어간 사람이 지계, 인욕, 보시, 선정, 정진바라밀을 행하고 복력을 얻으면 소정천에 태어나느니라. 7식을 발현시키고, 소리를 통해 들음의 바탕을 인식한 사람이, 소리를 운용해서 무심의 벽을 성취한 후에 적멸의 즐거움과 통할 수 있게 되면 3선정의 초입에 들어간 것이니라. 죽은 후에 다섯 가지 빛의 몸을 받아들이면 광명이 원만하게 갖추어지느니라.

무량정천(無量淨天)은 색계 제8천이니라.
심이 철벽(心壁)을 이루고 식(識)이 청정하니 몸과 마음이 편안하여 적멸(寂滅)의 즐거움을 성취했느니라.
3선천은 이희묘락지(離喜妙樂地)이니라.

감정의 추업을 여의고 미묘한 즐거움만 남아있는 세계이니라.

변정천(遍淨天)은 색계 제9천이니라.
수명은 4겁이니라.
변정천왕은 3선천의 주재자니라.
변정천은 화재겁이나 수재겁의 재화를 받지 않느니라.
변정천도 여러 명의 천왕이 있었느니라.
심신의 청정한 공덕을 성취한 사람이 3선정을 증득하고 원초신을 이루어서 적멸의 즐거움으로 돌아갈 줄 알게 되면 변정천왕으로 태어나게 되느니라.
법다운 행이 있고, 법다운 말을 하고, 바른 소견을 성취하여 뒤바뀐 견해가 없으며, 열 가지 선한 행을 지니고 있는 사람이 기쁨이 없는[無喜] 3선(禪)을 얻으면 변정천에 태어나게 되느니라.

삼선천의 세 하늘은 뛰어난 수순(隨順)의 능력을 갖추고 몸과 마음이 고요하고 평온한 가운데 한량없는 즐거움을 누리느니라. 비록 바르게 진실한 삼마지를 닦지 않았을지라도 안온한 마음 가운데 선정의 환희를 모두 갖추었느니라.

복생천(福生天)은 색계 제10천이니라.
4선천은 사념청정지(捨念淸淨地)이니라.
생각을 여의고 본성이 드러난 상태에서 태어나는 세계니

라. 의식·감정·의지를 본성에 의거해서 활용하니 몸과 마음이 핍박을 받지 않느니라. 즐겁고 괴로운 두 마음을 단박에 끊어버리니 거칠고 무거운 생멸심이 사라져서 청정한 복의 성품이 생기느니라.
오로지 본성에 머물러서 보원행을 행하니 복의 성품이 스스로를 이끌어간다 해서 복생천이라 이름하느니라.
보원행이란 과보가 드러나서 스스로를 이끌어가는 것을 말하느니라.

복애천(福愛天)은 색계 제11천이니라.
본성에 머물러서 의식·감정·의지를 제도의 대상으로 삼은 사람들이 태어나는 세계니라. 견성 이후에 보임수행을 닦는 사람들이 태어나는 세계니라.
무위각이 투철해서 생멸심과 본성을 평등하게 인식할 수 있으면 복애천(무운천)에 태어나느니라.
뛰어난 견해가 청정하고 복이 막히지 않은 가운데 수연행을 하나니 미래에 다가올 인연 또한 복력에 수순할 뿐 일체의 견해를 세우지 않느니라.
복애천(무운천)에서 두 갈래 길이 열려서 두 개의 하늘세계가 나타나느니라.
그것이 바로 광과천(廣果天)과 무상천(無想天)이니라.

광과천(廣果天)은 색계 제12천이니라.

수명은 8겁이니라.
광과천의 천왕은 보원행, 수연행, 무소구행, 칭법행을 이룬 다음에 원초신을 이루어서 광과천에 태어났느니라.
광과천왕중 가애락법광명당천왕이 있었느니라.
그는 일체중생의 근기를 널리 관찰하여 그에 맞는 법을 설해서 의심을 끊게 하는 해탈문을 증득했느니라.

"모든 부처님의 경계가 부사의 함이여
일체중생이 능히 측량할 수 없거늘
널리 그 마음에 믿음과 이해를 내게 하시니
광대한 뜻의 즐거움이 끝까지 다함이 없도다."
가애락광과천왕의 게송이니라.
풍재(風災)겁이 시작되면 일체중생들이 4선(禪)을 성취하여 광과천에 나느니라.
지옥 중생이 지옥 몸을 버리고 인간으로 태어나 청정한 행을 닦고 4선을 성취하는 것도 그와 같으며, 모든 축생의 도와 염마라 세상과 아수라 세상·사천왕·삼십삼천·야마천·도솔타천·화락천·타화자재천·마신천·범세·광음천과 변정천 등에서도 모두 수행하여 4선을 성취하느니라.

무상천(無想天)은 색계 제13천이니라.
견성 이후에 해탈도를 이루지 못하고 외도의 무상수행을 하는 사람들이 태어나는 세계니라.

보원행과 수연행을 성취한 후에 본성과 생멸심을 평등하게 인식하면서도 그 상태에 머물러서 더 나아가지 못하고 끊임없이 그 상태를 유지하려고 하면 무기공에 들어가게 되느니라.

그 상태에서 몸과 마음이 함께 멸하여 마음의 생각을 재처럼 굳혀서 500겁을 지낸다 하더라도 이 사람은 아직 생멸에 머물러 있는 것이니라.

그렇기 때문에 생멸을 떠난 성품을 밝혀낼 수 없으니, 처음 반겁 동안은 멸하고 반겁 동안은 생하느니라. 이런 사람은 무상천에 태어나느니라.

수명은 16겁이니라.

사선천의 네 하늘은 일체 세간의 온갖 고락의 경계가 흔들 수 없으니 비록 무위의 진실한 부동지는 아닐지라도 닦아서 얻은 마음의 공덕 작용이 순수하게 성숙되었느니라.

색계에는 또한 **오불환천(五不還天)**이 있느니라.

아래 세계에서 9품(品)의 습기를 동시에 멸하여 없애고 괴로움과 즐거움이 다 없어져서 아래 세계에는 더 이상 머무를 데가 없으니 고락을 떠난 마음으로 새롭게 창조된 세계이니라.

오불환천은 사선천의 네 천왕도 홀로 소문으로 듣기만 하고 부러워할 뿐 알지도 못하고 본 일도 없느니라.

오불환천의 첫 번째 하늘은 **무번천**(無煩天)이니라.
무번천은 색계 제14천이니라.
견성 이후에 괴로움과 즐거움이 다 멸하여 의식·감정·의지가 서로 다투지 않는 깨달음을 얻은 존재가 처해지는 하늘세계이니라. 수명은 천겁이니라.

오불환천의 두 번째 하늘은 **무열천**(無熱天)이니라.
무열천은 색계 제15천이니라.
견성 이후에 육체와 영혼이 분리되어서 함께 어울려서 연마할 곳이 없는 존재가 처해지는 하늘세계이니라.
수명은 2천겁이니라.

오불환천의 세 번째 하늘이 **선견천**(善見天)이니라.
선견천은 색계 제16천이니라.
견성 이후에 보는 작용의 바탕을 인식해서 식의 청정함을 이룬 사람이, 시방세계를 보는 묘한 작용이 원만하게 맑아져서 더 이상 티끌 경계에 물들지 않으면 선견천에 처해지게 되느니라. 수명은 3천겁이니라.

오불환천의 네 번째 하늘이 **선현천**(善現天)이니라.
선현천은 색계 제17천이니라.
견성 이후에 정교한 보는 작용이 뚜렷이 나타나서 원초신의 확장을 걸림 없이 도야하는 존재들이 처해지는 하늘세계이니라. 수명은 4천겁이니라.

오불환천의 다섯 번째 하늘이 **색구경천**(色究竟天)이니라.
색구경천은 색계 제18천이니라.
육체의 원인을 끝까지 추궁하여 색성의 본질을 다하고 육체의 경계가 없는 데로 들어가는 존재가 처해지는 하늘세계이니라. 수명은 5천겁이니라.

색계의 열여덟 하늘은 홀로 행하여 애욕의 어울림은 없으나 아직 몸의 얽힘에서 벗어나지 못한 존재들이 태어나는 세계이니라.

무색계는 네 개의 하늘로 이루어져 있느니라.
일체의 욕념을 제도하고 몸에 대한 애착도 없는 존재들이 5선정, 6선정, 7선정, 8선정을 증득하면 무색계에 들어가게 되느니라.
색계를 벗어나서 무색계로 들어갈 때 두 가지 길이 있느니라. 하나는 대아라한과 진여보살의 길이니라.
또 하나는 무색계 4천의 길이니라.
대아라한과 보살의 길은 일체의 생멸심을 분리시키고 본성·각성·밝은성품으로 진여심을 이룬 존재가 처해지는 세계니라. 이런 존재들은 생멸문을 벗어나서 독자적인 진여문을 이루고 있느니라. 상수멸정을 증득하고 열반에 머물러야 이와 같은 성취를 이루게 되느니라.

무색계 4천의 첫 번째 길은 **공무변처(空無變處)**이니라.
견성을 이룬 뒤에 아직 생멸심(捨心)을 제도하지 못한 사람이 먼저 몸의 장애와 감정을 제도하고 공에 들어가면 죽은 뒤에 공무변처천에 처해지게 되느니라.
5선정의 일이니라. 수명은 일만겁이니라.

무색계 4천의 두 번째 길은 **식무변처(識無變處)**이니라.
5선정을 통해 몸과 감정을 제도한 사람이 식의 세업을 제도하기 위해 노력하다가 아뢰야식과 말라식의 절반을 제도했을 때 죽음에 들어가면 식무변처천에 처해지게 되느니라. 6선정의 일이니라.
수명은 2만 1천겁이니라.

무색계 4천의 세 번째 길은 **무소유처(無所有處)**이니라.
본성과 생멸심을 분리시켜서 공과 색이 이미 없어지고 인식하는 마음(識心)도 모두 멸하여 반야해탈을 이루었을 때 죽음에 들어가면 무소유처천에 처해지게 되느니라.
7선정의 일이니라.
수명은 4만 2천겁이니라.

무색계 4천의 네 번째 길은 **비상비비상처(非相非非相處)**이니라.
식의 성품이 움직이지 않는데서 멸법을 추궁하고 연마하여 다함이 없는 가운데 다했다는 성품을 들춰 일으켜서 있는 듯 하나 있지 않고 다한 듯 하나 다하지 않았을 때 죽음에 들어가면 비상비비상처에 처해지게 되느니라. 8선정의 일이니라.
수명은 8만 4천겁이니라.

무색계 4천에 들어가는 존재들은 공을 추궁하였으나 공의 이치를 다하지 못하고 불환천에서 성인의 도만을 다한 이들이니라. 이와 같은 존재들을, 마음을 돌이키지 못한 둔한 아라한이라고 말하느니라.
만일 무상(無想)의 모든 외도천(外道天)에서 공을 추궁하다가 돌아오지 못하면 곧바로 윤회에 들어가느니라.

이 모든 천상의 각각 천인들은 범부의 업보로 받은 결과이니 그 과보가 끝나면 윤회에 들어가느니라.
하지만 천주들은 곧 보살로써 삼마제를 닦고 점차 증진하여 성인의 길로 회향하게 되느니라.

무색계 4천은 몸과 마음을 멸하여 다하고 선정의 성품이 뚜렷이 나타나서 업의 과보로 받는 색(色)이 없느니라.

부처님께서 말씀하신 육도윤회계를 살아가는 생명들의 수명과 키이니라.

[염부제 사람들의 수명은 백 살인데 중간에 일찍 죽는 이가 있으며, 고다니아 사람들의 수명은 2백 살인데 역시 일찍 죽는 이가 있으며, 불파제 사람들의 수명은 3백 살인데 역시 중간에 죽는 이가 있으며, 울단월 사람들의 정해진 수명은 천 살인데 일찍 죽는 이가 없다.

염마라(閻魔羅) 세간 중생들의 수명은 7만 2천 살인데 역시 중간에 죽는 이가 있으며, 여러 용과 금시조들의 수명은 1겁인데 역시 중간에 죽는 이가 있으며, 아수라들의 수명은 천 살이어서 삼십삼천과 같은데, 그러나 역시 중간에 일찍 죽는 이가 있으며, 4천왕천의 수명은 5백 살인데 역시 중간에 일찍 죽는 이가 있다.

삼십삼천의 수명은 1천 살이고, 야마천들의 수명은 2천 살이고, 도솔타천의 수명은 4천 살이며, 화락천들의 수명은 8천 살이고, 타화자재천의 수명은 1만 6천 살이며, 마신천의 수명은 3만 2천 살이고, 범신천의 수명은 1겁이다. 광억념천(光憶念天)의 수명은 2겁이고, 변정천들의 수명은 4겁이고, 광과천들의 수명은 8겁이고, 무상천들의 수명은 16겁이며, 불추천(不麤天)들의 수명은 천 겁이며, 무뇌천들의 수명은 2천 겁이고, 선견천들의 수명은 3천겁이고, 선현천들의 수명은 4천 겁이며, 색구경천의 수명은 5천 겁이고, 허공처천(虛空處天)들의 수명은 10천 겁이며, 식처천

(識處天)의 수명은 2만 1천 겁이고, 무소유처천(無所有處天)의 수명은 4만 2천 겁이며, 비상비비상처천(非想非非想處天)의 수명은 8만 4천 겁인데, 이들 여러 하늘들은 모두 중간에 일찍 죽는 이가 있다.

염부제 사람의 신장은 3주(肘) 반이고, 옷 길이는 7주며, 너비는 3주 반이다. 고다니아 사람과 불파제 사람의 몸의 크기와 옷은 염부제와 같으며, 울단월 사람의 신장은 7주이고, 옷 길이는 14주이며 위와 아래는 7주이다.
아수라의 신장은 1유순이고, 옷의 길이는 2유순이며, 너비는 1유순이며, 무게는 반 가리사(迦利沙)[수(隋)에서는 반 냥(兩)을 말한다]이다.
사천왕천의 신장은 반 유순이고, 옷 길이는 1유순이며, 너비는 반 유순이며, 무게는 1가리사이다.
삼십삼천의 신장은 1유순이고, 옷 길이는 2유순이며, 너비는 1유순이며, 무게는 반 가리사이다.
야마천의 신장은 2유순이고, 옷 길이는 4유순이며, 너비는 2유순이며, 무게는 1가리사(迦利沙)와 4분의 1이다.
도솔타천의 신장은 4유순이며, 옷 길이는 8유순이고, 너비는 4유순이며, 무게는 1가리사와 8분의 1이니라.
화락천의 신장은 8유순이며, 옷 길이는 16유순이며, 둘레는 8유순이며, 무게는 1가리사의 16분의 1이다.
타화자재천의 신장은 16유순이며, 옷 길이는 32유순이고,

너비는 16유순이며, 무게는 1가리사와 32분의 일이다.
마신천들의 신장은 32유순이며, 옷 길이는 64유순이고, 너비는 32순이며, 무게는 1가리사와 64분의 1이다.
이로부터 위의 여러 하늘들의 몸의 크기와 옷은 똑같아서 차이가 없다.]

삼계의 과보는 의식·감정·의지를 자기로 삼은 데서 비롯되는 것이니라. 깨달음의 밝은 마음을 얻어서 윤회의 굴레에서 벗어나는 것이 최상의 죽음을 맞이하는 것이니라."

"하늘세계의 일은 참으로 방대하고 장엄합니다.
그토록 거대한 몸을 갖고 있다는 것도 놀랍고 상상할 수도 없는 긴 수명을 갖고 있는 것도 놀랍습니다. 그에 비하면 인간의 삶이 너무도 초라하다고 느껴집니다."
"허!허! 그러하냐? 그렇지만 그런 큰 생명이 되는 것도 인간으로부터 시작되는 것이란다.
인간으로 태어나서 복력을 쌓고 선정과 바라밀을 행해서 그와 같이 큰 생명이 되는 것이지. 너는 천상생명보다도 더 큰 생명이 될 것이니라. 그러니 낙심하지 말려무나.
아라한이 되고 진여보살이 되어서 생멸문 전체를 덮을 수도 있으니 그런 생명이 되도록 노력해 보려무나."

"예, 스승님! 그런 생명이 될 수 있도록 최선을 다해보겠겠습니다. 천상계의 인연이 다하고 나면 어떤 인연이 다가오게 되나요?"
"사후 30일째가 되면 저승사자의 인연이 다가오느니라. 육도윤회계로부터 오는 인연도 받아들이지 못한 영혼들은 자력으로는 죽음의 세계에 적응할 수 없느니라.
그런 영혼들은 염왕부에서 거두어들여서 죽음에 적응할 수 있도록 교육을 시키느니라. 저승사자들이 그런 영혼들을 이끌어 가는데 그날이 바로 사후 30일째이니라."

"저승사자가 다가올 때는 어떤 모습으로 오나요?"
"지금까지 육체와 영과 혼의 의식이 발현될 때는 대부분 기억 속에 내재되어 있던 업식이 발현되는 것이었지만, 저승사자의 인연은 실제적인 상황이니라.
저승사자는 영가와 가장 친숙한 모습을 하고 있느니라. 부처님을 믿었으면 부처님의 모습이나 관세음보살의 모습으로 나타나고 하나님을 믿었으면 예수님이나 천사의 모습으로 나타나느니라.
신앙이 없다면 평소 존경하고 흠모했던 모습으로 나타나게 되느니라."

"저승사자가 그 영혼이 갖고 있는 종교적 성향과 취향을 어떻게 알게 되나요?"
"저승사자는 그 영혼이 태어나기 이전의 생까지도 모두 알고 있느니라. 그 사람이 태어나는 과정에서부터 성장하고 죽을 때까지의 모든 과정을 지켜보고 있느니라.
우리가 살아가는 현실 세계에는 수많은 영혼들이 함께 살아가고 있느니라. 그 영혼들이 저승세계의 생명들이니라.
야마천에서 분리된 염라는 모든 영혼을 제도하겠다고 서원을 세운 존재이니라. 때문에 육체를 갖고 태어나는 모든 인간들을 항상 지켜보고 있느니라.
염라의 권속들은 지상신명계를 이루어서 인간 세상 전체를 관장하고 있느니라."

"사후 30일째를 맞이하는 영혼과 저승사자는 어떻게 만나게 되나요?"
"그것에 대해서는 말로 듣는 것보다 직접 보는 것이 나으니라. 영혼들을 따라 다니면서 직접 네 눈으로 확인해 보려무나."
"예, 알겠습니다. 스승님"

스승님께서 주변을 돌아보셨다.
수없이 많은 빛들이 늘어서 있었다.
그중에 꽃봉오리같이 생긴 빛무리 앞에서 걸음을 멈추셨다. 마치 엄마 뱃속에 들어 있을 때처럼 뒤집혀 있었는데 자세히 보니 젊은 여자였다.

"이 영혼이 곧 깨어날 시간이다. 이 영혼을 한번 따라가 보자꾸나."
스승님의 말씀이 떨어지기가 무섭게 여자의 영혼이 눈앞에서 사라졌다.
"자. 내 손을 잡아라."
스승님의 손을 잡으니, 눈앞의 정경이 달라졌다.
그곳은 만행을 하면서 지나쳐갔던 충주의 국도변이었다. 그 도로의 한켠에 방금 중음계에서 보았던 여자가 우두커니 서 있었다.

"저 여자가 왜 저렇게 서성거리나요?"
"저 여자는 사흘 전에 여기서 교통사고로 죽었느니라."
스승님의 말씀을 듣고 있는 사이에 그 여자가 도로 가운데로 걸어가고 있었다. 4차선 도로라 차들이 속도를 내어 달리는데, 그 여자는 그대로 도로를 건너가고 있었다.
그 모습을 보고 나도 모르게 비명을 질렀다.
순간, 맹렬한 속도로 달려오던 승용차가 여자를 뚫고 지나갔다. 그 여자는 차가 자신의 몸을 뚫고 지나쳐도 느끼지 못하는 듯, 도로 한가운데를 서성거렸다.
여자는 마치 투명 인간처럼 자신의 몸 사이로 차들을 흘려보냈다
그 모습을 바라보며 스승님에게 여쭈었다.

"스승님. 저 여자는 왜 저런 형상으로 저곳에서 왔다 갔다 합니까?"
"저 여자는 자신의 육체가 없기 때문에 아직도 자기가 죽은 줄을 모르고 있는 것이다."

"그럼, 시체 있는 곳으로 가지 않고 왜 여기로 왔나요?"
"아마도 아직 어리기 때문에 가족들이 화장을 해버린 모양이다.

"저 영혼은 앞으로 어떻게 되는 건가요?"
"허허....네가 보기에도 안타까우냐?
"예, 스승님"
"그래. 딱한 일이구나. 자신이 죽은 것도 모르고, 한자리에서 저렇게 왔다 갔다 하게 되면 중음의 과정을 인식하지 못하고 '지박령'이 된단다."
"지박령요?"
"특정한 장소에 머물러서 오랫동안 정체된 삶을 사는 영혼을 지박령이라고 하느니라. 그런 경우에는 중음신이 되느니라."

'살아있다면 아직도 부모님의 사랑을 듬뿍 받으며 행복하게 살아갈 사람이 어쩌다가 교통사고를 당해서 지박령이 되었나. 참으로 안타깝구나.'

"오늘이 사흘짼데, 저 중생은 저 장소에 집착해 있기 때문에 백의 기운이 다가오는 것을 인식하지 못할 것이다. 오늘 하루를 어떻게 보내는지 잘 지켜보도록 하려무나."
"예, 스승님!"

자기 신세도 모르는 젊은 여자의 영혼은 하루 종일 그 자리를 왔다 갔다 했다. 수 많은 차들이 자신이 몸을 뚫고 지나다니는 데도 정신이 없는 듯 느끼지 못했다.
잠시 후.
그 여자의 주위로 우릉우릉 소리와 함께 번쩍번쩍 빛나는 백색 빛이 몰려들었다. 그러나 여자는 그것을 보지 못했다.
나흘째 되는 날엔 우릉우릉 소리가 나고 번쩍번쩍 빛나는 청색 빛이 몰려 가는데도 여자는 그것마저도 보지 못했다.

"스승님, 저 여자를 천도하려면 어찌해야 합니까?"
"걱정 말거라. 내가 저 아이의 영혼을 구제해 주리라."

스승님께서 여자의 영혼 쪽으로 걸어갔다.
가만히 스승님의 뒤를 따랐다. 스승님이 다가가자 여자는 움칠움칠 놀라는 시늉을 했다. 그러더니 길 가장자리에 쪼그리고 앉아서는 얼굴을 무릎에 파묻었다. 그리고 무서운 듯이 주위를 두리번거렸다.

아마도 뭔가 다른 느낌을 받은 모양이었다.

"지금 저 여자가 왜 저러나요?"
"내 몸에서 발산되는 양기가 강하기 때문이니라.
저 여자는 지금 음신이기 때문에 나를 볼 수가 없느니라. 내가 다가서면서 발산되는 양기가 여자를 위축시켜서 겁이 나는 것이니라. 음기가 많은 영혼들은 양기가 많은 물질이나 생명에게 접근할 수 없느니라."

"그럼, 어떻게 해야 합니까?"
"걱정하지 말아라. 내가 이 여자의 마음을 편안하게 해줄 것이니라."

여자에게 다가간 스승님이 말을 걸었다.
나는 그 말을 알아들을 수 없었다. 그런데 여자가 고개를 들더니 스승님을 바라보았다. 스승님이 또 뭐라고 얘기를 하자 그 여자가 고개를 살래살래 흔들다가는 끄덕이곤 했다.

"스승님, 지금 무슨 말씀을 하신 겁니까? 저는 왜 알아들을 수가 없나요?"
"음신이 지나치게 배양된 영혼에게 해주는 말이니라.
음신이 정도 이상 배양되면 양신을 갖고 있는 사람과는 대화를 할 수가 없느니라. 음신이 강한 영혼이 양신이 강한 생명과 만나면 우릉우릉하는 소리가 나면서 번쩍번쩍 빛나는 빛무리가 몰려오기 때문에 그것이 두려워서 대화를 하지 못하게 되느니라.
'너는 여기에서 사고를 당해서 죽었다. 네가 죽은 것을 아느냐?'라고 물었더니 자기는 '죽지 않았다'라고 하는구나. 그래서 '네 형상을 보거라. 저기 지금 차가 달려오는 것이 보이느냐?' 했더니, 보인다구 하는구나."

스승님의 물음에 대답하던 여자는 그제야 차가 달려오는 것을 발견하고 피하려고 했다. 순간, 스승님께서 그녀의 팔을 꽉 잡았다.
"가만 있어라."
쏜살같이 달려온 자동차가 여자의 몸을 뚫고 지나갔다. 여자는 스스로도 놀란 모양이었다.
"봐라. 멀쩡하지 않느냐. 네가 산 사람이라면 어떻게 무사할 수가 있겠느냐?"
여자가 그제야 고개를 끄덕였다. 그리고는 울먹이기 시작했다.
"전 이제 어떡하면 좋아요? 무서워 죽겠어요. 할아버지."
"너는 지금 음기가 너무 많느니라. 스스로 그 음기를 다 스려야만 영혼의 세계로 갈 수가 있느니라.
너의 음기는 부정적이고 거부적인 성향이 너무 강했기 때문에 생긴 것이니라.

생각에 골몰하고, 번뇌에 빠져 있었기 때문에 생긴 것이니 이제는 그것을 씻어내야 하느니라.
우선 네 삶 속에 있었던 즐거웠던 일, 보람 있었던 일들을 떠올려 보거라. 그러다 보면 네게 있는 음기가 점점 사라지게 될 것이다."
"알았어요, 할아버지."
여자가 정신을 집중하고 생각에 잠겼다.
그러면서 스승님의 이끌음에 따라 좋아했던 일, 떳떳했던 일, 즐거웠던 일들을 떠올리기 시작했다.
잠시 뒤에, 그 여자의 모습이 바뀌기 시작했다.
여자의 모습이 바뀔 때마다 그 여자를 감싸고 있는 빛의 색깔도 함께 바뀌었다. 푸른색이었다가 붉은색이 되었다가 다시 백색이 되었다.
어느 순간, 여자가 나를 바라보고 있었다.
"어머나. 이 사람은 누구예요?"
나는 그제야 여자의 말을 알아들을 수 있었다.
"내 제자이니라."
스승님이 대답했다.
"할아버지. 이 사람은 언제부터 여기 있었어요?"
"나와 함께 왔느니라."
"어머나! 창피해!"
여자는 부끄러운 듯 몸을 돌렸다.
"허허!....부끄러워 할 일이 아니니라."

부끄러워하는 여자의 모습이 아름다웠다.
조금 전에 보았던 넋 나간 모습과는 너무나도 다른 모습이었다.
'아! 마음을 다스리는 게 저렇게도 중요하구나.' 그 모습을 보면서 절실하게 깨달았다.
"이제 어떡해요, 할아버지?"
"우선 마음을 고요히 하고 안정시켜야 하느니라. 좀 안정이 되느냐?"
"잘 안돼요."
"그럼, 지금부터 내가 일러주는 말을 네 마음속으로 외우거라. 그걸 외우다 보면 마음이 차분하게 가라앉으면서 네 주위에 우릉우릉 소리가 나고 번쩍번쩍 빛나는 오색빛이 다가올 것이다. 그 빛이 다가올 때 그것을 무서워하지 말고 그대로 받아들여라. 그러면 너는 영혼으로서 얽매이지 않는 삶을 살 수가 있을 것이다."
"알았어요. 가르쳐 주세요, 할아버지."
"관세음보살을 외우거라. 마음속 지극한 곳에서부터 관세음보살, 관세음보살, 관세음보살, 관세음보살..... 이렇게 암송하거라. 자, 다 같이 한번 해 보자. 관세음보살......"
"관세음보살, 관세음보살. 관세음보살..."
"관세음보살, 관세음보살......"
스승님이 먼저 관세음보살을 외우면 나와 여자가 따라서 염송했다. 그렇게 얼마간의 시간이 흘렀을 때였다. 우릉거리는 소리가 나면서 푸른색 빛이 파도치듯이 여자를 향해 다가왔다.
스승님이 물었다.
"저 빛이 보이느냐?"
"예!"
"그 빛을 받아들여라. 그 빛 다음에는 황색의 빛, 붉은색의 빛, 녹색의 빛, 금색의 빛, 흰색의 빛이 똑같은 형상으로 다가온다. 그러한 다가올 때 그 빛을 거부하지 말고 받아들이거라. 그러면 네 임의대로 어디든지 갈 수 있는 힘을 얻으리라.
앞으로 네가 곤란에 처하거나, 장애가 발생하면 항상 그 자리에 앉아서 지금 일러준 대로 관세음보살을 지극하게 외우거라. 그러면 반드시 구제가 될 것이다."
"고맙습니다. 할아버지."

스승님과 나는 사후 8일째까지 그 여자와 함께 했다.
여자가 한 경계, 한 경계를 겪으면서 빛을 받아들일 때마다 여자의 몸에 일어나는 변화를 지켜보았다.
사후 8일째 되는 날, 금색 빛을 받아들이면서 여자의 영혼에서부터 다섯 가지 색깔의 빛이 한꺼번에 번져나왔다. 그런 상태가 한동안 지속되었다.
그러면서 그 영혼의 주위로 우릉우릉하는 소리가 은은하게 들려왔다.

스승님께서 말씀하셨다.
"저 영혼은 이제 욕계 6천 중에 태어날 것이니라. 이번에는 거부했던 것이 강하고, 생전에 악업을 많이 짓고, 부정적인 삶을 살았던 사람이 어떤 체험을 하는지 한번 보자꾸나."
"예, 스승님."

스승님을 따라 다시 중음계로 올라왔다.
중음계로 돌아와서 허공에 매달린 영혼들을 훑어보았다. 그중에 얼굴을 험악하게 찡그리고 있는 사람이 있었다. 이마엔 주름살이 깊게 새겨져 있었고 미간에도 굵은 주름이 패어 있는 할아버지였다.

"스승님, 이 사람은 왜 이렇게 인상을 쓰고 있습니까?"
"이 사람은 악업을 많이 지은 사람이다. 이 사람은 죽을 때 명이 다해서 죽었지만, 악업이 많아서 매우 고통스럽게 죽음을 맞이했느니라."

"악업이 많으면 고통스럽게 죽습니까?"
"그렇다."

"왜 고통스러운가요?
"선업이 많은 사람은 영혼이 육체를 빠져나올 때 머리 꼭대기로 빠져나오느니라. 하지만 악업이 많은 사람은 영혼이 코로 빠져나오게 되느니라. 영혼이 머리 꼭대기로 빠져나올 때는 지극히 평안하지만 코로 빠져나오면 상당히 고통스러우니라. 그렇게 고통스럽게 죽었기 때문에 저런 표정을 짓고 있느니라."
주위를 돌아보니 몇 사람이 그런 얼굴을 하고 있었다. 스승님은 그중의 한 사람을 지목했다.
"이 영가도 악업이 많았구나. 이 영가가 깨어날 때가 되었으니 따라가보자."
잠시 뒤에 그 영혼이 사라졌다.

그 사람은 경남 남해에 살던 어부였다.
바닷가에 그의 집이 있었다. 작은 항구에는 배들이 정박해 있었다.
"아이고!. 아이고……!"
그 집안에서 곡소리가 들려왔다.
"엇다. 저 만큼 사셨으면 호상 아이가, 너무 서러워 말거래이."
문상객들이 떠드는 소리가 들려왔다.
집안을 살펴보니 그 노인이 자기 시신이 들어있는 관 앞에 서 있었다. 그러더니 관 뚜껑을 열려고 애를 쓰기 시작했다. 하지만 관뚜껑이 열리지 않았다. 그러자 고래고래 소리를 질렀다.

"내가 왜 죽어? 내가 이렇게 시퍼렇게 살아있는데! 어떤 놈이 나보고 죽었다고 하는거? 죽으면 다 끝나는데, 내가 왜 죽어? 이런 나쁜 놈들! 내가 이렇게 시퍼렇게 살아있는데 죽었다고? 이런 천하에 못된 놈들!"

노인은 자식들에게 마구 욕을 해대었다. 마을 사람들이 문상을 와서 껄껄거리고 웃으며 술을 마시자 노인은 펄쩍펄쩍 뛰면서 난동을 부렸다.

"이, 이놈들이 내가 죽었다고 좋아하는 모양인데, 천만에. 나 이렇게 멀쩡하게 살아있다. 이 나쁜 놈들아!"

노인은 욕설을 퍼부으면서 사람들을 마구 밀쳤다. 여기서 집적거리고, 저기서 밀치고, 펄쩍펄쩍 뛰면서 혼자 소란을 피웠다. 그러나 아무도 상대를 안 해주자 더욱 미친 듯이 난동을 부렸다.

"이놈들! 이 배라묵을 놈들아. 어디 두고 보제이. 내가 네 놈들을 가만둘 줄 알아?"

"저 노인은 왜 저럽니까?"
보다 못해 스승님께 여쭈어 보았다.

"저 사람은 죽으면 모든 것이 다 없어진다고 생각했던 사람이니라. 그런데 죽어서도 정신이 멀쩡하니까 아직 죽지 않았다고 생각하는 것이니라.

자기는 살았다고 저렇게 날뛰고 있지만 누가 알아주겠느냐. 저런 사람은 많은 고초를 당하게 되느니라."

"저 사람은 지옥과보를 받게 되나요?"
"그러니라. 아마도 저 노인은 9일째까지 다가오는 빛들을 인식하지도 못할 것이다. 그러다가 거부적 성향의 업식이 깨어나는 날 과보를 받게 되겠지. 어떤 과보가 도래하는지 지켜보자꾸나."

스승님과 함께 며칠 동안 노인의 영혼을 지켜보았다. 노인의 가족들은 상을 다 치르고 평상의 생활로 돌아가 있었다. 여전히 기승을 부리던 노인도 기력이 다했는지 아랫목에 덩그러니 누워있었다. 식구들을 아무도 노인을 알아보지 못했다.
9일째가 지났다.
노인의 표정이 침통해지더니 갑자기 소리를 버럭 질렀다.
"내가 왜 없어! 이 나쁜 놈! 내가 그렇게 호락호락할 줄 알아? 당장 꺼져! 이 꼴 보기 싫은 놈 같으니! 그 상판때기를 다시 한번만 더 보였다간 봐라!"
소리를 질러대면서 노인이 주먹을 마구 내둘렀다. 그러나 노인의 주변엔 아무도 없었다.

"갑자기 왜 저러나요?"
"저 영감이 평소에 싫어했던 사람이 있는데 그 사람이 보이기 때문에 저러는 것이다."

노인이 가라고 소리를 쳐도 상대는 사라지지 않는지 두들겨 팬다면서 작대기를 들고 마구 휘둘렀다.
"이노무 시키! 이노무 시키!"
혼자서 날뛰다 지친 노인은 마루 한쪽에 주저앉아 가쁜 숨을 몰아쉬며 욕설만 퍼부어댔다.
다음 날이었다.
이번에는 눈을 껌뻑거리면서 비비기 시작했다.

"저 노인이 왜 저러나요?"
"보이는 것에 대한 거부의식 때문에 보는 기능이 상실되어가는 중이다. 저 노인은 잠시 후면 무간지옥에 들 것이니라."

그런데 그 순간이었다. 눈을 비비던 노인이 벌떡 일어났다.
"에이. 내가 나가야지!"
투덜거리던 노인이 휑하니 집을 나섰다.
스승님과 나는 노인의 뒤를 따라갔다.
노인은 마을 여기저기를 마구 쏘다녔다.
그렇게 또 하루가 지났다.
"듣기 싫어! 제발, 그만해!"
노인은 고래고래 소리를 질렀다. 누군가가 자기한테 욕을 하는 듯, 소리를 지르면서 귀를 틀어막았다.
"에이구! 에이구! 내 팔자야! 나는 와 이리 복이 없을꼬!!"
불평을 늘어놓던 노인이 다시 이리저리 쏘다녔다. 그러

면서도 귀는 계속 틀어막고 있었다.
"에잇! 나쁜 놈! 듣기 싫은 소리도 한두 번이지. 이렇게 따라 다니면서까지 그런 소리를 하는 거야!? 에잇! 나쁜 놈!"
버럭버럭 소리를 내지르던 노인이 잠시 후엔 고개를 설레설레 흔들기 시작했다.

"지금은 왜 저러나요?"
"소리가 잘 안 들려서 그러니라. 보이는 것도 희미하게 보이고, 소리도 똑똑하게 안 들리니까 저런 표정을 짓는 것이니라. 우릉우릉 하는 소리나 들리지 다른 소리들은 잘 못 듣게 되느니라."

그런데 조금 있으니까 이번엔 코를 움켜잡고 구역질을 해댔다.
"아이구! 구역질 나서 미치겠네! 골치 아파 미치겠어! 제발 좀 나가! 나가라니까?! 왜 그런 걸 갖다 놓고 먹으라는 거야? 어휴 이 냄새! 이 썩은 음식들을 나 보고 먹으라고 그러는 거야? 아이구!"
바깥으로 뛰쳐나온 나온 노인이 또 한번 펄쩍 뛰었다.
"아이쿠, 이게 왠 똥구덩이냐?"
그러면서 노인은 까치발을 들고 조심조심 걸음을 옮겼다.

"스승님, 지금은 왜 저러나요?"

"저 노인은 지금 발자국마다 똥을 밟고 있는 중이다."
"네?"
"저 노인이 지금 한 발을 내디딜 때마다 똥이 있고 길 옆에는 송장들이 즐비하게 누워 있느니라. 생전에 냄새 맡고, 먹는 것에 대해 거부했던 기억들이 저렇게 나타나는 것이니라."

노인의 영혼이 그렇게 고초를 겪고 있을 때, 집안 식구들끼리도 다툼이 일었다. 재산 분배 문제로 형제끼리 싸우는가 하면 딸들과 며느리가 입씨름을 벌였다. 편치 않은 자손들을 보며 스승님이 말씀하셨다.
"영혼이 악업을 지어서 편치 못하고 방황을 하니 자손들마저도 저렇게 분열되는 것이다. 이 또한 과보이니라."

자손들이 한창 다투는 옆에서 노인은 자기 몸을 마구 쥐어뜯고 있었다.
"어이구 가려워! 어이구 가려워! 이거 왜 이렇게 가렵냐?! 에이 더러워! 방은 또 왜 이렇게 더러우냐? 이년들아! 싸울 생각들 하지 말고 방 청소나 좀 해라!"
노인은 자기가 입고 있던 옷을 박박 찢어버리더니 온몸을 긁어대기 시작했다.

"저것은 촉감으로 거부했던 습성이 나타나는 것이니라."

그 모습을 보면서 스승님께서 말씀하셨다.
그런데 그때부터 노인의 몸이 이상해지기 시작했다. 처음에는 사람의 형상이었는데, 몸의 형상이 바뀌면서 악귀 나찰처럼 변해갔다. 표정은 험악해지고 몸은 쪼글쪼글해지면서 등이 굽어지기 시작했다.
잠시 후, 무슨 생각을 하는지 노인이 고개를 설레설레 흔들었다.
"그거 아닌데! 그거 아니야! 아이구! 골치가 아프다! 골치가 아파요!"
누구와 얘기를 하는지 고통을 호소하더니 나중엔 악담을 퍼붓기 시작했다.

"저것은 생각으로 거부했던 것이 나타나는 것이니라.
번뇌가 심해지면서 저 노인에게 어떤 변화가 나타나는지 잘 보려무나."

스승님의 말씀이 끝나자마자, 머리를 감싸안고 있던 노인의 영혼에게서 칙칙한 안개 같은 빛무리가 스물스물 새어 나왔다. 그런 빛이 새어 나오자 어디에서 날아왔는지 희끗희끗한 작은 빛 덩어리들과 거무죽죽한 빛 덩어리들이 그 노인에게 마구 달라붙었다.

"스승님. 저게 뭔가요?"

"저게 바로 '망귀' 라는 것이니라."
"망귀요? "
"망귀는 짐승이나 사람의 영혼 중에서 부정적인 습성들이 떨어져 나와 생겨난 작은 영혼들이니라.
저 망귀들은 생명에게서 나오는 탁기를 먹고 사느니라.
아수라의 한 종류인데, 저 망귀가 달라붙게 되면 결국에는 영혼이 나누어져서 똑같은 망귀가 되느니라.
저 노인이 번뇌에 시달리고 짜증을 내기 때문에 망귀들이 달라붙은 것이니라."

"스승님, 저 영감님은 어떻게 구제해야 됩니까?"
안타까운 마음에 스승님께 여쭈었다.
"저 노인은 죽음마저도 부정하고, 죽으면 모든 것이 끝이라고 생각했던 사람이기 때문에 구제할 수가 없느니라. 아무리 이해시키려고 해도 저런 경우에는 그걸 받아들이지 못하느니라. 참으로 안타까운 일이다."

"그럼. 저런 영혼들은 구제를 받을 길이 없는 겁니까?"
"저런 고통을 수없이 당하다가 생명력이 다 고갈되고 나서 제발 이제 좀 쉬었으면 하는 간절한 마음이 생겼을 때, 그때라야 제도할 수 있느니라. 그런데 저 영가는 생전에 착한 일을 한 번도 해본 적이 없느니라. 남한테 못되게 굴고 욕심만 부렸기 때문에 쉽게 구제되지 못할 것이니라."

스승님은 그 노인에게는 유독 매정했다.
노인은 망귀들로 인해 매우 고통스러워하고 있었다.
정신이 없는 듯 허깨비처럼 온갖 헛소리를 해댔다.
그러는 동안 그 육체가 점점 쪼그라들고 있었다.

"저 영감은 몸이 점점 더 오그라들어서 나중에는 둥근 모양이 될 것이다. 팔다리가 다 떨어져 나가서 육체의 형태가 없어져 버릴 것인데 그렇게 되면 다시는 인간으로 태어날 수가 없느니라."

"그렇게 되면 무엇으로 태어나게 되나요?"
"축생보를 받아서 큰 뱀으로 태어날 것이니라."

그 노인이 참으로 안타까웠다.
'살아서 악업을 짓지 않는 것이 저렇게 중요하구나. 살아서 긍정적이고, 수용적인 자세로 사는 것이 저렇게 큰 일이구나.'
그런 생각에 젖어 있을 때, 스승님께서 말씀하셨다.
"구선아, 이번에는 '육도윤회계'로 가보자꾸나."
"스승님, 거기는 어떤 영혼을 따라가야 합니까?"
"거기는 영혼을 따라 갈 필요가 없느니라.
육도윤회계는 어디든지 열려 있느니라.
우선, 지옥계부터 가보자꾸나."

❄ 지옥계

스승님의 손을 잡고 지옥계를 찾아갔다. 가서 보니 거기도 여전히 중음계였다.

지옥계에는 수많은 영혼들이 깨어나 있었다. 그 영혼들마다 서로 다른 모습을 하고 있었다.

어떤 영혼은 이리저리 왔다갔다 하면서 손을 휘휘 내젓고 있었고, 어떤 영혼은 그 자리에서 앉았다 섰다를 반복하고 있었다.

"스승님, 저 영혼들은 어떤 영혼들입니까?
"저 영혼들은 보는 기능이 완전히 상실된 영혼들이니라. 그래서 깜깜한 무간지옥에 처해져 있는 것이니라."

"저 영혼들을 구제하려면 어떻게 해야 합니까?"
"스스로 마음을 안정시켜야 하는데 저 영혼들은 그 방법을 모르고 있느니라. 그렇다고 그 방법을 일러줘도 그 말조차도 믿지 않느니라. 그렇기 때문에 과보가 다할 때까지 기다려야 되느니라."

"저렇게 있다가 언제 밝은 빛을 보게 됩니까?"
"저 영혼과 같은 습성을 가진 생명을 만나야 되느니라. 그 생명의 공간에 저 영혼들이 처해지게 되면, 그때 밝음을 보게 되느니라. 그 밝음 속으로 뛰어들게 되면 빙의가 되느니라."

"하지만 저대로 가만있기만 하는데 어떻게 그런 생명들을 만날 수가 있겠습니까?"
"공간은 흐르느니라. 여기 있는 이 공간은 한곳에 머물러 있는 것이 아니니라. 때로는 서울일 수도 있고, 때로는 저 충청도일 수도 있고, 때로는 우주 공간일 수도 있느니라."

"아! 그렇습니까? 그렇다면 모든 세계가 고정되어 있지 않은 것입니까?"
"그러니라. 지구가 돌고 태양이 돌듯이 모든 세계 또한 돌고 있느니라. 천상세계도 고정되어 있지 않고 육도 또한 고정되어 있지 않나니라."

'공간이 흐른다'라는 말씀에 그제야 여러 가지 의문이 풀렸다. 씨줄과 날줄로 얽혀있는 수많은 세계들이 무언가를 중심으로 돌고 있는 모습이 머릿속에서 그려졌.

"여러 가지 지옥들이 있다 하는데 무간지옥 말고도 어떤 지옥들이 있나요?"
"수많은 지옥들이 있느니라.
여덟 개의 대지옥이 있고 각각의 대지옥마다 열여섯 개의 소지옥을 거느리고 있느니라.

활(活)대지옥, 흑승(黑繩)대지옥, 합(合)대지옥, 규환(叫喚)대지옥, 대규환(大叫喚)대지옥, 열뇌(熱惱)대지옥, 대열뇌(大熱惱)대지옥과 아비지(阿毘至)대지옥이 8대지옥이니라.

흑운사(黑雲沙)지옥, 분시니(糞屎泥)지옥, 오차(五叉)지옥, 기아(飢餓)지옥, 초갈(燋竭)지옥, 농혈(膿血)지옥, 일동부(一銅釜)지옥, 다동부(多銅釜)지옥, 철애(鐵磑)지옥, 함량(函量)지옥, 계(雞)지옥, 회하(灰河)지옥, 작절(斫截)지옥, 검엽(劒葉)지옥, 호랑(狐狼)지옥, 한빙(寒氷)지옥이 16개 소지옥이니라.

"그렇게나 많은 지옥이 있나요? 제가 생각하기는 무간지옥만으로도 끔찍한데 대지옥과 소지옥은 어떤 곳인지 상상이 안됩니다. 대지옥과 소지옥은 어디에 있나요?"

"수미산 밖에 따로 하나의 산이 있는데, 철위산이라 하느니라. 높이는 680만 유순이고, 세로와 너비도 680만 유순이니라. 빽빽하고 단단하게 금강으로 이루어졌으므로 쉽게 파괴되지 않느니라.

이 철위산 밖에 또 하나의 거대한 철위산이 있는데, 높이와 너비가 앞의 철위산과 똑같으니라.

두 산 사이는 매우 어두우니라. 광명이 없으며 해와 달도 그곳을 비추지 못하느니라.

두 산 사이에 8대지옥(大地獄)이 있고 8대지옥 안에 열여섯 개의 소지옥이 포함되어 있느니라."

"그곳은 들어갈 수가 없나요?"
"그러니라. 그곳은 오로지 과보를 받을 영혼들만 들어갈 수 있느니라. 좀 전에 살펴본 지옥은 연옥이지 완전한 지옥이 아니니라."

"지옥의 과보가 어떤 것인지 궁금하기도 합니다. 활대지옥이란 어떤 곳입니까?"
"활(活)대지옥이란 죽었다가도 끊임없이 살아나는 지옥을 말하는 것이니라.
이 활대지옥에 있는 모든 중생들은 손가락이 쇠손톱으로 되어 있느니라. 길면서도 가늘고 날카로워서 모두 다 창 끝과 같느니라. 그 중생들은 서로 보기만 하면 마음과 뜻이 흐려지고 어지러워서 각기 쇠 손톱으로 자기 몸을 쥐어뜯어서 모조리 찢어버리느니라.
스스로 몸을 찢는데 찢은 뒤에 다시 찢고 가른 뒤에 다시 가르고 쪼갠 뒤에 다시 쪼개느니라.
그 중생들은 제 몸을 찢고 가른 뒤에 '이제 나는 죽었다.'라고 생각하느니라.
그러나 찬바람이 불어오면 잠깐 동안에 다시 살아나느니라. 몸과 가죽, 살이며 힘줄, 뼈, 피와 골이 생겨나 도로 살아나며, 살아나서는 업력(業力) 인연으로 다시 사방에서 일어나느니라.
전생에 사람 몸이었거나 비인(非人)의 몸이었을 때 일으키고 지었던 악과 착하지 못한 업이 아직 다 없어지지 않았고, 아직 조금밖에 나타나지 못하였으므로 죽으려 해도 죽을 수 없는 것이니라.
다시 살아난 중생들은 손가락에 쇠 단도가 생겨나는데, 아주 길며 가늘고 날카롭느니라.
각각 서로 보기만 하면 마음과 뜻이 흐리고 어지러워서 서로가 쥐어뜯고 가르고 쪼개고 찢으며, 깨뜨리고 끊어서 죽지만 차가운 바람이 불어오면 잠깐 동안에 되살아나느니라.
또 활대지옥의 모든 중생들은 한량없는 때에 괴로움의 업보가 다하여 이 지옥으로부터 나와서 이리저리 달아나 다시 다른 곳의 집과 방을 구하고 구호 받을 곳을 구하고, 돌아가 의지할 곳을 구하지만, 이렇게 구할 때에 죄업 때문에 곧 스스로 흑운사(黑雲沙)소지옥 속으로 들어가게 되느니라."

"그렇게 모든 업보가 다할 때까지 계속해서 살아나야 한다면 얼마나 큰 고통을 당해야 할까요? 도무지 상상이 가질 않습니다. 더군다나 그곳에서 벗어나면 또 다른 소지옥으로 간다하니 생각만 해도 숨이 막힙니다. 흑운사소지옥은 어떤 곳인가요?"
"그 지옥에 들어가면 위의 허공에서 큰 먹장구름이 일어나고 바람에 날린 모래들이 비처럼 쏟아지는데, 불길이 타오르며 엄청나게 맹렬한 연기가 뿜어져 나오면서 지옥 중생들의 몸 위에 떨어지느니라. 그 불길이 살갗에 닿으면 살갗이 타고, 살에 닿으면 살이 타고, 힘줄에 닿으면 힘줄이 타고, 뼈에 닿으면 뼈가 타고, 골에 닿으면 골이 타고, 골수에 닿으면 골수가 타느니라.

엄청나게 강한 연기와 불꽃을 내뿜으면서 환하게 비추며 활활 타오르니 지독한 괴로움을 받지만 그 괴로움의 업보가 아직 다하지 못하였기 때문에 죽으려 해도 죽지 못하게 되느니라.

한량없는 시간을 지낸 뒤에 흑운사지옥으로부터 나와서 다시 달아나며 돌아가 의지할 곳을 구하지만, 이때 또다시 분시니(糞屎泥)소지옥 속으로 들어가게 되느니라."

"분시니소지옥은 어떤 곳인가요?"

"그 지옥에 들어가면 목구멍 아랫부분이 저절로 똥물 속에 있게 되느니라. 그 똥은 뜨겁게 끓어오르며 연기와 불꽃을 함께 내뿜으면서 그 죄인의 손발과 귀·코·머리·눈·몸뚱이를 태우는데, 일시에 불길로 태워 버리니라.

또 분시니소지옥에는 쇠로 만들어진 벌레들이 있는데 침구(針口)라고 하느니라. 이 벌레들이 똥물 속에 있으면서 모든 중생들의 몸뚱이를 뚫어 모조리 구멍 내고 찢어 놓는데 먼저 그 살갗을 뚫어서 살갗이 찢어지면 다음에 살을 뚫으며, 살이 찢어지면 다음에 그 힘줄을 뚫고, 힘줄이 찢어지면 다음에 그 뼈를 뚫으며, 뼈가 찢어지면 골 속에 기생하면서 모든 중생들의 온갖 정수(精髓)를 먹어 그로 하여금 온몸에 심한 괴로움을 느끼게 하느니라.
그 지옥에서 한량이 없는 시간 동안 고통을 받은 뒤에 그곳으로부터 나와 또다시 오차(五叉)소지옥 속으로 들어가게 되느니라."

"오차소지옥은 어떤 곳인가요?"
"그 죄인들이 이 지옥 속에 들어가면, 때에 옥졸이 죄인을 잡아 가지고 높이 들어 올려서 때려눕힌 뒤에 활활 타는 뜨거운 쇠 땅 위에 붙박아 놓으니, 연기와 불꽃이 환히 일어나는 가운데 죄인은 그 속에서 기절하여 누워 버리고 마느니라. 옥졸은 이에 못 두 개를 그의 두 다리에 박으니, 열기와 불꽃이 이글거리며, 또 못 두 개를 그의 두 손에 박아 넣으니 불꽃 또한 훨훨 타오르니라. 또 배꼽 속에 쇠 못 하나를 내리치니 불꽃은 더욱 맹렬하게 타오르니라. 옥졸은 이에 다시 작살 다섯 개로 그 5체(體)를 찢으니 지독한 고통은 더할 나위가 없으나 그곳에서 목숨을 마치지 못하니, 악업이 아직 다하지 않았기 때문이니라.
한량이 없는 때를 지나고야, 오차소지옥으로부터 나오는데 다시 기아(飢餓)지옥으로 나아가게 되느니라."

"기아지옥은 어떤 곳인가요?"
"그 지옥에 죄인이 들어가면 그때 옥졸이 멀리서 그 사람이 밖에서 들어온 것을 보고 앞에 나아가 이렇게 묻느니라.
'너희들이 지금 이 안에 와서 바라는 것이 무엇인가?'
그 중생들은 모두 함께 대답하느니라.
'어진 이여, 우리들은 배가 고픕니다.'
그러면 옥졸은 죄인을 잡아다가 이글이글 타오르는 뜨거운 쇠 땅 위에 짓두드려 붙박아 놓느니라. 그때 죄인이 기절하여 누워 버리면 곧 쇠 재갈을 물려 그 입을 벌리고 뜨겁게 달아오른 쇳덩이를 입 속에 던져 넣느니라. 그러면 그 사람의 입술과 입은 순식간에 타버리니라. 입술을 태운 뒤는 혀, 턱, 목구멍, 심장, 가슴, 장, 위, 소장을 차례대로 태우고 아래로 빠져나오느니라.
그 쇳덩이는 몹시 뜨겁게 달아 있으며 여전히 시뻘건 모습은 처음 그대로와 같으니라. 그 중생들이 이때 엄청난 고초를 고루 받지만 목숨은 여전히 끝나지 않느니라.
한량이 없는 세월 동안 이런 고통을 받은 뒤에 이 기아소지옥으로부터 나와 초갈소지옥으로 나아가느니라."

"초갈소지옥은 어떤 곳인가요?"
"이 지옥에 들어가면 이때 옥졸이 멀리서 그 사람이 밖으로부터 오는 것을 보고 앞에 나와 묻느니라.
'너희들은 지금 무엇을 구하는가?'
'어진 이여, 우리는 지금 몹시 목이 마릅니다.'
그러면 이때 옥졸은 곧 죄인을 잡아서 이글이글 타오르는 뜨거운 쇠 땅 위에 짓두드려 붙박아 놓는데, 죄인이 세찬 불꽃 속에서 기절해 누워 버리면 곧 쇠 재갈을 물려서 그 입을 벌리고 시뻘건 구리즙을 입안에 붓느니라. 그 중생들의 입술과 입은 바로 타서 문드러지느니라.

입술과 입을 녹인 뒤에는 혀, 턱, 목구멍, 심장, 가슴, 장을 태우고서 곧바로 소장을 지나서 아래로 나오느니라.

그 중생들은 이때에 몹시 무거운 괴로움을 받느니라. 그 고통이 특이해서 생각하거나 말하기조차 어렵느니라. 그러나 그의 목숨은 다하지 않느니라.

그 지옥 속에서 무량한 세월을 지나도록 심한 고통을 받고 난 뒤에야 초갈(燋竭)지옥으로부터 나와 다시 농혈(膿血)지옥으로 나아가느니라."

"농혈지옥은 어떤 곳인가요?"

"그 지옥은 고름과 피가 두루 차서 깊기가 목구멍까지 닿으며 모조리 뜨겁게 끓어오르고 있는 곳이니라.

지옥의 중생들이 그 속에 들어간 뒤에 동서남북으로 뒤섞이어 달음박질을 하는데, 그 중생들이 이렇게 달릴 때에 손이 타고 발이 타며 귀가 타고 코가 타나니, 손발과 귀와 코가 탄 뒤에는 온갖 사지도 모두 다 타버리며, 그 몸의 마디마디가 탈 때에 그 죄인들은 커다란 괴로움을 받는데, 엄하고 혹독스럽기란 말할 수도 없고 생각할 수도 없는 지경이니라.

농혈지옥에 또 여러 벌레들이 있는데 최맹승(最猛勝)이라 하느니라.

이 벌레들은 그 지옥에서 죄를 받는 중생들을 몹시 괴롭히고 해치는데, 몸 바깥에서 들어가 먼저 그 피부를 찢고, 피부를 찢은 다음에는 살을 찢고, 살을 찢은 다음에는 힘줄을 찢고, 힘줄을 찢은 다음에는 그 골을 부수고, 골을 부순 다음에는 그 골수를 뽑아내어 연달아 먹어 치우니라. 농혈지옥의 모든 중생들은 주리고 목마름이 절박하므로 때로는 손으로 이렇게 펄펄 끓는 피고름을 움켜서 입에 넣기도 하느니라. 그러나 입속에 넣는 순간 그 사람의 입술과 입은 타 버리니, 뜨거운 피고름은 입술과 입을 태우고서 곧 그 턱을 태우고 목구멍, 가슴, 심장, 장, 위, 소장을 태우고나서 아래로 나오게 되느니라. 한없는 시간을 거치도록 심한 고통을 받고 난 뒤에 다시 일동부(一銅釜)지옥으로 들어가느니라."

"끔찍하기가 이루 말할 수 없네요. 한번 지옥에 들어가면 도대체 얼마나 긴 시간을 보내야 할까요?"
"죄인의 과보가 다 할 때까지 계속되느니라."

"일동부지옥은 어떤 곳인가요?"
"그 지옥으로 죄인이 들어오면 옥졸이 보고 바로 앞에서 붙잡아 가마 속에 던져 넣는데 머리는 모두 아래로 향하고 다리는 모두 위로 향하게 되느니라.
이 중생들이 끓는 물속에 있을 때에 지옥의 사나운 불은 지극한 모양으로 절박하게 핍박하니 끓어오를 때에도 달여지고 삶아지며, 끓으며 내려갈 때에도 달여지고 삶아지며, 중간에 있을 때에도 달여지고 삶아지느니라. 이리저리 오락가락하며 옮겨 가거나 움직일 때에도 달여지고 삶아지며, 끓는 물거품이 덮을 때에도 달여지고 삶아지느니라.
한량이 없는 세월을 거치도록 이런 고통을 다 받은 뒤에 다동부(多銅釜)소지옥으로 들어가게 되느니라."

"다동부소지옥은 어떤 곳인가요?"
"그 지옥으로 죄인이 들어오면 그때 옥졸이 와서 죄인을 붙잡아 다리는 위로 향하고 머리는 아래로 향하게 하여 구리 가마솥 속에 던져 넣느니라. 그러면 지옥의 사나운 불이 훨훨 타올라 달구는데, 끓어올라 위에 떠오를 때도 달여지고 삶아지며, 끓여져서 아래로 내려갈 때도 달여지고 삶아지며, 중간에 있을 때도 달여지고 삶아지며, 이리저리 뒤섞여 가려지거나 덮여서 보이거나 보이지 않는 이들도 언제나 달여지고 삶아지느니라.
이 다동부 5백 유순 소지옥 속의 중생들은 또 옥졸이 그 쇠 손톱으로 죄인을 걸러서 이 솥에서 저 솥으로 옮겨 가면서 차례로 삶느니라. 이 솥에서 나와 다른 솥으로 나아갈 때는 피고름과 가죽과 살이 이리저리 흐르고 흩어져 사라지니 오직 남는 것은 해골뿐이니라.
한량이 없는 세월을 거치면서 이런 고통을 받은 뒤에 바로 철애(鐵磑)지옥으로 들어가게 되느니라."

"철애지옥은 어떤 곳인가요?"
"그 지옥 속에 들어가고 나면 그때 옥졸이 바로 앞에 나와서 죄 받을 중생을 붙잡아 높이 쳐들어서는 짓두드려 쇠다듬잇돌 위에 붙박아 놓는데, 활활 타오르는 맹렬한 불꽃이 한꺼번에 태우니, 이에 죄인은 기절하여 쓰러지고 마느니라.
그때 옥졸은 다시 큰 돌을 가져서 죄인을 위에서 내리누르는데 누른 뒤에는 다시 또 누르고 그 뒤에 갈아 내고, 간 뒤에는 다시 또 가느니라. 그리하여 마침내 부수어서 가루를 만들며, 갈고 다시 갈아서 이에 가루 중에서도 가장 미세한 가루를 만드느니라.
이때가 되면 죄인의 몸에서는 기름과 피, 머릿골이 한편으로 터져서 흘러나오며, 미세한 뼛가루는 여전히 존재하는데, 그러는 동안에도 목숨의 과보는 끝나지 않으니, 언제나 아주 중한 고통을 받느니라.
한량없는 세월을 거치도록 이런 고통을 받은 뒤에 바로 함량(函量)지옥으로 들어가게 되느니라."

"함량지옥이란 어떤 곳인가요?"

"그 지옥 안에 들어가면 그때 옥졸이 죄인을 붙잡아 쇠 함에 넣고 그 속을 가득하게 불로 채우니, 함은 사납게 뜨거워지고 불꽃은 훨훨 타오르게 되느니라.
지옥의 죄인은 그 불이 채워질 때 손이 타고 다리, 귀, 코, 여러 뼈마디와 몸의 온갖 부분이 두루 타느니라. 불에 태워질 때 이 죄인들은 지극히 심한 고통을 받지만, 그 수명은 아직 다 마치지 못하느니라.
한량없는 세월을 거치면서 이런 고통을 받은 바로 계(雞)소지옥으로 들어가게 되느니라."

"계는 닭을 말하나요?"
"그러니라.
그 지옥에는 순전히 닭들이 생겨나 두루 채워지는데, 그 닭의 몸뚱이는 무릎과 종아리가 온통 뜨겁게 달아오르고 불꽃이 훨훨 타오르고 있느니라. 이 중생들이 그 속에 있으면서 이리저리 달아나는데 발로 뜨거운 불꽃을 밟으며, 사방을 돌아보고 바라보아도 의지할 곳이 없느니라.
큰 불이 훨훨 타오르니 손이 타고 다리가 타며, 귀가 타고 코가 타며, 이렇게 하여 차례로 뼈마디가 타고, 크고 작은 몸뚱이가 한꺼번에 타 버리느니라. 죄인은 이때에 몹시 지독하게 괴롭고 매우 심하고 지독스러운 고통을 받지만 그곳에서 목숨의 과보는 아직 끝나지 않느니라.
한량없는 세월을 거치면서 이런 고통을 받은 뒤에 바로

회하(灰河) 지옥으로 들어가느니라."

"회하지옥은 어떤 곳인가요?"
"회하(灰河)는 흐름이 빠르고 물결이 솟아오르며 그 소리는 울부짖듯 진동하고, 잿물은 끓어넘쳐서 양 언덕에 가득 넘쳐나느니라.
죄인이 들어가서는 흐름을 따라 나타났다 숨었다 하는데, 바닥은 온통 쇠가시로 이루어져 있고 그 끝은 날카로워서 모두 금방 날을 간 것과 같느니라.
하천 양 언덕에는 또 칼 숲이 있어서 무성하고 빽빽하여 참으로 두려움에 사로잡히게 하느니라. 칼 숲속에는 다시 개들이 있는데, 그 모양은 검고 가죽과 털은 더러우며 또 매우 무섭게 생겼느니라.
언덕 위에는 다시 많은 옥졸이 그 지옥을 지키고 있으며, 또 그 양 언덕에는 따로 한량없는 사마라 나무가 자라나 있는데, 그 나무에는 가시가 많으며 한결같이 날카롭고 길어서 그 끝이 갈린 것과도 같느니라.
그때 지옥의 중생들이 하천 가운데 들어가 저편 언덕으로 나아가려 하지만, 이때 갑자기 큰 물결이 일어나 빠져 들어가서 마침내 하천 바닥에 닿게 되느니라. 그러면 곧 하천에 있는 쇠 가시가 치밀어 올라 그 몸을 찌르고, 온몸을 빙 두르므로 죄인은 꼼짝하지 못하고 마느니라.
죄인이 그 속에 있으면서 매우 무거운 고통을 받으며 엄하고 지독한 괴로움을 받는데, 오래도록 고통을 받다가 바야흐로 물 위로 떠올라 나오게 되면, 끓어오르는 회하를 건너 저편 언덕에 닿으며, 언덕에 오르자마자 다시 칼 숲으로 들어가게 되느니라.

그 숲은 참으로 넓고, 가지와 줄기가 빽빽한데 숲 사이를 돌아다니면 날카로운 칼이 불쑥 나오니라. 곳곳에서 칼에 베이면서 지나가고 또 지나가도 끝이 없이 손을 베이고 다리를 베이며, 귀를 베이고 코를 베이며 뼈마디를 베이고 두루 몸뚱이를 베이니, 찢기지 않은 곳이 없느니라.

그때 그 사람은 지독한 고통을 받고, 몹시 무거운 괴로움을 받는데 온갖 악업 때문에 목숨 또한 마치지 못하며, 이 숲에서 모조리 받는 것이니라.

회화의 양 언덕에서 지옥을 지키는 이들이 그 죄인을 보고 곧 앞에 나타나 이렇게 묻느니라.

'너희들은 지금 무엇을 얻으려 하느냐?'

그때 죄인들은 한결같은 소리로 이렇게 대답하느니라.

'저희들은 너무나 배가 고픕니다, 저희들은 너무나 배가 고픕니다.'

그때 옥졸은 곧 죄인을 붙잡아 짓두드려서 땅에 눕히는데, 그 땅은 매우 뜨겁고 불꽃이 훨훨 타오르고 있느니라. 죄인이 그곳에서 기절하여 쓰러지자 또 쇠 재갈로 그 입을 벌리고 뜨거운 쇠뭉치를 가져다가 그 입안에 넣는데 이때 타고 지쳐지느니라.

그 중생들은 입술과 입이 타서 문드러지며 그 쇠뭉치는 목구멍으로부터 내려가 바로 소장까지 걸림없이 흘러 내려 가느니라.

그 사람은 그때 목숨 또한 마치지 않느니라.

또 이 회하의 양 언덕 위에 있는 개들은 그 몸은 검고 더러워서 너무나 소름이 끼치며, 흘겨보며 으르렁거리고 짖는데, 귀에 거슬리는 소리를 크게 내느니라. 그리고 그 지옥 중생들의 몸뚱이를 내려다보다가 온몸과 뼈마디, 모든 살을 갈기갈기 물어뜯어서 먹어 남을 것이 없게 하느니라.

그 사람들이 이 지옥에서 매우 혹독한 고통을 받으며 가장 극심하고 중한 괴로움을 받지만, 아직 목숨을 마치지 못한다. 악과 선하지 못한 업이 다하지 못하였기 때문이니, 옛날에 사람 몸이었거나 비인의 몸이었을 때 지었던 일체를 모조리 받는 것이니라.

그 지옥 속의 중생들은 이미 이와 같이 뜨겁게 끓어오르는 회하의 핍박을 받고, 또다시 날카로운 쇠 가시와 칼날의 빽빽한 숲에서 고생을 하고, 옥졸들과 검고 더러운 악한 개의 무리에게 갖가지로 재앙을 받지만 숨을 곳이 없느니라.

이에 다시 달아나서 사마라 나무에 오르면, 그 나무의 가지와 줄기는 순전히 쇠 가시로 되어 있는데, 그 끝은 가늘고 날카로워 모두가 금방 간 것과 같느니라. 그런데 끝은 죄다 아래로 향하여 있어서 그 몸을 뚫고 찌르며, 나무에서 내려가려 할 때는 이 쇠 가시들의 끝이 곧 위로 치켜서느니라. 그 중생들이 사마라 나무 위에 있을 때는, 다시 철취(鐵)라고 하는 까마귀들이 있다가 나무 위로 날아와서 그 죄인을 쪼는데, 먼저 그 머리를 쪼아 골을 깨뜨린 뒤에 그 뇌를 쪼아먹느니라. 그 사람이 이때 너무 극심한 고통을 받고 혹독한 괴로움을 받아 견디지 못하다가 곧바로 끓는 회하 속에 도로 떨어지게 되느니라. 그 사람이 이에 다시 물결에 휩쓸려 곧장 하천 바닥에 닿느니라. 하천 바닥에 닿으면 다시 쇠 가시에 뚫리고 찔리며, 찔리고 난 뒤에도 쇠 가시가 몸에 둘러 있어서 다시는 도망가지도 못하게 되며, 도리어 그 속에서 몹시 지독한 고통과 매우 혹독한 괴로움을 받게 되느니라. 지독한 고통을 받다가 온몸을 다하여 애써 일어나 회하를 건너 이편 언덕으로 달아나게 되느니라.

이편 언덕에 이르면 다시 칼 숲에 들어가며, 칼 숲에 들어가면 이때 다시 칼날이 그 몸을 베고 손을 베고 다리를 베며, 나아가 모든 뼈마디에 이르기까지 두루 베는데 다시 그 속에서 온갖 고통을 모조리 받지만 목숨 또한 끝나지 않느니라.

회하의 이편 언덕에서 옥졸들은 이미 지옥에서 죄 받은 중생들이 저편 언덕에서 온 것을 보고 바로 앞에서 이렇게 묻는다.

'무엇하러 멀리 왔느냐? 무슨 물건을 얻으려고 하느냐?'

그 중생들은 저마다 이렇게 대답하느니라.
'우리들은 목이 마르고 배가 고픕니다.'
그때 옥졸들은 곧 다시 그 중생들을 붙잡아 짓두드려 이글거리며 뜨겁게 달아오른 쇠 땅에 놓고서 밀어뜨려 눕히느니라. 죄인이 누우면 그 사람 몸 위에는 불길이 환히 솟구치며 이어 쇠 재갈로 그 입을 벌리고 녹인 붉은 구리즙을 그 입안에 들이붓느니라.

그때 그 지옥 중생들이 구리즙을 마시면, 곧 입부터 소장까지 태우며, 곧장 내려가 걸림 없이 몸 아래로 나오게 되느니라. 그 사람은 이때 몹시 커다란 고통을 받으며 수명은 다하지도 않고 없어지지도 않느니라.

한량없는 세월을 거치며 오래도록 고통을 받는데 이때 화합(和合)이라는 바람이 불어오느니라. 그 지옥 중생들을 불러서 언덕 가에 이르게 하며, 이렇게 차례로 하면 비로소 그 회하지옥을 벗어날 수 있게 되느니라. 그곳에서 나와서 달아나며 구호 받을 곳을 구하지만 그때 바로 작절(斫截)지옥으로 들어가게 되느니라."

"작절지옥은 어떤 곳인가요?"
"그 지옥으로 죄인이 들어가면 그 옥졸은 곧 죄인을 붙잡아 짓두드려 이글이글 타오르며 뜨겁게 단 쇠 땅 위에 붙박고 밀어뜨려 땅에 쓰러뜨린 뒤에 이글거리며 뜨겁게 달아올라 있고 시뻘건 불길이 소름끼치게 뿜어져 나오는 커다란 쇠도끼를 들고 그 지옥에서 죄를 받을 중생들을 깎아 내느니라. 손을 깎고 다리를 깎고 손과 다리를 한꺼번에 깎으며, 귀를 깎고 코를 깎고 귀와 코를 한꺼번에 깎으며, 뼈를 깎고 마디를 깎고 뼈마디를 한꺼번에 깎으며, 이렇게 차례로 온몸을 모두 깎아 내느니라.

그 중생들은 그때 몹시 지독한 고통을 받지만 목숨 또한 끝나지 않느니라. 그 지옥에 있는 중생들은 한량없는 세월을 거치면서 이런 고통을 받은 뒤에 작절소지옥으로부터 나오게 되느니라. 나와서는 그때 바로 검엽(劍葉)지옥으로 들어가느니라."

"검엽지옥은 어떤 곳인가요?"
"그 지옥에 들어가면 악업의 과보 때문에 갑자기 바람이 일어나 모든 쇠 잎에 불어오니, 마치 날카로운 칼처럼 되어 허공에서 떨어져 죄인의 온몸의 부분을 잘라 버리니라. 이른바 손을 자르고 다리를 자르고 손과 다리를 한꺼번에 자르며, 귀를 끊고 코를 자르고 귀와 코를 한꺼번에 자르며, 뼈를 끊고 마디를 끊고 뼈마디를 한꺼번에 끊느니라.

이때 죄인은 몹시 극심한 고통을 받고 혹독하기 그지없는 고통을 받지만 역시 목숨은 끝나지 않느니라.

또 그 검엽소지옥 중생들은 악업의 과보 때문에 철추 까마귀가 있다가 홀연히 날아와 그 중생의 두 어깨 위에 앉느니라. 그리하여 발로 그 어깨를 밟고 날개로 그 머리를 가리고서 쇠 부리로 그 죄인의 두 눈동자를 쪼아서 입에 물고 가버리니라. 그때 죄인은 몹시 심한 고통을 받는데, 아픔과 괴로움이 너무나 혹독하여 말할 수도, 생각할 수도 없게 되느니라. 그러나 그 수명 또한 아직 끝나거나 다하지도 않느니라.

그 지옥의 중생들은 한량없는 세월을 거치면서 이런 고통을 받은 뒤에 비로소 검엽소지옥으로부터 나오는데, 그때 다시 호랑(虎狼)지옥으로 들어가게 되느니라."

"호랑지옥은 어떤 곳인가요?"
"이 지옥에 들어가면 악업의 과보 때문에 지옥에서 여우와 이리를 만나게 되는데, 아주 사납고 사악하며 죄인을 노려보면서 으르렁거리는데 그 소리는 너무나도 무섭고 두려우니라. 여우와 이리들이 지옥 중생들의 몸을 갉아먹는데 모든 살과 힘줄과 맥을 발로 밟고 입으로 끌며 잘게 저며서 먹느니라.

그때 죄인들은 너무나 모진 고통을 받고 아픔과 괴로움이 혹독하기 그지없지만 목숨 또한 아직 끝나지 않느니 라.

그 지옥의 중생들은 한량없는 세월을 거치면서 이런 고통을 받은 뒤에 호랑소지옥으로부터 나오게 되느니라. 그때 다시 한빙(寒氷)지옥으로 들어가게 되느니라."

"한빙지옥이란 어떤 곳인가요?"

"그 지옥에 들어가면 악업의 과보 때문에 갑자기 차가운 바람이 사면에서 불어오는데 몹시 찬 기운이 매우 거세고 혹독하게 불어닥쳐서 그 지옥 중생들의 몸뚱이와 부딪치게 되느니라.

찬바람이 닿는 곳마다 가죽은 찢어져 갈라지고, 가죽이 찢어져 갈라지면 다음에는 살이 찢어지고, 살이 찢어져 갈라지면 다음에는 힘줄이 끊어지고, 힘줄이 끊어지고 갈라지면 다음에는 뼈가 부서지고, 뼈가 부서져 갈라지면 다음에는 골수가 깨어지느니라.

골수가 깨어져 갈라질 때 그 중생들은 너무나 모진 고통을 받고 혹독하기 그지없이 괴로워하며 어마어마한 고통은 견뎌낼 수가 없게 되느니라. 곧 이 지옥에서 수명은 완전히 끝이 나게 되느니라.

이것이 활(活)대지옥과 나머지 열여섯 소지옥들이니라."

"말씀만 듣는데도 모골이 송연하고 진저리가 쳐집니다. 도대체 상상할 수도 없는 그런 고통을 받는다니 절대로 지옥에는 가지 말아야겠다는 생각을 하게 됩니다.
스승님, 부처님의 말씀이 모두 사실일까요?"
"그러니라. 부처님의 말씀은 한마디도 허언이 없느니라."

"두번째 대지옥인 흑승대지옥은 어떤 곳인가요?"
"흑승(黑繩)대지옥에도 열여섯의 5백 유순 소지옥들이 있어서 서로 둘러싸고 있느니라. 흑운사지옥으로부터 마지막 열여섯번째 한빙지옥까지를 하나의 권속으로 삼느니라.

그 흑승대지옥 안에 중생이 들어가면 허공에서 홀연히 성글고 커다란 검은 밧줄이 생겨나느니라. 그 밧줄은 불길이 거세게 타오르며 뜨겁게 달아 있어서 마치 검은 구름이 공중에서 나오면서 칠흑 같은 어둠이 꽉 차서 아래로 내려가 땅에 닿는 것과 같느니라.

이 검은 밧줄은 전부 지옥에 있는 중생들의 몸 위에 떨어지는데, 몸 위에 떨어질 때, 곧 죄인의 몸의 온갖 부분을 태우나니, 먼저 그 가죽을 태우고, 다음에 살을 태우고, 다음에 힘줄을 태우고, 다음에 뼈를 태우고, 뼈가 탈 때 골수에까지 이르게 되는데, 그 골수가 곧 흘러나와 불에 타며, 골수가 탈 때 거대하고 사나운 불길이 일어나게 되느니라.

그때 죄인은 몹시 혹독한 고통을 받고 너무나 무거운 괴로움을 받게 되지만 죄업 때문에 목숨 또한 아직 끝나지 않느니라.

또 그 흑승대지옥에 있는 중생으로서 나는 이거나 있는 이거나 머무르는 이거나 화생[化]한 이들은 지난 세상의 선하지 못한 과보 때문에 옥졸들이 그 죄인을 붙잡아 짓두드려 이글이글 달아오른 뜨거운 쇠 땅 위에 붙박아 놓으면 불길이 맹렬하게 온몸을 태우느니라. 그러면 죄인을 밀어뜨려 눕힌 뒤에 뜨거운 쇠줄로 곳곳을 가지런히 재며,

가지런히 재고 난 뒤에는 뜨겁게 달아올라 불꽃이 튀며 이글거리는 쇠도끼로 이리저리 찍느니라.

그리하여 그 지옥 중생의 몸뚱이를 두 조각으로 만들기도 하고, 혹은 세 조각, 네 조각, 다섯 조각에서 나아가 열 조각까지 내기도 하고, 혹은 스무 조각이나 쉰 조각, 혹은 다시 백 조각으로 만들기도 하느니라.

그때 죄인은 모진 아픔에 시달리고 극심한 괴로움을 받지만 목숨 또한 아직 끝나지 않았느니라.

또 그 흑승대지옥 안에 있는 중생으로서 있는 이거나 화생[化]한 이거나 머무르는 이들은, 여러 옥졸이 그 사람을 붙잡아 짓두드려 이글거리며 달아오른 뜨거운 쇠 땅 위에 붙박아 놓으면 밀어뜨려 땅에 눕힌 뒤에 검은 쇠줄로 그 몸을 가지런히 재느니라. 가지런히 잰 뒤에는 또 뜨겁게 달아오르고 불꽃이 이글거리는 톱으로 가지런히 잰 곳을 의지하여 그 몸을 가르는데, 톱질한 뒤에 다시 톱질하고 나아가 크게 톱질하며, 곧 이어서 나눈 뒤에 다시 나누고 나아가 크게 나누며, 혹은 가르거나 끊기도 하고, 가르고 끊은 뒤에 다시 가르고 끊어 극히 가늘게 가르고 끊느니라.

그 흑승대지옥에 있는 중생으로서 나는 이거나 있는 이거나 머무르는 이들은, 옥졸들이 그 사람을 붙잡아 짓두드려 이글이글 달아오른 뜨거운 쇠 땅 위에 붙박아 놓으면 밀어뜨려 땅에 눕힌 뒤에 검은 쇠줄로 가지런히 재고 열어 헤쳐서 곧 맹렬한 불길이 거세게 타오르는 톱으로 그 몸을 톱질하느니라.

또 그 흑승대지옥 안에 있는 중생으로서 나는 이거나 있는 이거나 머무르는 이들은, 옥졸들이 이글이글 타오르며 불꽃이 번쩍이는 뜨겁고 커다란 철퇴를 죄인들에게 맡겨서 그들로 하여금 각각 서로 치고 때리게 하느니라.

서로 칠 때에 손이 타고 다리가 타고 손과 다리가 두루 타며, 귀가 타고 코가 타고 귀와 코가 두루 타며, 몸의 사지가 타고 마디가 타고 사지와 뼈마디가 두루 타느니라.

또 그 흑승대지옥에 있는 중생으로서 나는 이거나 있는 이거나 머무르는 이들은 악업의 과보 때문에 허공에서 거대한 검은 밧줄이 공중으로부터 나오는데 연기와 불꽃이 훨훨 타오르며 맹렬한 기세로 이글거리며 지옥 중생의 몸뚱이 위에 떨어지느니라.

검은 밧줄이 닿는 순간 그대로 죄인의 몸을 묶어 버리는데, 얽은 뒤에 다시 얽고 나아가 크게 얽으며, 맨 뒤에 다시 매고 나아가 크게 매어 버리고 마느니라. 묶고 나면 다시 어떤 바람이 불어와서 밧줄을 푸는데 줄이 풀릴 때에 그 중생들의 피부가 모두 깎이며, 피부가 깎인 뒤에 살도 따라서 깎이고, 살이 깎인 뒤에는 그 힘줄이 뽑히느니라.

그리하여 뼈를 부수고, 힘줄과 뼈를 부순 뒤에 바람이 그 정수(精髓)에 불면 바람을 따라 흩어지고 마느니라.

그 지옥에 있는 중생들은 한량없는 세월을 거치면서 오랜 고통을 받다가 비로소 흑승대지옥으로부터 나오는데 나오게 되면 그 즉시 열여섯 개의 소지옥에 들어가느니라."

"합대지옥은 어떤 곳인가요?"
합(合)대 지옥에는 백양구(白羊口)라고 하는 두 개의 큰 산이 있느니라. 연기가 타오르고 열기를 사납게 내뿜으며 불길이 기세 좋게 타오르고 있느니라. 그때 옥졸은 죄인을 내몰아 이 산 속으로 들어가게 하는데, 산 사이에 들어가자마자 두 산은 마침내 합쳐지며 다시 서로 부딪치고, 또 서로 치며, 다시 서로 갈리느니라.

그때에 그 두 산은 이와 같이 함께 합해져서 서로 부딪치고 서로 치고 서로 문지르고 갈린 뒤에 다시 본래의 장소로 돌아가느니라.

그 지옥 안에 있는 중생들은, 산이 합하여 부딪치고 때리고 갈리던 때에 몸뚱이에는 온통 피고름이 흐르며, 흩어져서 오직 부서진 뼈만이 남게 되느니라. 그 사람은 이때 아주 모질고 지독한 고통을 받지만 목숨 또한 끝나지 않으며 차례로 모두 받느니라.

또 거기 여러 합대지옥에 있는 중생으로서 나는 이나 머무르는 이가 있으면 옥졸이 그 지옥 중생들을 붙잡아 짓두드려 이글이글 타오르고 뜨겁게 달아오른 쇠 위에 붙박느니라. 불꽃이 기세 좋게 타오르고 연기가 일며 시뻘겋게 달아올라 무섭기 짝이 없는 그 쇠 위에 죄인을 밀어뜨려 눕힌 뒤에 다시 더 기세 좋게 불길이 타오르고 있는 큰 쇠를 가져와서 그 위에 덮느니라.

그때 그 사람은 아주 모질고 지독한 고통을 받지마는 목숨 또한 끝나지 않느니라.

그 많은 합대지옥 안에 있는 중생으로서 나는 이나 있는 이나 머무르는 이들은 옥졸이 그곳의 중생들을 붙잡아 짓두드려 맹렬하게 달아오른 큰 쇠 구유 속에 붙박는데, 그 구유는 불길이 훨훨 타오르며 한결같이 시뻘건 불길을 내뿜느니라.

구유 속에 붙박아 놓은 뒤에 마치 세간의 모든 사탕수수와 참깨를 짜는 법과 같이 그렇게 누르느니라. 누른 뒤에 다시 누르고 마침내 크게 누르기까지에 이르는데, 그 죄인들은 눌려진 뒤에는 오직 피고름만이 한편에 흘러 있고, 모든 해골이 다 가루 찌꺼기가 된 것만을 보게 되느니라.

죄인은 그때 아주 모질고 지독한 고통을 받는데 목숨 또한 아직 끝나지 않았느니라.

또 거기 여러 합대지옥 안에 있는 중생으로서 나는 이나 있는 이나 머무르는 이들은 옥졸이 그곳의 중생들을 붙잡아 쇠 절구 속에 던져 넣느니라. 그 절구는 불길이 훨훨 타오르고 세찬 불꽃이 번쩍이며, 또 시뻘겋게 달아오른 쇠 절굿공이로 그 죄인을 찧느니라. 찧은 뒤에 다시 찧고 나아가 크게 찧으며, 갈고 다시 갈고 나아가 크게 갈며, 찧고 간 뒤에는 마침내 부수어서 가루로 만드는데, 이와 같은 가루를 가루로 만든 뒤에 더욱 가루로 만들며 다시 미세한 가루로 만들며, 갈아서 가루로 만들 때 오직 피고름이 한편으로 죽죽 흐르는 가운데 여전히 부서진 뼛가루가 남아 있는 것만을 보게 되느니라.

그때 죄인은 아주 모질고 혹독한 고통을 받는데 그때에 목숨 또한 끝나지 않고 온갖 고통을 모두 다 받느니라.

또 거기 여러 합대지옥에 있는 중생으로서 나는 이나 있는 이나 머무르는 이들은 이때 위 허공에서 쇠로 만들어진 거대한 코끼리가 저절로 나타나서 내려오는데, 불길이 맹렬하게 타오르며 사납고도 씩씩하며 불꽃이 온몸에서 번쩍이고 있느니라. 코끼리는 그 두 다리로 그곳 지옥 중생들의 몸을 밟는데 머리에서 발까지 차례로 밟으니, 먼저 해골을 밟고 뒤에 다른 곳을 밟는데, 밟고 또 밟고 크게 밟느니라.

코끼리가 밟을 때, 그 지옥의 중생 몸에서는 피고름이 흘러서 여러 곳에 퍼지고 오직 부서진 뼈만 한편에 남아 있느니라. 그때 죄인은 극심한 고통을 받으니 목숨 또한 아직 끝나지 않느니라.

한량없는 세월을 거치면서 오랜 고통을 받고, 이 고통이 끝나야만 비로소 합대지옥에서 나오는데, 나와서는 다시 소지옥 속으로 들어가게 되느니라."

"규환(叫喚)지옥이란 어떤 곳인가요?"

"규환대지옥에 있는 중생으로서 나는 이나 있는 이나 머무르는 이들은, 그 옥졸이 한꺼번에 이 중생들을 내몰아 쇠로 만든 성에 들어가게 하느니라.
그 성은 불길이 훨훨 타오르고 있으며, 뜨거운 쇠에서 세찬 불길이 일고 불꽃이 매우 번쩍거리느니라.
그때 죄인은 쇠 성에 있으면서 아주 모질고 극심한 고통을 받는데, 여러 가지 고통이 바싹 죄어드니 견뎌낼 수 없기 때문에 항상 울부짖느니라. 이 때문에 규환지옥이라 하느니라. 또 그 지옥에는 쇠로 집을 만들었고, 방과 수레도 모두 쇠며, 누각과 동산이며 못까지도 모조리 숯불이므로 불길이 훨훨 타오르며 불꽃을 뿜으니 위아래가 환히 비치느니라.
옥졸이 죄 받는 중생들을 내쫓아서 그 안에 들어가게 하면 온갖 고통이 절박하여 참을 수가 없어 울부짖으니, 그 때문에 규환지옥이라고 하느니라.
죄인이 그 속에서 참으로 무거운 고통을 받으나 목숨 또한 끝나지 않느니라.
한량없는 세월을 지나다가 비로소 이 규환지옥에서 나오게 되는데 그 즉시 여러 소지옥으로 들어가게 되느니라."

"대규환지옥은 어떤 곳인가요?"
"대규환대지옥에 있는 중생으로서 나는 이나 있는 이나 머무르는 이들은, 여러 옥졸들이 그 중생들을 모두 붙잡아 또한 쇠로 만들어진 성에 던져 넣는데 그 성은 불길이 기세 좋게 타오르고 매우 뜨거우며 위아래가 거센 불꽃으로 환히 비치고 있느니라.

죄인은 그 속에서 극심한 고통을 받아 온갖 괴로움이 절박하여 참을 수가 없으므로 마침내 크게 부르짖으니, 이 인연 때문에 그 지옥을 대규환이라 부르는 것이니라.

그 지옥 안에도 뜨거운 쇠로 집이 이루어져 있으며, 방과 수레, 누각이 모조리 쇠인데 숯불이 기세 좋게 타고 가득 차서 이글거리니라. 죄인이 안에서 극심한 고통을 받는데 목숨 또한 다하지 않느니라.

또 그 지옥의 중생들이 오랜 고통을 받으면서 한량없는 때를 지나다가 비로소 이 대규환대지옥으로부터 나오게 되는데 나오자마자 여러 소지옥으로 들어가게 되느니라."

"열뇌지옥은 어떤 곳인가요?"

"열뇌대지옥에 있는 중생으로서 나는 이나 있는 이나 머무르는 이들은, 여러 옥졸이 그 중생을 잡아 던져서 기세 좋게 타오르고 뜨겁게 달아 있는 가마 속에 붙박느니라. 머리는 모두 아래로 향하고 다리는 모두 위로 향하게 하며, 물이 끓어 솟아오르고 한결같이 매우 뜨거운데, 죄인은 그 안에서 달이고 삶아져서 극도로 뜨거운 괴로움[熱惱]을 받으니, 그 때문에 열뇌지옥이라 하느니라.

또 그 지옥 안에는 쇠 가마와 쇠 독과 쇠 동이와 쇠 항아리와 쇠솥과 쇠번철들이 많이 있는데, 모두 훨훨 타오르고 있으며 한결같이 뜨겁게 달아 있느니라. 죄인이 이 안에서 타고 삶아지기 때문에 열뇌지옥이라 하는 것이니라.
이 지옥 안에서 아주 모질고 혹독한 고통을 받지만 목숨 또한 끝나지 않으니, 아직 다하지 못한 그 사람의 악과 선하지 못한 업을 이렇게 차례로 모두 받느니라.
한량없는 세월을 지나면서 오래오래 고통을 받고서야 비로소 열뇌대지옥에서 나오게 되느니라. 나온 뒤에는 그 즉시 여러 소지옥으로 들어가게 되느니라."

"대열뇌지옥은 어떤 곳입니까?"
"대열뇌대지옥의 중생들로서 나는 이나 있는 이나 머무르는 이들은, 옥졸들이 그 중생을 잡아서 머리는 아래로 하고 다리는 위로 향하도록 거꾸로 가마 속에 던져 넣느니라. 그 가마는 몹시 달아 있으며 뜨거운 물과 불이 함께 훨훨 타오르는데, 그에 충격을 받은 죄인은 끓여지는 대로 오르내리니라. 이때를 당하여 죄인은 극도로 뜨거운 괴로움[極大熱惱]과 극도로 크게 뜨거운 괴로움과 크고도 크게 뜨거운 괴로움을 받나니, 그 때문에 대열뇌지옥이라고 하는 것이니라.
또 그 지옥 안에 있는 쇠 독과 쇠 동이와 쇠 가마와 쇠솥과 쇠냄비도 모두 훨훨 타오르며 기세 좋게 달아 있는데 죄인을 그 속에 던져 넣으면, 죄인은 그때 지옥의 불에 삶아지거나 달여져서 온갖 고통을 받으며, 괴로워한 뒤에 다시 괴로워하고 아주 크게 괴로워하니, 그 때문에 가장 치열하게 불길이 타오르고 기세 좋게 달아 있어 지극히 괴로워하는 지옥이라고 하는 것이니라.
죄인은 그곳에서 아주 혹독한 고통을 받으며 이에 목숨을 마치기에 이르니, 이렇게 차례로 여러 가지 고통을 모두 받느니라.
한량없는 세월을 거치면서 길고도 먼 갈래[道] 속에서 온갖 고통을 받고서야 비로소 이렇게 불이 치열하고 맹렬하게 타오르는 극대열뇌(極大熱惱)대지옥에서 나오게 되느니라. 나온 뒤에는 그 즉시 열여섯 개의 소지옥을 유전하게 되느니라."

"아비지대지옥은 어떤 곳입니까?"
"아비지대지옥은 중생의 악업과보 때문에 저절로 태어나는 곳이니라.
그러면 옥졸들이 각각 두 손으로 그 지옥 중생의 몸을 붙잡아 짓눌러서 불길이 치열하게 타오르고 시뻘겋게 달아오른 쇠 땅 위에 붙박느니라. 오로지 세차게 타오르는 불길이 곧바로 위로 치솟는데 얼굴을 땅에 대게 하고 날카로운 칼을 가져다 다리의 복사뼈 위로부터 그 힘줄을 끊어내어 손으로 잡아당겨서 목의 힘줄까지 이르는데, 모두 서로 연달아 끌리고 심장과 골수를 관철하니 아픔과 괴로움은 이루 말할 수가 없느니라.

이렇게 끌어당긴 뒤에 쇠수레에 타게 하여 달음박질을 치면 그 수레는 매우 뜨겁고 불꽃이 기세 좋게 훨훨 타오르는 가운데 그를 데리고 한량없는 유순을 지나가는데 가는 곳마다 순전히 훤하게 불이 타오르고 이글이글 달아오른 쇠로 된 험한 길이 있느니라.

가고 또 가는데, 옥졸의 뜻에 따라 잠깐도 머무르는 때가 없으며 어느 쪽이건 향하려고 하면 뜻대로 가게 되며, 어느 곳으로 가거나 이르더라도 옥졸은 그를 끌어당겨서 한 번도 버리고 떠나는 일이 없느니라. 이렇게 갈 때 거쳐온 곳마다 죄인의 몸이 녹아 없어지니 더 이상 살과 피는 남는 것이 없게 되느니라.

이 인연으로 매우 혹독한 괴로움과 지극히 무겁고 견딜 수 없는 고통을 받는데, 뜻으로는 고통을 좋아하지 않지만 목숨 또한 아직 죽지도 않으니 아직 그 악업이 다하지 못하였기 때문이니라.

이 아비지대지옥에 있는 중생으로서 나는 이나 있는 이나 화생한 이나 머무르는 이는 그 선하지 못한 업의 과보 때문에 동쪽에서 큰 불덩이가 갑자기 생겨 나오는데, 시뻘겋게 타오르며 거세게 불길을 내뿜어 한결같이 번쩍이고 있느니라.

이렇게 차례로 남쪽·서쪽·북쪽과 네 간방[四維]과 위와 아래에서 저마다 모두 아주 큰 불덩이가 훨훨 타며 나오는데 불꽃이 매우 번쩍이고 있느니라.

죄인이 그때 이 사방의 온갖 불덩이에 둘러싸여 있다가 불덩어리가 점점 가까이 다가와서 그 몸에 닿으니, 이 때문에 여러 아픔과 고통을 받게 되느니라. 나아가 크고 모질고 절박한 고통을 받지만 목숨 또한 아직 죽지 않느니라.

이 아비지대지옥의 중생으로서 나는 이나 있는 이나 머무르는 이는 악업의 과보 때문에 동쪽 벽으로부터 큰 불꽃이 나와 곧바로 서쪽 벽을 비추어 다다른 뒤에는 머무르고, 서쪽 벽으로부터 큰 불꽃이 나와 곧바로 동쪽 벽을 비추어 다다른 뒤에는 머무르며, 남쪽 벽으로부터 큰 불꽃이 나와 곧바로 북쪽 벽을 비추고, 북쪽 벽으로부터 큰 불꽃이 나와 곧바로 남쪽 벽을 비추느니라. 아래로부터 위를 비추고 위로부터 아래를 비추면서 가로 세로로 닿고 위아래로 엇걸려서 비치는데, 뜨거운 빛이 번쩍거리며 타오르는 불꽃이 서로 부딪치게 되느니라.

이때 옥졸이 죄인들을 여섯 가지 큰 불덩이 속에 던져 넣는데, 이 죄인들은 아주 모질고 절박한 고통을 받지만 목숨 또한 아직 마치지 못하느니라.

이 아비지대지옥 안의 중생들로서 나는 이나 있는 이나 머무르는 이들은 악업의 과보 때문에 한량없는 때를 지나면서 오랜 고통을 받게 되느니라.

그때 곧 지옥 동쪽 문이 갑자기 저절로 열리는 것을 보는데, 이 중생들은 문이 열리는 소리를 듣고 또 문이 열린 것을 보고는 달려 나아가며, 달리고 또 달리고 아주 빨리 달리면서 각자 이렇게 말하느니라.
'우리들이 저곳에 이르면 반드시 벗어날 수 있을 것이다. 우리들이 이제 만약 저곳에 다다르면 참으로 기쁘고 행복할 것이다.'
그 중생들이 이와 같이 달릴 때, 달리고 또 달릴 때, 아주 빨리 달릴 때 그 몸은 오히려 더욱 훨훨 타오르게 되느니라. 그 중생들이 이렇게 달릴 때나 빨리 달릴 때에 몸의 모든 뼈마디가 더욱더 세차게 타고, 발을 올릴 때는 살과 피가 떨어져 흩어지다가 발을 내릴 때는 살과 피가 도로 생겨나느니라.

또 그 중생들이 이와 같이 달려가서 문에 다가가려 할 때에는 죄업의 힘 때문에 문이 저절로 닫히느니라.

죄인은 그때 그 지옥 안에서 불길이 세차게 타오르며, 뜨겁게 달아오른 쇠 땅 위에 기절하여 엎어지는데, 얼굴을 바닥에 대고 쓰러지느니라. 엎어지면 곧바로 그 가죽이 타며, 가죽이 타면 살이 타고, 살이 타면 그 힘줄이 타며, 힘줄이 타면 그 뼈가 타며, 뼈가 타면 그 골수까지 사무치느니라. 골수까지 사무칠 때에 오직 연기가 나는 것만이 보이며, 연기가 난 뒤에 다시 나고, 연기에서 마침내 불이 나게 되느니라.

죄인은 안에서 차례로 아주 모진 고통을 받지만 목숨 또한 아직 끝나지 않느니라.

이 아비지대지옥 안의 중생들로서 나는 이나 있는 이나

머무르는 이들이, 여러 선하지 못한 업의 과보 때문에 한량없는 때를 지나면서 길고 먼 길[道] 가운데서 여러 고통을 받고 나면 지옥의 네 문이 도로 다시 열리게 되느니라. 문이 열릴 때 그 지옥 안의 중생들은 문 열리는 소리를 듣고 문을 향하여 달려가느니라. 달리고 또 달리며 온 힘을 다해 달리면서 이렇게 생각하느니라.
'우리들은 이제 이곳에서 반드시 벗어나야 한다. 우리들은 이제 꼭 끝내고 마쳐야 한다.'
그 사람이 이와 같이 하며 온 힘을 다해 달려갈 때 그 몸은 더욱더 치열하고 맹렬하게 타오르느니라.
그가 발을 들려고 하면 살과 피가 모두 흩어지고, 발을 내리려고 할 때 살과 피가 도로 생기며, 지옥 문에 닿으면 그 문은 도로 닫히게 되느니라.
그 중생들은 이 치열하게 타오르고 시뻘겋게 달아오른 쇠 땅 위에서 한결같이 줄달음질을 치지만 나올 수가 없으니, 그 마음은 괴롭고 어지러워서 얼굴을 덮고 땅에 넘어지느니라.
땅에 넘어지면 몸의 가죽이 두루 타며, 가죽이 타면 다음에는 살이 타고, 살이 타면 또 뼈가 타며 골수에 사무친다. 연기와 불꽃이 환히 타오르는데 연기가 자욱하게 일어나고, 불꽃은 세차게 타오르는데 연기와 불꽃이 서로 섞이니, 뜨거운 괴로움은 다시 갑절이 되느니라.
그 사람이 안에서 아주 모진 고통을 받나니 목숨을 마치

거나 다하지도 못하느니라.

이 아비지대지옥 안에 있는 중생들로서 머무르는 이들은 선하지 못한 업의 과보의 힘 때문에 지옥의 불에 훨훨 타게 되느니라. 그때 눈으로 보는 색(色)은 모두 뜻에 좋아하지 않는 것뿐이니라. 뜻에 좋아할 만한 것은 전혀 앞에 나타나지 않으며, 사랑할 만한 색이 아니며, 선하지 않은 색이 언제나 닥쳐와서 괴롭히게 되느니라.

귀에 들리는 소리, 코로 맡게 되는 냄새, 혀로 알게 되는 맛, 몸으로 느끼는 촉감과 뜻으로 생각하는 법이 모두 마음과 뜻에 기뻐하지 않는 것이며, 뜻으로 기뻐하지 않는 것이고 사랑할 만한 법이 아닌 것이 언제나 앞에 나타나니, 무릇 있는 경계는 모두 좋지 않느니라.

그 사람이 안에서 이런 인연으로 항상 너무나 무겁고 힘난하기 그지없는 괴로움을 받나니, 그 색깔이 나쁘기 때문에 그 촉감도 그러하며 수명도 아직 다 마치지 못하는 것이니라.

무슨 인연이 있기에 아비지지옥을 아비지라고 부르는가?

이 아비지대지옥 안에는 언제나 잠깐 동안이라도 안락하는 일이 없으며 손가락 한 번 튀기는 시간만큼도 그러하다. 그러므로 이 대지옥을 아비지라고 하며, 이렇게 하여 차례로 모든 괴로움을 다 받는 것이니라.

한량없는 때를 지나서 아비지지옥에서 나오지만 그 즉시 여러 소지옥으로 들어가게 되느니라.

두 개의 철위산 사이에 또한 열 가지 지옥이 있느니라. 이른바 알부타(頞浮陀)지옥, 니라부타(泥羅浮陀)지옥, 아호(阿呼)지옥, 호호파(呼呼婆)지옥, 아타타(阿)지옥, 소건제가(搔揵提迦)지옥, 우발라(優鉢羅)지옥, 구모타(拘牟陀)지옥, 분다리(奔茶梨)지옥, 파두마(波頭摩)지옥이니라.

알부타지옥의 중생들은 모든 몸의 생김새가 마치 거품과 같으니, 그 때문에 알부타라고 하느니라.
니라부타지옥의 중생들은 모든 몸의 생김새가 마치 얇게 저민 살덩이와 같으니, 그 때문에 니라부타라 하느니라.
아호지옥 중생들은 모질고 절박한 고통을 받으며 핍박을 받을 때에 울부짖으면서 '아호(阿乎), 아호(阿乎), 너무나 지독한 괴로움이구나.'라고 말하느니라. 그 때문에 아호지옥이라고 하느니라.
호호파지옥의 중생들은 그 지옥에서 지독한 괴로움을 당할 때 울부짖으면서 '호호파(呼呼婆), 호호파(呼呼婆)'라고 하느니라. 그 때문에 호호파지옥이라고 하느니라.
아타타지옥 안의 중생들은 지독한 괴로움이 그 몸에 절박하기 때문에 그저 부르짖기를 '아타타(阿), 아타타(阿)'라고 할 뿐이니라. 그러나 그것은 혀를 굴리는 소리일 뿐 소리는 밖으로 나오지 못하니, 그 때문에 아타타지옥이라고 하느니라.
소건제가지옥의 세찬 불꽃의 빛깔이 마치 소건제가꽃과 같으니, 그 때문에 소건제가지옥이라고 하는 것이니라.
그 우발라지옥의 세찬 불꽃의 빛깔이 마치 우발라꽃과 같으니, 그 때문에 우발라지옥이라고 하느니라.
구모타지옥의 세찬 불꽃 빛깔이 마치 구모타꽃과 같으니, 그 때문에 구모타지옥이라고 하는 것이니라.
분다리지옥의 세찬 불꽃 빛깔이 마치 분다리꽃과 같으니, 그 때문에 분다리지옥이라고 하느니라.
파두마지옥의 세찬 불꽃 빛깔이 마치 파두마꽃과 같으니, 그 때문에 파두마지옥이라고 하는 것이니라.
파두마지옥이 머물러 있는 곳에서 만약 중생들이 그 처소에서 1백 유순 떨어져 있을 때는, 그 지옥 불길이 미치게 되느니라. 만약 50유순 떨어져 머무는 중생이라면 그 불의 훈기를 받아 모두 맹인이 되어 눈이 없어지며, 만약 25유순 떨어져 머무는 중생이라면 몸의 살과 피가 타버려서 부서지고 흩어지느니라."

"두 개의 철위산 사이에 그와 같은 지옥들이 있다면 철위산을 없애면 지옥계도 사라지지 않겠습니까?"
"그렇지 않느니라. 철위산이 없으면 4주 세계가 소멸하게 되느니라."

"철위산은 중생들의 부정의식으로 생겨났다 하셨는데 그 철위산이 4대주를 보호해줍니까?"

"중생들의 부정성으로 생겨난 철위산은 음기로 이루어진 암흑에너지이니라. 그 철위산은 아수라계를 형성하고 있는 공간이고 이 철위산은 지옥계의 철위산이니라."

"그러니까 에너지로 이루어진 철위산과 물질로 이루어진 철위산이군요?"
"그러니라."

"그렇다면 지옥계의 철위산은 어떤 역할로써 4대주를 보호하게 되나요?"
"세계의 중간에 여러 바람이 있으니 그 중의 하나가 열뇌(熱惱)이니라.
저 여러 바람이 만약 이 4주(洲) 세계에 불어닥치면, 이 4주 세계에 있는 중생으로서 나는 이거나 머무르는 이들의 온갖 몸뚱이는 모조리 흩어져 무너지고 스러져서 남는 것이 없게 되느니라.
다만 내철위산(鐵圍山)과 대철위산이 막아 주기 때문에 그 바람이 여기까지 불어오지 않는 것이니라.
철위산과 대철위산이 이와 같이 가장 큰 이익을 지을 수 있는 것은 이 4주(洲)의 네 세계의 중생들이 의지(依止)의 업을 지었기 때문이니라.
세계의 중간에 있는 여러 바람이 그 지옥에서 타고 삶아지는 중생들에게 불면 몸의 살과 기름과 골수와 온갖 깨끗하지 못하고 냄새나고 더러운 기운은 너무나도 끔찍하고 추악하니라. 그 바람이 만약 이 4주 세계 가운데 와 닿으면, 4주 세계에 있는 중생들은 모두 맹인이 되어 눈이 없어지니, 그것은 더러운 기운이 아주 사납고 맹렬하기 때문이니라. 그러나 철위산과 대철위산의 두 산이 막아서 바람을 차단해 주기 때문에 여기까지 오지 않는 것이니라. 그 안의 철위산과 대철위산의 두 큰 산이 이 4주 세계의 중생들을 위하여 이와 같이 가장 큰 이익을 지을 수 있는 것은 중생들이 의지의 업을 이루었기 때문이니라.

세계의 중간에 또 하나의 큰 바람이 있는데, 승가다(僧伽多)라고 하느니라. 그 바람이 만약 이 세계까지 와 닿으면 곧 이 세계의 4대주(大洲)와 8만 4천의 여러 나머지 소주(小洲) 및 다른 큰 산과 수미산이 모조리 바람에 날려 땅에서 1구로사(俱盧奢) 높이로 올라가기도 하느니라. 바람은 그것을 들어 올린 뒤에는 흩어지게 하고 파괴할 수도 있으며, 나아가 2·3·4·5·6·7구로사에 이르기까지 그 높이로 들어 올린 뒤에는 그것들을 모조리 별처럼 흩고 파괴할 수 있으며, 이에 높이 1유순까지 들어 올려서 별처럼 파괴하느니라.
이렇게 2·3·4·5·6·7유순을 들어 올려 파괴하며, 모조리 흩어지게 하고, 나아가 1백 유순을 들어 올린 뒤에 흩고 파괴하며, 2·3·4·5·6·7백 유순을 들어 올린 뒤에 흩고 파괴하는 것도 앞과 같으며, 나아가 1천 유순, 2·3·4·5·6·7천 유순을 들어 올린 뒤에 흩고 파괴하느니라.
다만 안의 철위산과 대철위산의 두 산이 가로막기 때문에 바람이 여기까지 오지 않는 것이니라. 그 안의 철위산과 대철위산 두 산의 위덕이 큰 이익이 있어서 이와 같을 수 있는 것은 이 4주의 네 세계 가운데 중생들이 의지의 업을 지었기 때문이니라."

"의지의 업이라는 것이 무엇인가요?"
"의지로써 의식과 감정을 절제하여 인욕을 행하는 것이니라."

❋ 아귀계

"자. 이번에는 아귀계로 가 보자꾸나."
스승님의 손을 잡으니 어느새 '아귀계'에 들어와 있었다. 수많은 영혼들이 산더미처럼 쌓여있는 음식에 달라붙어 있었다. 그러면서도 배고프다고 소리치고 있었다.
"아이구! 배고파! 아이구! 배고파!"

"저건 환상이니라. 자기 생각으로 지어 놓은 환상인데 그 환상을 현실로 착각하고 저렇게 먹어대지만, 아무리 먹어도 허기기 면해지지 않느니라. 꿈속에서 뭘 먹은들 깨어나면 배가 부르지 않는 것과 같느니라.

육체를 가지고 있을 때 먹는 습성을 버리지 못해서 계속 저렇게 먹고 있느니라. 영혼으로 존재할 때는 절대 음식을 먹지 못하느니라. 음식에 깃들어 있는 생명력은 취할 수는 있지만, 그것도 취식의 방법을 알아야만 하느니라.
취식으로 생명력을 섭취하는 것도 영원한 방법이 되지 못하느니라. 물질에 영혼이 먹을 만한 생명력이 남아 있는 경우가 극히 드물기 때문이니라.
생명력이 고갈된 아귀는 지옥고에 시달리게 되느니라.
영혼으로서의 갈증과 배고픔은 오로지 마음의 안정을 얻음으로써 채워지는 것이지 저렇게 해서는 채워지지지 않느니라."

❄ 축생계

아귀계를 돌아본 뒤에 이번엔 '축생계'로 향했다.
축생계는 우중충한 청색 빛이 사방에 깔려 있었다. 그 청색 빛 속에서 가끔씩 오색 빛이 번져 나오기도 하고, 휘황찬란한 빛이 번져 나오기도 했다.

"스승님, 저 밝은 빛들은 어디에서 나오는 건가요?"
"짐승들이 교미할 때 나오는 빛이니라.
짐승들이 교미를 하면 청색 빛 중에서도 오색 빛이 번져 나오는데, 그들이 갖고 있는 생명력이 증폭되면서 나타나는 현상이니라. 축생으로 태어나는 영혼들은 그 빛에 현혹되어 축생의 태 속으로 뛰어드는데, 알로 낳기도 하고, 태로 낳기도 하느니라.
그런 경우에는 이미 영혼이 세분화되어 있느니라.
때문에 주체의식을 가지고 있더라도 축생의 의식이 되어 있느니라. 축생계에 있는 대부분의 영혼들은 저 청색 빛 속에서 번져 나오는 오색빛에 이끌려서 축생계로 가는 것이니라."
말씀하시던 스승님이 문득 어느 곳을 바라보았다.
"아. 저걸 보여주면 되겠구나. 빨리 내 손을 잡거라."
얼떨결에 스승님의 손을 잡자, 어느 목장 우사 앞에 서 있었다. 그 우사 안에서 이제 막 송아지 한 마리가 태어나고 있었다.
"저 아이는 생전에 자기가 가진 얄팍한 지식만 믿고, 너무 많은 시간 동안 번뇌에 빠져 있었기 때문에 생각은 떨어져 나가서 큰 뱀으로 태어났고, 자신은 소로 태어나게 되었느니라."
"방금 태어난 저 송아지 말인가요?"
"그렇다."

"번뇌를 많이 한다고 축생으로 태어날 수 있나요?"
"저 아이는 생전에 많은 화를 냈느니라.
성질이 안 좋아서 부모님은 물론이고 그 주변에 많은 행패를 부렸느니라. 그 업보로 생각을 이루던 식이 분리되어 나가서 큰 뱀으로 태어나고 나머지는 저 송아지로 태어난 것이니라."
설명을 들어서인지는 몰라도 방금 태어난 송아지는 무척이나 답답해했다. 비틀거리는 몸짓으로도 벽에다 머리를 박고 있었다.
금방 태어난 송아지인데 얼마나 답답하면 저럴까 싶었다. 전생에는 사람이었는데, 그 업보 때문에 동물로 태어나다니 안타깝기 그지없었다.
'이미 육체를 받았으니 한 생은 축생으로 살아야겠구나.'
그렇게 생각하니 그 송아지가 불쌍했다. 축생으로 한 번 태어나면 다시 윤회에 들더라도 인간의 몸을 받기가 힘들다 했는데 참으로 안타까웠다.
"축생의 업보는 분별과 집착, 성냄과 우매함에서 생겨나느니라. 그렇더라도 영혼이 세분화되지 않으면 축생으로 태어나지는 않는데 저렇게 된 것이 불쌍하구나."
스승님은 송아지를 향해 합장을 해보였다.

❇ 인간계

"이번에는 인간계를 한 번 가보자꾸나. 인간은 어떻게 윤회에 드는지 그걸 한 번 보자꾸나."
인간계는 우중충한 황색 빛이 깔려 있었다.

그중에서 조금은 밝은 빛도 있고, 조금은 어두운 빛도 있었다.
"구선아. 저길 보아라."
스승님이 손가락으로 한쪽 방향을 가리켰다. 그곳에서는 어떤 여자가 있었는데 몸에서 오색 빛이 번져 나오고 있었다. 조금 전에 축생계에서 보았던 오색 빛보다 훨씬 밝은 빛이었다.
"저 젊은 부부가 아기를 갖겠구나."
오색 빛이 번져 나오자 주변을 왔다 갔다하던 영혼이 그 빛 속으로 뛰어들었다.

"저렇게 뛰어들면 그 다음에는 어떻게 됩니까?"
"저 빛 속으로 뛰어드는 순간 영혼이 기절을 하느니라."
"기절요?"
"그 부모가 갖고 있는 생명의 진동과 영혼의 진동이 완전하게 일치되지 않기 때문에 기절을 하는 것이니라. 일단 기절을 하면 3일 뒤에는 다시 깨어나게 되느니라. 깨어난 후에는 영혼으로 존재하던 때의 기억은 모두 잊어버리게 되느니라. 전생의 기억들은 모두 내부의식 속으로 저장되고, 새로운 의식이 형성되느니라."

"부모는 어떤 인연으로 만나게 됩니까?"
"습관과 습성이 같아서 부모를 만나느니라.

대부분 습관과 습성이 같은 것은 공유되는 유전자를 갖고 있기 때문이니라."

"영혼에게도 유전자가 있습니까?"
"있느니라. 체백이 영혼의 유전자 역할을 하느니라. 대부분 체백은 혈통으로 유전되는데 죽은 영혼의 체백은 자손과 공유되느니라. 왜, 세간에서는 '조상의 체백을 모신다'라고 하지 않더냐? 그런 풍습이 생긴 것이 조상과 자손 간에는 체백이 공유되는 이치를 알았기 때문이니라."

"저렇게 뛰어들어서 나쁜 부모를 만나면 어떡하죠? 영혼이 좋은 부모를 선택할 수 있습니까?"
"있느니라. 좋은 인간으로 태어나기 위해서는 내 전생의 업을 비추어 보아서 선업이 많으면 밝은 곳을 취하고 악업이 많으면 어두운 곳을 취하면 되느니라. 하지만 그것이 항상 적용되는 것은 아니니라."

"저런 오색빛이 번져나올 때는 누구나 다 밝은 빛을 취하지 않겠습니까? 더군다나 어둠 속에 처해져 있다가 저걸 보면 망설이지도 않고 뛰어들 것 같은데요?"
스승님께서 껄껄껄 웃으셨다.
"그렇기 때문에 인과응보라고 하느니라. 윤회의 방법을 알더라도 결국에는 자기 업보에 맞는 부모를 만나게 되느니라."

❄ 아수라계

"스승님, 아수라계는 어떤 세계입니까? 거기도 갈 수가 있습니까?"
"마왕천은 갈 수가 없느니라. 세균이나 작은 생명으로 존재하는 아수라들이 있으니 거길 한 번 가보자꾸나."
"그런 곳은 어디에 있습니까?"
"나를 따라오너라."

스승님을 따라 어딘가로 이동했는데 자세히 보니 그곳은 커다란 동굴이었다. 시커먼 동굴이 끝없이 이어져 있었다.
"여기가 어디 같으냐?"
스승님께서 빙긋이 웃으시면서 물으셨다.

"큰 동굴 같은데요?"
"아니다. 여기는 큰 고목나무 밑이니라.
몇백 년 묵은 고목나무 밑인데 이렇게 작은 굴들이 수없이 뚫려 있느니라. 작은 벌레들이 여기에 사는데 개미를 비롯해서 많은 미생물들이 살고 있느니라. 여기가 바로 아수라의 세계니라."

"그렇다면 아수라들은 어디에 있습니까?"
"조금만 기다려 보아라. 곧 아수라의 기운이 나타날 것이니라."
'도대체 아수라들은 어떻게 생겼을까?'
두근거리는 가슴을 누르고 있자니까 동굴 안쪽에서부터 녹색 빛이 번져 나왔다. 이어서 비명소리, 깍깍거리는 소리, 미친 여자가 소리치는 듯한 소리들이 끊임없이 들려왔다. 가까이 가서 보니 이상하게 생긴 짐승들이 서로 물어뜯고 싸우고 있었다.

"이것들이 다 아수라입니까?"
"그러니라. 이것이 아수라의 세계이니라.
이것들은 작은 세균들이니라. 이렇게 서로가 먹고 먹히는 아비규환의 세계를 아수라계라 하느니라."
저절로 눈살이 찌푸려졌다. 그 이상하게 생긴 짐승들이 서로 물어뜯고 잡아먹는 모습이 참으로 참혹했다.
속이 메스꺼워 더 이상 머물고 싶지 않았다.

"스승님. 얼른 나갔으면 좋겠습니다."
"저것도 봐 두어야 하느니라. 저것이 바로 중생이 살아가는 모습이니라."
속이 메스꺼웠지만 별도리가 없었다. 그 참혹한 광경들을 우두커니 지켜볼 수밖에 없었다.
"인간들이 사는 세상이 고유진동수가 높아지면 아수라계가 되느니라. 저렇게 서로가 서로를 물고 뜯는 아비규환의 세계, 약육강식의 세상이 되느니라. 인간들의 심성이 포악해지지 않도록 해야 하느니라. 그래야만이 인간 세상에 아수라계가 도래하지 않느니라."
만약, 그런 일이 생긴다면 얼마나 끔찍할까. 그런 요괴나 요물들이 활보하면서 인간을 잡아먹는다고 생각하니 상상만 해도 끔찍한 일이었다.

❈ 유계

"천상계는 욕계와 색계, 무색계로 이루어져 있느니라.
그중에서 욕계는 인간들과 가장 비슷한 습성을 갖고 있는 생명들이 살아가는 세계니라.
인간의 영혼이 욕계에 태어나려면 거기에 맞는 복력과 선업이 있어야 하느니라.
지금 우리가 가는 곳은 '유계'라는 곳이니라.
유계는 복력과 선업을 갖춘 영혼들이 천상계로 태어나기 위해 대기하는 장소니라."

"그러면 중음계와도 같습니까?"
"아니니라. 유계는 중음계보다 한 단계 진보된 세계이니라. 착한 업을 지었으되 죽음에 대한 지식이 없는 생명들이 유계에 가고, 또 악업을 지었어도 죽음에 대한 지식이 있는 사람이 유계에 가느니라."

'유계'는 어둡고 칙칙한 공간이었다.
배고파서 껄떡이는 영혼도 있고, 누군가를 붙들고 자꾸만 얘기를 하려는 사람도 있었다.
어떤 사람은 손을 들어 뭔가 마시는 시늉을 하는 사람도 있고, 기우뚱하게 앉아서 무언가를 쪼는 시늉을 하는 사람도 있었다.

"스승님, '유계'는 천상계라고 해서 기대를 했더니 특별히 다른 것이 없는 것 같습니다."
"여기는 대기소 같은 곳이니라. 그래도 천상계에서는 중요한 역할을 하는 곳이니라. 죽음에 적응하지 못해서 이곳에 오게 되지만 이 '유계'에서 30년 가량 살다 보면, 죽음에 적응할 줄 아는 영혼들이 생겨나기도 하고, 또 30년이 되기 전이라도 마음이 안정이 되면 그런 영혼들은 영계나 신계에 가게 되느니라.
유계에 저렇게 많은 중생들이 처해져 있는 것은 죽음에 대한 지식이 없어서 그러하니라. 영혼으로 살아가는 방법을 모르기 때문에 유계에 처해지는 것이니라.
살아있는 중생들에게 영혼이 어떻게 생겨났는지에 대한 지식을 전해 주는 것이 유계 중생을 제도하는 것이니라."

"그렇다면 유계에는 어떻게 오게 됩니까?"
"유계는 사후 30일째에서부터 48일째 사이에 염왕의 심판을 받아서 오는 곳이니라. 너에게 30일째에 염왕의 심판 과정을 보여주지 않고 유계를 직접 올라온 것은 먼저 유계 생명의 실태를 보여주기 위함이니라."

✸ 영계

"영계는 어떤 곳입니까?"
"영계는 죽음에 적응한 생명들이 처해지는 세계니라.
인간이나 천상계로 윤회에 들지 않고 영혼으로 존재하면서 머무는 세계니라. 지상신명계라 하느니라. 산신이나 염왕부의 저승사자들이 영계생명이니라.
영계의 수명은 150년에서 1000년 사이니라.
부처님께서는 영계 생명을 비인(非人)이라 불렀느니라.
부처님께서 말씀하신 비인에 대한 내용이 기세경에 수록되어 있느니라."

[기세경 비인품]
만약 외도들이 너희에게 와서 '어떤 인연으로 어느 한 부류의 사람은 비인(非人)에게 두려움을 갖게 되고, 어느 한 부류의 사람은 비인에게 두려움을 갖지 않습니까?'라고 묻는다면 너희들은 이렇게 대답해야 하느니라.

'세간에서 비법(非法)을 익혀 행하고 안으로 삿된 소견과 뒤바뀐 소견을 지녀서 오로지 열 가지 선하지 않은 법을 짓는 사람은 삶을 보호하는 여러 신들이 차츰 그를 버리고 떠납니다. 이와 같은 사람들은 그 숫자가 백 명이거나 천 명이 되어도 오직 하나의 신이 남아서 이들 전체를 수호합니다. 마치 소 떼나 양 떼가 백 마리이거나 천 마리가 되어도 곁에서 오직 한 사람이 지켜보는 것처럼 이것도 그와 같습니다. 보호하는 신이 적기 때문에 항상 비인에게 두려움을 갖게 되는 것입니다.

어느 한 부류의 사람은 바른 법을 익혀 행하고 삿된 소견을 행하지 않으며, 뒤바뀐 소견을 지니지 않습니다. 그 사람은 이미 이와 같이 열 가지 선을 행하고, 바른 소견과 바른 말로써 선한 업을 지었기 때문에 그 한 사람 한 사람에게는 모두 한량없는 백 명이나 천 명의 신들이 지켜보고 있습니다. 이런 인연 때문에 이 사람은 비인에게 두려움을 갖지 않는 것입니다. 마치 국왕과 왕의 대신에게 낱낱 사람들이 따르는 것과 같이 백천 명의 삶을 보호해 주는 여러 신들의 수호를 받고 있는 것입니다.'

인간에게 이러한 성자가 있듯이 비인 가운데도 이와 같은 성자가 있느니라.

인간의 처소에 산, 숲, 내, 늪, 도시, 마을, 성황(城隍), 촌락과 모여 살고 있는 곳이 있으면, 비인 가운데도 이와 같은 산과 숲, 도시와 집들이 있고 여러 왕과 대신들이 있으며 각각의 처소가 있느니라.
모든 길거리와 네거리 가운데 굽어진 곳이나 거리·도살장 및 바위굴에도 다 빈 곳이 없이 모두 여러 신들과 비인들이 의지하고 있느니라. 또 시체를 버리는 숲이나 무덤 사이, 언덕과 골짜기와 온갖 사나운 짐승이 다니는 길에도 모두 비인이 그 가운데 살고 있으며, 온갖 숲의 나무 가운데 높이 1심(尋)이고, 둘레가 한 자[尺]를 채우는 것까지에도 신이 있어서 위에서 의지하여 살며 집을 삼고 있느니라. 모든 세간의 남자와 여인에게는 태어나서부터 여러 신들이 항상 따라다니되 버리고 떠나는 일이 없으며, 다만 여러 악을 익히고 행하거나 목숨이 끝나려 할 때에만 비로소 버리고 가버리니, 앞에서 말한 것과 같느니라.

6) 저승사자의 인도
- 사후 30일째 ~ 사후 49일째

"사후 30일째에 다가오는 저승사자의 인연에 대해서 말씀해 주십시오."
"사후 29일째를 지나도록 천도가 되지 못한 영혼들은 사후 30일째에 저승사자를 만나게 되느니라.
저승사자는 죽음에 적응하지 못한 영혼들을 인도하는 영계의 신들이니라. 지상신명계에 속해있으면서 영혼들을 가르치고 인도하는 역할을 하느니라.

사자들의 형상이나 생김새는 죽은 사람의 인식성향에 따라 다르게 보이느니라.
기독교 신자라면 예수님의 모습으로 나타나고, 불교신자라면 스님이나 보살님의 모습으로 나타나느니라.
종교가 없는 사람이라면 그 사람이 생전에 존경했던 사람의 모습으로 나타나느니라.
대부분의 영혼들은 사자의 이끌음을 받아서 죽음의 세계에 적응하게 되느니라. 하지만 더러는 그렇지 않은 영혼들도 있느니라.
때로는 원한이나 집착이 너무 강해서 사자의 인도를 거부해버리는 경우도 있고 아예 사자 자체를 인식하지 못하는 경우도 있느니라. 그런 생명들은 죽음에 적응하지 못해서 생명이 세분화되는 업보를 받게 되느니라.
사자가 망자를 이끌어 갈 때는 망자의 심리상태에 따라서 인도해 가는 주변 환경이 달라질 수 있느니라.
탐심이 많은 영혼이라면 흰색 길로 인도하고 진심이 많은 생명이라면 붉은색의 길로 인도하느니라.

사자가 영혼을 이끌어서 도착하는 곳은 '염왕부' 이니라.
염왕부는 소염왕부가 있고 중간염왕부가 있으며 대염왕부가 있느니라. 소염왕부는 각 지역마다 정해진 장소가 있느니라. 대부분 지역의 산신이 소염왕부를 관장하느니라.
중간염왕부는 나라 단위로 설치되어 있느니라.

우리나라는 서른여섯 개의 소염왕부가 있고 네 개의 중간염왕부가 있느니라.
대염왕부는 염마왕이 관할하는 곳이니라.
야마천에서 분리된 염마왕이 관할하는 곳으로 지옥세계와 함께 연동되어 있느니라.
저승사자의 인도를 받아서 맨 처음 도착하는 곳은 소염왕부 이니라.
중간염왕부는 해마다 설치되는 장소가 달라질 수도 있고, 몇 년씩 한 장소에서 지속되는 경우도 있느니라.
때에 따라서는 지상 세계에서 염왕부가 열리는 경우도 있고, 하늘 세계에서 염왕부가 열리는 경우도 있느니라.
스스로가 자유롭게 활동할 수 있는 에너지를 증득한 생명들은 염왕부에 가지 않아도 되지만, 그렇지 못한 생명들은 반드시 염왕부를 거쳐서 윤회에 들게 되느니라."

"스승님. 올해는 중간염왕부가 어디에서 열렸습니까?"
"이번엔 지리산에서 열렸느니라."
"왜 지리산에서 염왕부가 열렸습니까?"
"허허! 내가 지리산에 있기 때문이니라."

스승님의 대답에 말문이 막혔다. 그렇다면 스승님이 염왕부를 관장하는 분이란 말인가? 하기는 지금까지 보았던 스승님의 능력을 보면 염라대왕이라고 하더라도 하등 이상할 것은 없어 보였다. 그러나 차마 그 질문은 할 수가 없었다.

"스승님, 염왕부를 주관하는 신명은 어떤 존재입니까?"
"그 지역을 관장하는 신명이 염왕부를 주관하느니라. 우주의 기운은 돌고 돌아서 각 지역마다 영향을 미치는 힘이 다른데 우주의 기운이 가장 많이 집약된 장소에서 염왕부가 열리느니라. 그 지역의 신명이 활동할 수 있는 힘이 강해져야만 염왕부를 열어서, 죽음에 적응하지 못하는 생명들에게 영혼의 양식을 제공해줄 수 있기 때문이니라.
염왕부에 다다른 영혼은 '업경대' 앞에 서게 되느니라.
업경대는 따로 형상이 있어서 업경대가 아니라, 스스로의 마음 속에 있는 거울이니라. 사람의 마음속에는 자기를 지켜보는 마음이 있느니라. 그것을 각성이라고도 하고 양심이라고도 하느니라. 그 마음이 깨어나면 지나온 삶을 돌이켜보게 되느니라.
그 과정 속에서 스스로의 업보를 판단하게 되느니라.
올바르게 선업을 짓고 잘 살았다고 판단이 되면 마음이 편안해지면서 기쁨이 일어나게 되느니라. 반대로 잘못 살았다고 판단되면 죄의식에 사로잡혀 움츠러들게 되느니라. 각자의 판단으로 고유진동수가 정해지면 비슷한 고유진동수를 갖고 있는 세계에 처해져서 윤회에 들어가게 되느니라.
염왕부에 와서도 고유진동수가 쉽게 일률화되지 않는 생명들은 염왕부 안의 큰 방에 머무느니라.

일곱 종류의 생명이 일곱 개의 방에 들어가서 그곳에서 고유진동수가 일률화될 때까지 기다리는데, 인간의 영혼이 들어가는 방, 동물의 영혼이 들어가는 방, 식물의 영혼이 들어가는 방, 원생물의 영혼이 들어가는 방, 신의 영혼이 들어가는 방, 무정의 영혼이 들어가는 방, 사자들이 들어가는 방, 이렇게 일곱 개의 방이 있느니라."

"사자들이 들어가는 방이라면 저승사자의 방을 가리키는 것입니까?"
"그렇다."
"저승사자도 윤회에 듭니까?"
"물론이니라. 사자들도 종종 윤회에 드느니라."
"신들도 윤회에 드나요?"
"그러니라. 신도 윤회에 드느니라."

'사후 세계에서 신이나 다름없는 사자들마저 윤회에 들고 신들도 윤회에 든다면, 과연 그런 큰 흐름 속에서 어떤 생명이 자유롭게 살아갈 수 있을까? 깨달음에 이르면 윤회에 들지 않는다는 소릴 들었는데, 깨달음을 얻은 생명은 신보다도 더 위대한 존재구나.'

스승님의 설법은 계속되었다.
"업경대 앞에서도 스스로의 주체를 확립하지 못한 생명들은 영혼의 방에 들어가서 각기 제 갈 길을 가게 되느니라. 업경대 앞에서 진동이 일원화되든지, 영혼의 방에 들어가서 마음을 안정시킨 생명들은 영계, 또는 신계나 인간세계로 윤회에 드느니라.

이것이 저승사자의 안내로 염왕부에 들어간 생명들이 겪게 되는 30일째부터 47일째까지의 일이니라."

"유계에 들어간 생명들은 사후 30일째부터 48일째까지 어떤 현상을 접하게 되나요?"

"육체적인 삶, 영의 삶, 혼의 삶에 대한 전체적인 현상들이 한꺼번에 나타나느니라.

영혼의 방에서 영계로 곧바로 올라가는 생명들은 영계에서 18일을 보내게 되는데, 영계의 18일이라는 것은 때로는 100년일 수도 있고, 때로는 30년일 수도 있느니라. 그러므로 영계에서부터는 따로 며칠이라고 확정지을 수는 없느니라. 영계에서는 영혼마다 각기 다른 날짜를 보내게 되느니라.

그러나 유계에서는 육체를 가지고 있을 때 접했던 현상이나 혼의식이 발현될 때의 현상이나, 영의식이 발현될 때의 현상들을 정해진 18일 동안 제각기 겪게 되느니라.

육체의 의식이 발현될 때 오는 현상은 눈으로 보았던 것이나, 귀로 들었던 것이나, 생각으로 했던 것이나, 몸으로 느꼈던 기억들이 그대로 나타나게 되느니라. 인간의 삶을 살았던 기억들이, 마치 업경대 앞에 섰을 때처럼 다시 한 번 쭉 나타나면서, 하루는 보는 것에, 하루는 듣는 것에, 하루는 느끼는 것에…. 이렇게 계속해서 반복되느니라.

혼의식이 발현될 때는, 전생의 기억이나 전전생의 기억들이 깨어나고, 외부 의식이 접해질 때는 다른 생명의 의식이 그대로 전이되느니라.

상대방이 어떤 생각을 하면, 그 생각을 내가 알 수 있고, 또 어떤 얘기를 하면 그 얘기를 들을 수 있는 상태가 되느니라.

그런 상황 속에서 유계의 18일이 지나면, 다시 업경대 앞에서 자신의 고유진동수를 일률화시키는 과정을 겪게 되느니라. 마침내 사후 49일째 되는 날은 모든 중음의 과정들이 다시 한번 한꺼번에 나타나게 되느니라.

백의 기운이 빛의 형상으로 다가오는 것이나, 혼의식이 발현되는 것이나, 또 거부적 성향이나 긍정적 성향이 다가오는 것이나, 탐·진·치 3독의 현상이 다가오는 것이나, 네 가지 성스러운 내부 의식이 발현되는 것이나, 여섯 가지 중생적 습성이 발현되는 것들이 돌아가면서 나타나게 되느니라.

49일째가 되어도 고유진동수가 조율되지 못한 유계 생명들은 윤회에 들지 못하고 유계에 머무르게 되느니라. 그러다 보면 30년을 유계에서 보낼 수도 있느니라.

유계생명을 구제해주는 것이 생전의 육체에서 거두어지는 체백이니라. 매장을 했던 육체에서 거두어지는 체백이 영혼에게 돌아오면, 영혼의 생명력이 증폭되면서 유계에서 벗어날 수 있는 인식력을 갖추게 되느니라.
유계에서 벗어나면 마찬가지로 윤회에 들게 되느니라.
49일이 되도록 유계나 영계나 신계에 가지 못한 생명들은 그대로 중음신이 되어서 지옥계에 떨어지느니라."

"저승사자의 안내로 염왕부에 들어간 생명들은 48일째부터 49일째까지 어떤 일을 겪게 되나요?"
"48일째는 다시 업경대 앞에 서게 되느니라.
49일째는 중음 기간에 나타났던 모든 현상이 한꺼번에 다 가오느니라. 이 과정을 통해서도 고유진동수가 조율되지 않으면 유계에 처해지게 되느니라.
아기의 영혼이나 성숙되지 않은 영혼들은 소염라에게 양육을 받느니라. 대부분 6세 정도 인식력이 갖추어질 때까지 양육을 받는데 30년 정도 시간이 걸리느니라.
그렇게 양육된 생명 중에서 사자의 소임을 맡게 되는 신명들이 생겨나게 되느니라.
소염라나 중염라는 같은 지역에서 오랫동안 함께 살아왔던 동포요, 일가친척이니라.
때문에 자비와 연민심으로 영혼들을 보살펴주느니라.
사자의 인도를 받고 잘 따르기만 해도 큰 고초를 겪지 않고 윤회에 들게 되느니라."

"지금까지는 소염라부나 중염라부에서 일어나는 일들에 대해 말씀하신 것 같습니다. 그렇다면 대염라부에서는 어떤 일들이 일어나고 있는지요?"

"대염라부에서는 단호하고 엄하게 영가를 다루느니라.
대부분 대염라부에 처해지는 생명들은 천상계에서 죽음을 맞이한 생명들이니라.
욕계 6천과 색계 18천의 생명들이 죽음에 들어가면 대염라부에 들어가게 되느니라.
대염라부를 관장하는 염마왕은 야마천주와 이체일심(二體一心)을 이루고 있는 존재이니라.
때문에 키와 수명과 위신력이 야마천주와 다르지 않느니라. 염마왕은 최초로 죽은 자이니라. 12연기의 유(有)의 과정을 거친 염마왕이 처음으로 죽어서 저승세계를 관장하는 왕이 되었느니라. 염마왕도 수명이 있기 때문에 여러 명의 염마왕이 있었느니라. 그 과정에서 초대 염마왕은 명부를 관장하는 명왕이 되었고 다음대 염마왕들이 대염라부를 관장하고 있느니라. 염라왕의 수명은 야마천주와 똑같기 때문에 야마천주가 교체될 때마다 염마왕도 바뀌게 되느니라. 염마왕이 되기 위한 발원과 수행과정에 대해 부처님께서는 이렇게 말씀하셨느니라."

[이 염부주 남쪽 두 철위산 바깥에 염마왕(閻摩王)이 머무르는 궁전이 있다. 세로와 너비는 똑같이 6천 유순이며,

일곱 겹의 담장벽과 일곱 겹의 난간과 일곱 겹의 방울 달린 그물이며, 그 밖에 일곱 겹으로 줄지어 선 다라 나무들이 둘레를 에워싸고 있는데, 온갖 빛깔이 눈을 즐겁게 하고, 이른바 금·은·유리·파리·적주·차거와 마노 등의 칠보로 이루어졌다.

그 사방에는 각기 여러 문이 있는데, 하나하나의 문마다 모두 적을 물리치는 망루·돈대·동산과 꽃의 못이 있다. 이 여러 꽃의 못과 동산 안에는 온갖 나무가 있으며, 그 나무마다 갖가지 잎과 갖가지 묘한 꽃과 갖가지 달콤한 과일이 가득히 널리 퍼져 있으며, 온갖 향기들이 바람 따라 멀리 풍기고, 뭇 새들은 저마다 화답하며 지저귀고 있다.

그 염마왕은 그 악업과 선하지 못한 과보 때문에 밤 세 때와 낮 세 때에 저절로 시뻘겋게 달아오른 구리즙이 앞에 생겨난다. 이때는 그 왕의 궁전이 곧 변하여 쇠가 되며, 먼저 지녔던 5욕의 공덕으로써 눈앞에 있던 것도 모두 사라져 나타나지 않는다. 만약 궁 안에 있으면 궁 안에 이와 같은 일이 나타난다.

그때 염마왕이 이 일을 보고 무섭고 불안하여 온몸의 털이 다 곤두서서 곧 밖으로 나가게 된다. 그러나 만약 궁 밖에 있더라도 다시 밖에서 이런 일이 벌어지게 된다. 그때에 염마왕은 두려운 마음이 생겨 사지를 떨면서 불안해하며, 온몸의 털이 한꺼번에 곤두서서 곧 달음박질하여 안으로 들어온다.

그때 옥졸이 염마왕을 붙잡아 높이 치켜들고서 짓두드려 뜨거운 쇠 땅 위에 눕힌다. 그 땅은 불길이 기세 좋게 훨훨 타오르고 불꽃이 번쩍이는데, 그런 땅에 짓두드려 눕히고 곧 쇠 재갈로 입을 벌리고 시뻘겋게 녹은 구리즙을 입에 쏟아붓는다. 그러면 염마왕은 입술과 입이 타들어 가는데 구리즙은 입술과 입을 태운 뒤에 혀를 태우고, 혀를 태운 뒤에 다시 목구멍을 태우고, 목구멍을 태운 뒤에 다시 대장과 소장 등을 태우며, 차례로 태운 뒤에 아래로 나오게 된다.

그때 그 염마왕은 이런 생각을 한다.

"모든 중생들이 옛날에 몸으로 나쁜 행을 짓고, 입으로 나쁜 행을 짓고, 뜻으로 나쁜 행을 지었다. 그 때문에 그들은 모두 이와 같은 한량없는 온갖 괴로움을 겪고 마음에 기쁘지 않는 일을 당하는구나. 지금의 나의 몸과 다른 중생들은 나와 더불어 같은 업을 지은 이들이라 역시 그와 같구나. 아아, 부디 나는 지금부터 이 몸을 버린 뒤 다시 몸을 얻을 때에 함께 인간 세상에서 생을 받아 서로 만나게 될지어다. 그리하여 나로 하여금 그때 여래의 법 가운데서 믿고 알게 하고, 머리를 깎고 가사를 입고, 집으로부터 출가할 것이다. 나는 그때 출가한 뒤에 화합한지 오래지 않아 곧 선남자를 위하여 무슨 일을 하느냐 하면, 바른 믿음과 앎을 얻어 집으로부터 출가하여 위없는 범행이 다한 곳에서 현재법을 보면서 스스로 통달과 증득을 얻게 하겠사오며, 완전히 갖추어 증득한 뒤에는 원을 세워 말하되, '나는 이제 생사가 이미 다 하고, 범행이 이미 이룩되고, 해야 할 것을 다 이미 마쳤으므로 다시는 후세에 생을 받지 않으리라'라고 하리라."

그 염마왕이 다시 이때 이와 같은 생각을 일으키고 선한 생각을 자꾸 익히면 바로 그때 그 염마왕이 사는 궁전은 다시 칠보로 이루어지고 갖가지가 나오리니, 마치 여러 하늘들의 5욕의 공덕이 앞에 나타나며 두루 갖추어지는 것과 같다.

그때 염마왕이 다시 이런 생각을 한다.

'일체중생들은 몸의 선한 행과 입과 뜻의 선한 행으로써 곧 쾌락을 얻을지어다. 오직 원컨대, 그들은 각각 모두 이와 같은 안락을 누리기를 마치 공중에 사는 여러 야차들과 같아지이다. 나의 몸과 다른 염마왕과 모든 중생은 같은 업을 모은 자이도다.']

"염마왕도 처음에는 지옥의 고초를 받게 되나요?"
"그러니라. 염마왕이 교체될 때에는 지옥고를 겪게 되느니라. 한공간에 처해지는 것은 동업 때문이니 그로 인한 과보 또한 똑같이 받느니라. 하지만 염마왕은 그 고초를 겪으면서도 중생들의 안위를 생각하니 그로 인해 서원을 세우고 수행에 매진하게 되느니라. 깨달음을 얻은 다음에야 염마왕의 소임을 다하게 되느니라."

"천상계의 신들이나 인간의 영혼들이 염마왕 앞에 가면 어떤 일을 겪게 되나요?"
"염마왕 앞에 가면 먼저 질문을 받게 되느니라."

"어떤 질문을 받게 되나요?"
" '내가 보낸 천사가 있는데 그대는 그 천사를 만나 보았는가?' 이런 질문을 받게 되느니라."

"천사요? 저승사자가 아니고 천사입니까?"
"그러니라. 염마왕한테는 세 명의 천사가 있느니라."

"그 세 명의 천사가 어떤 분들입니까?"
"늙음과 병듦과 죽음이니라."

"그것이 염마왕이 보낸 천사입니까?"
"그러니라. 그 세 가지 고난이 염마왕이 중생들에게 주는 선물이니라. 늙음으로 생의 무상함을 깨닫고 병듦으로 아만을 다스리고 죽음으로 영혼의 삶을 준비할 수 있는 교훈을 주는 것인데 그것을 깨닫는 중생들이 많지 않느니라."

스승님은 그 말씀을 담담하게 하셨지만 나는 내심으로 충격을 받았다. 늙음과 병듦과 죽음이 그런 의미를 내포하고 있을 줄은 하시라도 생각하지 못했다.

그때 처음으로 생·노·병·사의 일을 새로운 관점으로 바라보게 되었다.

"왜 그렇게 놀라는 것이냐? 세 명의 천사가 기대했던 것과 달라서 그러는 것이냐?"
"그렇기도 하지만 잠깐 생로병사에 대해 생각해 보았습니다. 그것이 염마왕의 선물이라는 것이 전혀 새로운 관점인지라 조금은...."

끝말을 맺지 못하고 더듬거리자 스승님께서 나의 어깨를 다독여 주셨다.
"그래, 그럴 수 있느니라. 그것들이 염마왕이 보낸 천사라고 하면 놀랄 만도 하지. 그 대목에 대해서도 부처님께서 말씀하신 것이 있으니 들려주도록 하마."

[세상에는 세 명의 천사(天使)가 있다. 세 명이란 어떤 것인가 하면, 이른바 늙음과 병듦과 죽음이다.

어느 한 사람이 스스로 방일(放逸)하여 몸으로 나쁜 행을 행하고, 입으로 나쁜 행을 행하고, 뜻으로 나쁜 행을 행하면, 이와 같은 사람은 몸과 입과 뜻으로 모두 악을 행한 인연으로 몸이 무너지고 목숨이 끝나면, 나쁜 길로 나아가 지옥에 날 것이다. 그때 여러 옥졸들이 바로 와서 그 중생을 염마왕 앞으로 몰고 가 이렇게 아뢴다.
"천왕이시여, 이들 중생이 옛날 인간 세상에서 거리낌 없이 제멋대로 굴고 잘 화합하지 않고 몸과 입과 뜻을 멋대로 하여 나쁜 행을 행했습니다. 그 몸과 입과 뜻으로 나쁜 행을 행하였기 때문에 이제 여기 와서 났으니, 오직 원컨대 천왕께서도 잘 가르쳐서 보이시고 잘 책망하시옵소서."
그때 염마왕은 죄인에게 묻는다.
"너 착한 장부야, 옛날 인간 세상에 있을 때 제1 천사가 너를 잘 가르쳐서 보이고 너를 잘 책망하였는데, 어찌 그 첫 번째 천사가 출현한 것을 보지 못하였느냐?"
그는 이렇게 대답한다.
"높으신 천왕이시여, 저는 실제로 보지 못했습니다."
그때 염마왕은 거듭 다시 말한다.
"장부야, 네가 어찌 옛날 세간에서 사람 몸으로 있을 때에 부녀자의 모습이거나 장부의 모습이거나 간에 쇠약하고 늙은 모습이 나타나는 것을 보지 못하였겠느냐?
늙음의 시절에는 이가 빠지고 머리카락이 희며, 살갗은 느슨하고 쭈글쭈글해지고, 검버섯이 온몸에 퍼지고 모습은 마치 검은깨와 같으며, 어깨와 등은 굽어지고 걸음은 절룩거린다. 발은 몸을 가누지 못하여 좌우로 기우뚱거리며, 목이 가늘어지고 피부는 늘어나며 양쪽이 느슨해져서 마치 소의 목과 같아진다. 입술과 입은 마르고, 목구멍과 혀는 말라서 껄끄러우며, 몸뚱이는 구부정하고 기력은 미약해지며, 헐떡거리며 나오는 소리가 마치 톱질하는 소리와 같고, 앞으로 가려면 넘어지려고 해서 지팡이를 의지하여 다니며, 한창때는 다 지나가고, 피와 살은 없어져 가며, 여위고 허약하여 세상은 빨리 오고, 거동이 가라앉아서 다시는 씩씩한 모습을 볼 수 없으며, 나아가 몸과 마음은 항상 떨리고, 온갖 뼈마디는 고달파서 가다듬기조차 어려운데, 너는 이것을 보지 못했단 말이냐?"
그 사람은 대답한다.
"높으신 천왕이시여, 제가 실제로 보았습니다."
그때 염마왕은 다시 말한다.
"너 어리석은 사람아, 지혜가 없어서 옛날에 이미 이 같은 모습을 보았으면서도 어찌하여 '나의 지금 이 몸도 이런 법이 있을 것이고, 또한 이런 일이 있을 것이다. 나 역시 아직 이와 같은 법을 여의지 못했다. 나는 이제 이런 늙는 법을 갖추고 있으며 아직 멀리 여의지 못했다. 나는 마땅히 몸과 입과 뜻으로 미묘하고 선한 업을 지어야겠다. 그리하여 나에게 나로 하여금 오랫동안 이익과 안락의 과보가 있게 하여야겠구나.'라고 생각하지 못하였느냐?"

그때 그 사람은 다시 대답한다.
"높으신 천왕이시여, 저는 참으로 그와 같은 생각을 하지 못하였습니다. 왜냐하면 마음이 방탕하고 행동은 방일하였기 때문입니다."

그때 염마왕은 또다시 말한다.
"너 어리석은 사람아, 만약 그렇다면 너 스스로가 게으르고 행동이 방일하였기 때문에 몸과 입과 뜻의 선한 업을 닦지 않았으니, 그 인연으로 너는 오랫동안 큰 고통을 얻고 안락함이 없을 것이다. 그러므로 너는 이 방일한 죄를 완전히 갖추어서 받아 이와 같은 악업의 과보를 얻을 것이며, 또한 다른 방일한 중생들도 이런 죄의 과보를 받을 것이다. 또 너희들이 받는 이 고통의 과보와 악업의 결과는 너의 어머니가 지은 것도 아니고, 너의 아버지가 지은 것도 아니며, 너의 형제가 지은 것도 아니요, 누이들이 지은 것도 아니며, 국왕이 지은 것도 아니고, 하늘들이 지은 것도 아니며, 옛날 선인(先人)들이 지은 것도 아니다. 바로 너 자신이 이 악을 지었으니 이제 도로 모아서 이 과보를 받는 것이다."

그때 염마왕은 자세히 이러한 제1 천사로써 더 잘 가르쳐 보이고 그를 책망한 뒤에, 다시 제2 천사로써 잘 가르쳐 보이며 잘 책망하며 이렇게 말한다.
"사람들아, 너희들은 어찌 제2 천사가 세간에 나온 것을 보지 못하였느냐?"
그들이 대답한다.
"높으신 천왕이시여, 저는 참으로 보지 못하였습니다."
왕은 다시 말한다.
"네가 어찌 보지 못했겠느냐? 옛날 세간에서 사람의 몸이었을 때 부녀의 몸이거나 장부의 몸이거나 4대(大)가 화합하였다가 갑자기 어긋나서 병의 괴로움에 침범당하여 병에 휘감겨서 고생한다. 혹은 작은 평상에 눕기도 하고, 혹은 큰 평상에 눕기도 하는데, 절로 똥과 오줌에 몸을 더럽히며 그 속에서 뒹굴되 마음대로 하지 못한다. 자고 눕고 일어나며 앉는 데에 사람의 부축을 바라며, 씻고 털고 마실 것을 주고 먹을 것을 주는 데에도 죄다 사람을 기다리는데, 그런 모습을 네가 보지 않았단 말이냐?"
그 사람은 대답한다.
"높으신 천왕이시여, 제가 실제로 보았습니다."
왕은 다시 말한다.
"어리석은 사람아, 너는 그와 같은 것을 보았다. 만약 슬기로웠다면 어찌하여 '나도 이제 이와 같은 법이 있을 것이다. 나도 이제 이와 같은 일이 있을 것이다. 나 또한 아직 이와 같은 병환[患]의 법을 여의지 못했다. 나에게도 직접 이와 같은 병환의 일이 있을 터인데 아직 면하거나 벗어나지 못했으니, 스스로 깨달아 알아야겠구나. 나도 이제 여러 선한 업을 지어야겠구나. 몸이거나 입이거나 뜻의 선한 업을 지어서 나로 하여금 장차 오랫동안 크게 이롭고 안락한 일을 얻게 하겠다.'라고 생각하지 않았느냐?"
그 사람은 대답한다.
"하지 못했습니다. 높으신 천왕이시여, 제가 참으로 그와 같은 생각을 하지 못한 것은 게으른 마음으로 방일하였기 때문입니다."

왕은 다시 말한다.

"어리석은 사람아, 너는 이제 이미 행실이 방일한 자이다. 나태하고 게을러 몸이나 입이나 뜻으로 선한 업을 짓지 않았는데, 그런 네가 어찌 오랫동안 이로움과 안락을 얻을 수 있겠느냐? 그러므로 너는 선한 일을 닦고 행했어야 했다. 방일하고 방일을 따랐기 때문에 너의 이 악업은 부모가 지은 것도 아니고, 형제가 지은 것도 아니며, 누이들이 지은 것도 아니고, 왕도 아니고, 하늘도 아니고, 옛날 선인들이 지은 것도 아니며, 사문과 바라문들이 지은 것도 아니다. 이 악업이야말로 네가 이미 스스로 지은 것이니, 네가 도로 저절로 이 과보를 받는 것이다."

그때 염마왕은 다음에 이와 같이 제2 천사로써 더 잘 가르쳐 보이고 그를 책망한 뒤에, 다시 제3 천사로써 잘 가르쳐서 보이고 잘 책망하면서 이렇게 말한다.

"너 어리석은 사람아, 너는 옛날 인간 세상에서 사람 몸이었을 때 어찌 제3 천사가 세간에 나온 것을 보지 못하였느냐?"

그는 대답한다.

"높으신 천왕이시여, 저는 참으로 보지 못하였습니다."

그때 염마왕은 다시 말한다.

"너 어리석은 사람아, 세간에 있을 때에 어찌 부녀의 몸이거나 장부의 몸이거나 간에 때때로 목숨이 끝나면 평상

위에 놓여 여러 가지 빛깔의 옷으로 입히고 덮혀서 마을 밖으로 들려 나가는 것을 보지 못하였겠느냐? 또 갖가지 작은 장막과 수레와 일산을 둘러 장식하고, 권속들이 둘러싸서 영락을 끊어 버리며, 손을 들어 머리를 풀어 헤치고, 재와 흙을 머리에 뿌리면서 몹시 슬퍼하고 괴로워하면서 울부짖고 통곡하기를 혹은 '아아'하기도 하고, 혹은 '많고도 많다[多多]'고 하기도 하고, 혹은 '돌봐 주라[養育]'고도 하면서 소리 높여 크게 울부짖으며, 가슴을 치고 애통해 하면서 여러 가지 말을 하면서 몹시 목메어 슬퍼하는데, 너는 그것을 전혀 보지 못했다는 말이냐?"
그가 대답한다.
"높으신 천왕이시여, 저는 실제로 보았습니다."
그때 염마왕은 다시 말한다.
"어리석은 사람아, 네가 옛날 이와 같은 일들을 보았으면서 어찌 '내게도 이제 이와 같은 법이 있으리라. 나의 몸에도 이와 같은 일이 있으리라. 내가 아직 이런 일을 벗어나지 못했으니, 나에게도 죽음이 있을 것이요, 또한 죽음의 법이 있을 터인데, 아직 면하거나 여의지 못하였으니, 나는 이제 마땅히 여러 선한 업을 지어야겠다. 몸이거나 입이거나 뜻의 선한 업이야말로 나를 위하여 오랫동안에 큰 이로움을 얻고 안락을 얻게 하는 것이기 때문이다.'라고 생각하지 않았더냐?"
그때 그 사람은 대답한다.

"높으신 천왕이시여, 저는 참으로 그와 같이 생각하지 못하였습니다. 왜냐하면 방일하였기 때문입니다."

그때 염마왕은 다시 말한다.

"어리석은 사람아, 너는 이제 이미 방일을 행한 자이다. 방일 때문에 선한 업을 짓지 않았고, 몸과 입과 뜻으로 악한 업을 지은 것이다. 그러므로 너는 지금 이런 일이 있으니, 이른바 방일한 행이라는 것이며, 방일 때문에 너 스스로가 이 악하고 선하지 못한 업을 지은 것이다. 너의 이 악업은 부모가 지은 것이 아니고, 형제가 지은 것도 아니며, 누이들이 지은 것도 아니고, 왕도 아니고, 하늘도 아니고, 옛날의 선인들이 지은 것도 아니며, 또 사문과 바라문이 지은 것도 아니다. 너의 이 악업은 바로 너 스스로가 지어서 스스로가 모았기 때문에 이 과보를 얻는 것이니, 네가 다시 저절로 받는 것이다."

그때 염마왕은 낱낱이 갖추어 이 제3 천사로써 그 죄인들을 가르쳐 보이고 책망하며, 책망한 뒤에 칙명을 내려 데리고 가게 한다. 그러면 옥졸은 곧 죄인의 양 발과 양 팔을 붙잡아 머리는 아래로 향하고 발은 위로 향하게 하여 멀리 여러 지옥 안으로 던져 넣는 것이다.]

"부처님의 말씀을 들어보니 늙음과 병듦과 죽음이 중생에게 내려주는 선물이라는 말씀이 이해가 됩니다. 참으로 오묘한 일입니다."

"어떠하냐? 지금까지 보고 들은 것들이 납득이 가느냐?"
"아직은 부족하고 미흡합니다만, 앞으로 열심히 노력해 보겠습니다."
"그래, 그리하도록 하거라.
이제 신계로 가보자. 신계는 보통 생명들이 가지 못하는 세상이니라. 허나 너는 충분히 신계에 갈 수 있는 조건이 갖추어져 있으니 함께 가보자꾸나."

❋ 신계

"지금 가고자 하는 신계와 천상계는 어떤 차이가 있습니까?"
"천상계 중에서도 무색계 4천에 속하는 곳이니라."
'신계'에는 사방에서 오색의 광명이 넘실대고 있었다.
그러면서 우르르르 하는 소리가 계속해서 들렸다.
처음에는 그런 환경이 대단히 불편했다. 그러나 마음을 안정시키자 조금씩 적응이 되었다.
스승님은 그런 내 모습을 지켜 보고 계셨다.

"그래. 이제는 마음이 진정이 되느냐?"
"예. 괜찮습니다."
"이제 여기에서 어떤 생명들이 사는지 한번 돌아보자꾸나."

멀리서 둥그스름한 빛무리가 보였다. 마치 달이 떠 있는 것 같았다. 신계에도 달이 떠 있나 보다고 생각했다.
"저것이 바로 신이니라."
스승님의 말씀에 깜짝 놀랐다.

"저건, 달 같은데 저것이 신입니까?"
"가까이 가보자꾸나. 가서 보면 알게 되느니라. 여기서 저기까지 거리가 얼마나 될 것 같으냐?"
"가까이 있는 것 같은데요?"
"허허. 인간의 걸음으로 걸어서 가려고 하면, 수천만 번을 죽고 다시 태어나도 가지 못하느니라. 그토록 먼 거리이니라."
"그럼, 어떻게 가야 합니까?"
"마음으로 가야 하느니라. 우선 네 마음을 들여다보거라."
내 마음을 느껴보니 가슴이 요동을 치고 있었다.
"가슴이 두근거립니다."
"그런 상태로는 갈 수가 없다. 숨을 깊숙하게 들이쉬었다가 내쉬면서 수식관을 해보거라."

숨을 들이쉬고 내쉬면서 숫자를 헤아리기 시작했다. 그러다 보니 어느덧 마음이 편안해졌다.

"마음이 편안해졌습니다."
"그럼 됐다. 그 편안한 마음속에, 저기 보이는 저 빛을 떠올려 보거라."

스승님이 시키는 대로 고요한 마음 안에 눈앞에 보이는 빛 덩어리를 떠올려 보았다.
"됐느냐?"
"예. 됐습니다."
"그러면 가자. 너는 지금 네 마음에 떠 있는 빛 덩어리 속으로 들어가는 것이니라."

마음을 가슴속에 떠 있는 빛 덩어리에 집중하는 순간, 눈앞의 풍경이 순식간에 바뀌었다. 밝은공간만 인식될 뿐 아무것도 보이지 않았다.

"보이는 게 있느냐?"
"그냥 텅 빈 공간만 보입니다."
"너는 지금 보살의 몸 안에 들어와 있느니라."
"보살의 몸이라구요? 보살이 어디 있습니까?"
"다시 네 마음 안에 떠 있는 빛무리를 보거라."

스승님의 말씀에 따라서 마음속에 떠 있는 빛무리에 의지를 집중했다. 그러자 그 빛무리의 중심에서 가부좌를 틀고 앉아 있는 사람의 형체가 보였다. 그런데 눈을 뜨면 보이지 않았다.

"스승님. 왜 눈을 떠서 보면 보이지 않고 눈을 감아야 보입니까? 내 안에서는 보이는데, 밖으로는 보이지 않습니다."
너무나 광대무변하기 때문에 그런 것이니라. 신계의 신은 마음의 고유진동수에 따라서 몸의 크기가 달라지느니라. 지금 네가 들어와있는 이 공간은, 은하계만 한 크기이니라."

"하나의 생명이 그만큼 큰 몸을 갖추기 위해서는 얼마만큼의 깨달음을 얻어야 하나요?"
"견성 이후에 원초신을 발현시키고 법신을 발현시키면 되느니라. 지금 우리가 속한 이 장소는 보살의 몸속이니라. 이 보살의 몸 안에는 수많은 세계가 있느니라. 여러 개의 천상세계가 있고, 수만 개의 태양이 뜨고 지느니라."

"하나의 생명이 어떻게 이토록 광대한 몸을 갖출 수가 있습니까?
"그것이 깨달음의 힘이니라. 깨닫게 되면 하나의 생명이 광대한 우주가 될 수도 있느니라. 우리가 살아가는 이 우주는 '비로자나' 부처님의 몸이니라."

❋ 우주의 중심

"우주의 중심은 어떤 모양인가요?"
"그것을 보고 싶으냐?"
"예, 스승님. 우주의 중심에서 생성되는 비로자나광명을 보고 싶습니다."
"그럼, 가보자."
"어떻게 가야 합니까?"
"그 세계는 너와 내가 하나가 되어야 갈 수 있는 곳이니라. 너는 아직 깨달음이 부족하기 때문에 혼자서는 갈 수가 없느니라."
"제가 어떻게 스승님과 하나가 될 수 있습니까?"
"갈망으로 하나가 되느니라. 나의 몸을 지극하게 갈망하거라. 그런 다음 내 몸속으로 들어가고 싶다고 절실하게 원해라. 그러면 너의 영혼이 내 육신 안으로 들어오게 되느니라."

스승님이 시키는 대로 마음 속에 스승님을 떠올렸다.
그런 다음 스승님과 하나가 되고 싶다고 지극하게 염원했다. 그러자 갑자기 뚝 떨어지는 듯한 느낌이 들었다. 정신을 차려보니 환한 광명의 세계에 처해져 있었다.

"스승님. 지금 이곳은 어디입니까?"
이때 스승님의 모습은 보이지 않고 목소리만 들려왔다.
"그곳이 바로 나의 원초신이니라. 너는 지금 내 몸속에 들어와 있느니라."
스승님의 몸속은 신의 몸속에 있을 때처럼 비슷한 느낌이었다. 갑자기 의문이 생겼다.

"이런 상태에서도 우주의 중심에서 생성되는 비로자나 광명을 볼 수 있습니까?"
"그러니라. 너는 나의 눈을 통해서 보고 나의 귀를 통해서 듣고 나의 머리를 통해서 생각할 것이니라. 그러니 염려하지 말거라."

잠시 후.
눈앞의 풍경이 바뀌었다.
아주 멀리 커다란 태양이 떠 있었다.
그 태양으로부터 하얀 빛무리가 쏟아져 나오는데, 형광등 불빛 같았다.
그 빛무리가 만든 길을 따라서 넘실거리는 오색의 빛들이 우릉우릉 소리를 내면서 뒤따라오고 있었다.
그 모습을 뚫어지게 들여다보았다.
그러면서 생각했다.
'저 빛의 중심부는 어떻게 이루어졌을까? 저 빛들은 어디에서 만들어지는 것일까?'

"그것에 대해서는 네 스스로가 알아봐야 하느니라.
내가 너에게 해줄 수 있는 것은 여기까지니라.
저것이 바로 '비로자나 광명'이니라.
저 빛이 미치는 곳에 있는 모든 생명은 부처의 씨앗을 갖고 있느니라. 저 빛이 미치는 세계에 사는 생명들은 반드시 부처가 될 수 있는 인연을 부여받게 되느니라.
저 빛이 비치는 세상에서는 다투고 경쟁하는 것이 없느니라. 네가 만들고자 하는 세상이 바로 저 비로자나 광명이 도달하는 세상이니라. 너는 반드시 저 광명이 네가 사는 세상에 비춰지도록 노력해야 하느니라."

"저 광명을 어떻게 이끌어들입니까?"
"그것은 네가 깨닫게 되면 저절로 알게 되느니라.
지금은 그것에 마음을 두지 말거라. 헛되이 시간을 보내지 말고 반드시 수행하고자 하는 의지를 져버리지 말아야 하느니라. 네가 수행하고자 하는 의지를 놓지 않으면 너는 곧 승(僧)이요, 네가 수행하고자 하는 의지를 져버린다면 중생일 것이니라."

그 자리에서 무릎을 꿇고 스승님께 삼배를 올렸다. 스승님의 은혜에 반드시 보답하겠다는 의지를 그렇게 표현했다.

"이제는 갈 때가 되었다. 많은 시간을 너와 함께 지내면서 나 또한 보람 있는 시간을 보냈느니라.
너는 이제 너의 육신으로 돌아가거라. 나는 이곳에서 더 할 일이 있느니라."

"어떻게 돌아가야 합니까?"

"네 육신을 떠올려 보거라. 그러다 보면 네 육신이 느껴질 것이니라. 그때 육신으로 돌아가고 싶다는 의지를 내어라. 그러면 육신과 하나가 될 것이니라."

마음으로 지극하게 몸에 대한 갈망을 일으켰다. 그러자 몸의 형상이 보이고, 토굴이 보였다. 내 몸으로 가고 싶다는 의지를 내는 순간 쑤욱하고 빨려 들어가는 느낌이 들었다. 그러면서 쿵 하고 부딪치는 충격이 느껴졌다.
정신이 번쩍 들었다.
어느새 몸 안으로 들어와 있었다.

몸을 움직이려고 해보니 몸이 굳어 있었다.
손가락 발가락을 천천히 움직이면서 몸이 풀어지기를 기다리고 있었다.
며칠 동안 떠나 있었는지 알 수는 없지만 상당한 시일 동안 다녀온 여행이었다.
그 시간들이 주마등처럼 스쳐 지나갔다.
마치 긴 꿈에서 깨어난 것 같았다.
마지막에 보았던 비로자나 광명의 일렁임이 아직도 가슴 속에서 느껴지고 있었다.
며칠 뒤, 스승님께서 돌아오셨다.
본래부터 그 자리에 서 있던 사람처럼 자상한 미소를 머금고 계셨다.

반가운 마음에 넙죽 엎드려서 일배를 올렸다.

"다녀오셨습니까?"
"그래, 몸은 좀 추슬렀느냐?"
"예, 이제는 웬만큼 적응이 되었습니다."
"다행이구나.
구선아! 지금까지 배우고 익힌 것을 바탕으로 해서 생명의 이치를 정립해 보려무나.
원초신이 생겨나게 된 원인도 들여다보고 천지만물이 그와 같은 의식을 갖추게 된 원인도 알아보려무나.
나와 함께하면서 네 스스로가 떠올렸던 질문들을 풀어가다 보면 저절로 그 이치가 드러날 것이니라.
그 일은 오로지 너만이 할 수 있는 일이니라.
그러니 반드시 마무리를 짓도록 하거라."
"최선을 다해보겠습니다. 스승님께서 보살펴 주십시오."

"구선아, 나는 이제 사바세계를 떠나야 하느니라.
오늘은 너와 작별을 하기 위해 찾아왔느니라."
"네에?! 떠나신다니 그게 무슨 말씀이신지....?"

작별이란 말씀에 차마 말문이 막혀서 뒷말을 이어 갈 수가 없었다.
"이제 생멸문과의 인연이 다했느니라. 오늘이 내가 열반에 드는 날이니라."
"열반이요....?"

하늘이 무너지는 것 같았다. 평생은 아니라도 얼마만큼은 내 곁에 계실 거라고 생각했었다.
그래서 스승님께 견성법도 배우고 해탈법도 배우고 싶었다. 나도 모르게 눈물이 흐르고 있었다.
통곡이라도 하고 싶은데 이상하게 울음소리가 터져나오지 않았다. 오히려 꿀꺽꿀꺽 목소리가 삼켜지고 있었다. 목이 메였다. 차마 스승님을 쳐다볼 수가 없어서 고개를 숙인채 눈물만 흘리고 있었다.
스승님의 따뜻한 손길이 나의 어깨를 감싸 안았다.
그제서야 울음이 터져 나왔다.
스승님의 품에 안겨서 꺼이꺼이 울었다.
한참을 그렇게 울다보니 스승님께서 내 등을 토닥여주셨다.
"자리에 앉아보거라."
감정을 가라앉히고 스승님과 마주 앉았다.
"네 눈으로 보았지 않았느냐. 죽음은 끝이 아니니라.
내가 열반에 드는 것은 못다한 수행을 완성하기 위해서이니 슬퍼하지 말거라. 오히려 열반에 드는 것을 감축해줘야지 그러면 되겠느냐?"
스승님의 자상한 말씀을 듣다 보니 마음이 가라앉았다.
그제서야 스승님의 존안을 똑바로 바라보게 되었다.

스승님의 얼굴에는 금빛 후광이 일렁이고 있었다.
'아! 정말로 스승님이 열반에 드시는구나!'
스승님이 고개를 끄덕이며 내 생각에 대답해 주었다.

"스승님께서 떠나시오면 저는 무엇을 의지하고 무엇을 참구해야 합니까?"
"칠이니라."

바람이 불었다.
스승님의 옷자락이 바람에 펄럭였다.
스승님의 몸에서 뿜어져 나오던 금빛 후광이 점점 더 짙어졌다. 그리고 머리카락과 수염, 옷자락들이 바람에 흩날려 갔다. 바람이 휩쓸고 간 자리에는 은은한 금빛 광채만이 남아 있었다. 나무들도 금빛을 발하고 바위와 풀잎들도 금빛으로 빛나고 있었다.
산천이 온통 스승님의 몸이었다.
그렇게 스승님이 떠나가셨다.
자리에 앉아서 3일을 보냈다.
'**칠이니라.**'
스승님의 마지막 말씀이 귓전에 맴돌고 있었다.

2부
죽음의 유형

1. 새로운 시대사상의 정립

1989년 어느 봄날.
속리산 채운사에서 견성오도를 이루었다.
스승님과 이별한지 3년만 이었다.
서울에 올라와서 보임을 하면서 새로운 시대사상을 정립하기 시작했다.
본성에 머물러서 경계를 비춰보고 마음속에서 일어나는 의문들도 본성으로 비추었다. 그러면서 생명의 시작에 대해 참구하기 시작했다. 9년 동안 그 사유가 이어졌다.
1999년 11월 [존재, 그 완성으로 가는 길]이 출판되었다.
그 책에는 스승님이 나에게 원하셨던 모든 이치가 담겨져 있다. 그로부터 5년 후, [12연기와 천부경]을 출판하게 되었다. 그 책에는 12연기가 진행되는 과정과 원인이 구체적으로 해석되어 있고 천부경의 이치가 해석되어 있다.
2020년 2월 [생명과 시대사상]이 출판되었다.
그 책에는 여래장연기와 생멸연기, 진여연기의 과정이 정리되어 있다.
2022년 3월 [무량의경]과 [묘법연화경1권]이 출판되었다.
그 책에는 비로자나부처님의 향하문적 습성을 제도하는 방법이 제시되어 있다.
지난 세월 동안 생명이 생겨나는 과정을 들여다보기 위해 혼신의 힘을 다했다.

스승님의 가르침을 저버리지 않기 위해 한시도 방일하지 않았고 내 마음속에서 궁금한 것이 해소될 때까지 사유의 끈을 놓치지 않았다.
그리고 이제 비로소 죽음의 일을 정리하기 시작했다.
생사(生死)는 양면의 얼굴이다.

2. 생의 형태에 따른 네 가지 유형의 죽음

죽음이란 '생(生)의 형태가 바뀌는 것'이다.
육체에서 영혼으로, 영혼에서 영혼으로,
영혼에서 육체로, 이렇게 생의 형태가 바뀌는 것이다.
영혼도 죽는가? 그렇다.
영혼이 죽어서 또 다른 영혼으로 태어날 수 있는가?
그렇다.

죽음은 육체에서만 일어나는 현상이 아니다.
생의 형태에 따라 네 종류의 죽음이 있다.
생의 형태는 화생(化生), 습생(濕生), 태생(胎生), 난생(卵生)이 있다.

화생(化生)은 영혼의 몸이 더 진보된 영혼으로 변화되는 생의 형태이다. 인간의 영혼이 신의 영혼으로 태어나는 것도 화생이고 신의 영혼이 상급의 신으로 태어나는 것도 화생이다.

화생으로 태어날 때는, 태어나기 전에 태어날 장소와, 태어날 부모, 태어나고 나서의 수명을 모두 알게 된다.

전생에 있었던 일을 모두 기억하고 습득했던 지식도 망각하지 않는다.

반면에 죽을 때는 전생의 기억이 미해지고 습득했던 지식을 잃어버린다. 그런 다음 몸에서 냄새가 나고 다른 생명과 일치하는 능력이 사라져 버린다. 그렇게 되면 죽어서 습생으로 윤회에 든다.

죽을 때는 스스로가 속해 있던 공간에서 순식간에 사라진다.

습생(習生)은 영혼이 분리되거나 축소되어 태어나는 생의 형태이다. 원초신에서 천지만물이 분리되는 것도 습생이고 신의 영혼이 축소되어서 인간의 영혼으로 태어나는 것도 습생이다. 인간의 영혼이 나누어져서 동물로 태어나는 것도 습생이다. 습생으로 태어나면 전생에 대한 일부분의 기억만 남아있게 된다. 떨어져 나온 식의 틀에 내재되어 있는 정보만을 가지고 자기라고 인식하고 나머지 의식에 대한 정보는 전혀 기억하지 못한다.

죽음에 들어갈 때는 초입 중음, 중간 중음, 만 중음의 절차가 정상적으로 이루어진다.

태생(胎生)은 태로 태어나는 생의 형태이다.

해와 달의 인력이 작용하는 공간에서는 태생과 난생이 이루어진다. 태생을 할 때는 입태가 이루어지는 순간에 영혼이 정신을 잃어버린다. 그러면서 전생의 기억이 모두 망각된다. 태생으로 태어난 생명들은 영혼의 정보가 육체 구조물 안에 나누어져서 내장된다.

영의 정보는 척수와 뇌줄기, 소뇌에 나누어져서 내장되고 혼의 정보는 육장과 세포, 소뇌에 나누어서 내장된다. 이와 같이 분리된 형태로 내장된 심식의 정보는 신경과 경락을 통해 유선으로 교류되고 공명을 통해 무선으로 교류된다. 태생으로 태어난 생명은 전생에 체득한 정보를 무의식으로 삼아서 생명활동을 영위한다.

죽음에 들어가면 육체 안에 나누어져서 내장되었던 영혼의 몸이 하나로 합쳐진다. 혼의 몸은 심장에서 합쳐지고 영의 몸은 시상에서 합쳐진다.

그런 다음 영의 몸은 가슴 쪽으로 내려오고 혼의 몸은 머리 쪽으로 올라가면서 목의 갑상선 부위에서 만나게 된다. 영혼이 합쳐지면 몸을 한 바퀴 돈 다음에 백회로 빠져나간다. 이때 정신을 잃어버린 영혼은 중음계로 가서 3일 뒤에 깨어나고 정신을 잃어버리지 않은 영혼은 원초투휘광채를 인식해서 중간 중음을 경험하게 된다.

난생(卵生)은 알로 태어나는 생의 형태이다.

허공을 떠돌던 귀신들이 해와 달의 인력이 작용하는 공간에서 육체를 갖추려면 난생으로 태어나게 된다.
난생이 이루어지는 과정도 태생과 비슷하다.
전생의 정보가 육체 안에 저장되는 것도 비슷하고 입란 후에 정신을 잃어버리는 것도 똑같다.
난생으로 태어난 생명은 죽어서도 귀신으로 돌아간다.
때문에 중음의 과정이 전체적으로 진행되지 않는다.
대부분 아수라적 습성을 갖고 있어서 우중충한 녹색빛의 세계에 머무르게 된다.

3. 생의 단절과 연계에 따른 두 가지 유형의 죽음

죽음의 과정에서 중시되는 두 가지 유형이 있다.
첫째는 생과 생의 사이가 단절되는 유형이다.
둘째는 생과 생의 사이가 연계되는 유형이다.

대부분의 태생과 난생, 습생은 생과 생 사이가 단절된다.
그래서 영혼으로 존재할 때 무엇을 하고 살았는지, 또 그 이전 생을 어떻게 살았는지 그때의 삶을 기억하지 못한다.
생과 생 사이가 단절되면 전생에서 체득했던 깨달음과 지식들이 연계되지 못한다. 때문에 이생의 삶에 적응하려면 새로운 지식을 습득해야 한다.
반대로 생과 생 사이가 연계되는 경우가 있다.

주로 화생인 경우이다.
영혼의 진보가 이루어지면 처해지는 세계가 바뀌게 된다.
이때 생과 생 사이가 단절되지 않으면 지금까지 쌓아왔던 깨달음과 지식들이 고스란히 연계된다.
그렇게 되면 생명의 진보가 훨씬 더 빨리 이루어진다.

4. 식의 형태에 따른 열 가지 유형의 죽음

식의 형태에 따라 죽음의 유형이 달라진다.
크게는 생멸문의 죽음과 진여문의 죽음으로 나누어지고 이를 세분화 시켜 보면 아홉 가지 유형으로 나누어진다.
생명이 서로 다른 죽음의 세계로 가는 것은 서로 다른 인식의 틀을 갖고 있기 때문이다.
생명이 갖고 있는 세계관과 인식 체계에 입각해서 인식의 틀이 갖추어진다.
이로 인해 서로 다른 유형의 죽음이 나타난다.

생명이 갖고 있는 세계관이나 인식 체계는 종교나 문화, 교육적 환경을 통해 확립된다.
하느님을 믿는 사람이라면 죽어서 천당에 가고 싶어 할 것이고 부처님을 믿는 사람이라면 극락에 가고 싶어 할 것이다.
그런 경우에는 어떻게 될까?

과연 천당과 극락에서 태어날 수 있을까?

죽음은 인식의 세계이다.
그렇기 때문에 자신의 믿음에 따라 그 세계가 창조된다.
하느님의 세계로 갈 것이라고 믿는 사람은 스스로가 창조한 믿음의 세계에서 태어나게 된다.
그런 사람들이 모여 사는 세계가 천당이다.

만약, 똑같이 하나님의 세계로 가고 싶어 하는 두 사람이 있다면 그 사람들은 어떻게 될까?
그 두 사람은 똑같은 세계로 갈 수 있을까?
그렇지 않다. 왜 그럴까?
하느님에 대한 이해성이 다르고 서로가 갖고 있는 고유진동수가 다르기 때문이다.

세계를 구성하는 요인은
고유진동수와 업식, 그리고 공간이다.
고유진동수는 생명이 갖고 있는 의식의 파동이다.
업식은 의식의 틀 안에 저장된 정보이다.
공간은 바탕 매질로 이루어져 있다.
업식에는 식업, 의업, 심업이 있다.
식업은 식의 틀 안에 저장된 생멸 정보이고, 의업은 의지의 분별성으로 인해 형성된 업식이며, 심업은 혼의 입자

속에 기록된 감정의 업식이다.
스스로가 갖고 있는 고유진동수와 업식에 따라 죽어서 처해지는 공간이 정해진다.
고유진동수가 10이라면 죽어서 가는 곳은 10의 고유진동수로 이루어진 공간이다. 그곳에 가서도 어떤 류의 업식을 쌓았느냐에 따라 처해지는 세계가 달라진다.
'동업중생'이란 말이 있다.
같은 업을 갖고 있는 생명들끼리 모여 산다는 말이다.

내면의 업식이 쌓아질 때 그에 따라 형성되는 외부세계가 있다. 그야말로 새롭게 창조되는 세계이다.
자기 내면의 업식이 쌓아질 때마다 고유진동수가 같은 공간 안에서는 새로운 창조가 이루어진다.
예를 들어, 내가 지금 복숭아 하나를 먹었다.
그 행위로 인해서 나와 같은 고유진동수로 이루어진 공간에서는 새로운 변화가 일어나게 된다.
어떤 변화가 일어날까?
"고맙습니다. 감사합니다." 하는 마음으로 복숭아를 먹었으면 그 세계에서 복숭아나무 한 그루가 생겨날 수도 있다. 반대로 짜증을 내면서 먹었다면 그 세계에 있는 복숭아나무 한 그루가 죽었을 수도 있다.
그와 같이 하나님에 대해서 생각했던 모든 업식들이 같은 고유진동수로 이루어진 장소에서는 새로운 창조의 원인이 된다. 이것이 바로 업식의 공명을 통해 세계가 세워지는 이치이다.

공간을 구성하는 바탕 매질은 원초신이 펼쳐낸 밝은성품으로 이루어져 있다.

사후에 원초신을 발현시킨 존재가 있다면 그로 인해 세계를 이루는 공간이 만들어진다.

그 공간에는 원초신을 발현시킨 존재의 고유진동수가 내포되어 있다. 그 고유진동수로 인해 기존의 공간과 분리된 새로운 공간이 만들어진다.

그런 공간이 창조되면 그 공간과 같은 고유진동수를 갖고 있는 생명들이 그 공간으로 이주해오게 된다.

공간을 창조한 원초신은 그 공간의 천주가 된다.

천상세계를 비롯해서 나머지 육도윤회계의 공간은 이와 같은 과정으로 창조되었다.

천당과 지옥은 있다. 하지만 그것은 개인의 업식이나 공업을 통해서 창조된 세계이다.

하나님의 세계도 그와 같다.

내가 죽어서 내 영혼이 어떤 곳으로 간다는 믿음이 있다면, 그 세계를 장엄하게 할 수 있는 행위를 해야 한다. 죽어서 내가 갈 곳이기 때문이다.

물 한 모금을 상대에게 보시하면, 그 보시는 그 세계에 가서 한 개의 샘이 될 수도 있고 내가 상대의 배고픔을 면하게 해주면 그 세계에 가서는 내 평생 먹을 양식이 될 수도 있다.
어떻게 살 것인가?
지옥을 만들면서 살 것인가?
천당을 만들면서 살 것인가?
세계관과 인식 체계에 의거해서 죽음의 유형이 만들어지는 것은 이와 같은 이치이다.

영혼의 삶을 믿는 사람의 죽음이 있다.
이것으로 인해 첫 번째 유형의 죽음이 나타난다.
영혼의 삶을 믿는 사람의 죽음은 중음의 과정이 순탄하게 이루어진다. 업식이나 두려움 때문에 빛의 몸을 받아들이는 것이 어려울 수도 있지만 사자의 인도를 받아서 윤회에 드는 것은 원만하게 이루어진다. 그런 사람들은 대부분 영계에 처해진다. 육체의 삶을 좋아하지 않으면서 무색계 4천에 대어날 수 있는 깨달음을 얻지 못했기 때문이다.

중음의 세계에 머무르는 죽음이 있다.
이것으로 인해 두 번째 유형의 죽음이 나타난다.
중음에 적응하지 못한 생명들은 중음의 세계에 머무르게 된다. 그렇게 되면 아귀계나 축생계, 지옥계에 들어가게 된다. 대부분 영혼의 삶을 믿지 않는 사람들이 이와 같은 상황에 처해지게 된다.

죽으면 끝이라고 생각했는데 계속해서 살아있으니까 죽었다고 생각하지 않는 것이다. 영혼으로 돌아간 존재가 계속해서 살아있다고 착각하게 되면 중음의 상태에서 벗어나지 못하게 된다.
지나친 집착이나 원망심을 갖고 있는 영혼들도 중음의 세계에 머무르게 된다. 그런 경우에는 중음 자체를 인식하지 못하게 된다.

영혼의 삶을 믿지 않는 자의 죽음이 있다.
이것이 세 번째 유형의 죽음이다.
대부분의 사람들이 영혼의 삶을 믿지 않는다.
과학 사상이 시대를 이끌어 가면서 그와 같은 인식이 더욱더 팽배해졌다.
이런 인식들이 삶을 단편적인 시각으로 바라보게 하는 폐단을 낳았다. 한 번뿐인 인생이니 놀고 즐기고 보자는 삐뚤어진 인생관을 갖도록 하였다. 그런 사람들은 수행에도 관심을 두지 않고 종교도 믿지 않는다. 의지하는 것은 오로지 돈과 권력뿐이다. 삶의 고귀함은 물질로 채우고 스스로의 존재가치는 자존심을 통해 충족시킨다.
그런 사람이 중음에 들어가면 스스로가 죽었다는 생각을 하지 않는다. 죽으면 모든 것이 없어져야 하는데 그대로 있기 때문이다.

개체성을 유지하면서 귀의처로 귀속됨을 믿는 자의 죽음이 있다. 이것이 네 번째 유형의 죽음이다.
죽으면 영혼의 상태로 돌아갈 수 있는 귀속처가 있다고 믿는 사람들이 있다.
이것을 '정토'라고 한다.
대부분 정토사상을 접했던 사람들이 이런 생각을 하게 된다. 또 죽으면 원초신의 본원과 계합한다고 믿는 사람들이 있다. 티벳에서는 어렸을 때부터 이와 같은 교육을 받는다. 최상의 죽음을 맞이하는 한 가지 방법으로 원초신과의 계합을 제시해 준다.
하느님만 믿으면 무조건 천당에 간다고 믿는 것 또한 정토신앙이다.
천당에 가거나 극락에 가는 것은 믿음을 통해 가는 것이 아니고 고유진동수와 업식에 의해 가는 것이다.
그러니 그 세계에 태어나고자 하면 고유진동수를 낮추고 업식을 제도해야 한다.

귀속처로서의 죽음을 믿는다면, 내 스스로 돌아갈 귀속처를 장엄하게 꾸밀 수 있어야 한다.
그 시간이 나에게 남아 있을 때 내가 태어날 세계를 장엄하게 만들어가야 한다.
내가 원하는 세계에서 태어나서 살고 싶다면, 그 세계를 장엄하게 꾸미는 노력을 지금부터 해야 한다.

지구 역시 우리들의 열망으로 만들어진 세계이다.
그래서 우리가 이 세계에 살고 있는 것이다.
우리는 이 세계를 더 아름답게 가꾸어야 할 사명이 있다.

무(無)의 세계와 계합을 이루는 것을 목적으로 하는 죽음이 있다. 이것이 다섯 번째 유형의 죽음이다.
종교나 사상에서 제시하는 궁극의 목적에 따라서 이런 유형의 죽음관이 생겨난다.
어찌 보면 이런 경우는 생멸문적인 죽음이라기보다는 진여문적인 죽음에 해당된다. 하지만 믿음과 이해는 있으되 실제로 진여를 체득하지는 못했으면 원하는 세계와 계합되지 못한다.
그런 관념을 갖고 있는 사람들이 만들어놓은 세계에 갈 수도 있지만 그 세계라는 것은 지극히 유한한 세계이다.
여래장 귀속을 믿으면서도 감정과 의식과 의지의 성향을 버리지 못하면, 결국 그가 처해지는 세계는 고유진동수와 업식에 따라 정해진다.
여래장으로 돌아가고 싶지만 심식의의 제도가 따라주지 않으면 그 세계로 갈 수가 없는 것이다.
관념적으로만 여래장 귀속론을 생각하고 실질적인 수행이 뒷받침되지 않으면 그런 죽음은 이루어지지 않는다.

개체식의 틀을 벗어나 자연에 귀속됨을 믿는 자의 죽음이

있다.
이것이 여섯 번째 유형의 죽음이다.
개체적 틀을 벗어나 자연에 귀속되고 싶어 하는 존재들이 있다.
정토신앙의 경우는 개체적인 틀을 유지하는 상태에서 귀의처에 귀속되는 경우지만 이런 경우는 개체적 틀을 벗어나서 자연의 본원과 계합을 이룰려는 것이다. 마치 한 방울의 물이 바다에서 합쳐지듯이 내 영혼이 큰 생명과 합쳐지기를 원하는 것이다.
이런 경우에는 정령이 된다.
죽어서 바람이 되고 싶은 사람이 있다.
그래서 여기저기 아무 거침없이 자유롭게 다니고 싶다.
죽어서 대지가 되고 싶은 사람이 있다.
모든 생명이 살아가는 삶의 터전이 되고 싶다.
물이 너무 좋아서 물의 정령이 되고 싶다.
그 숲과 호수가 너무 좋아서 그곳을 지키는 영혼이 되고 싶다.
이런 것들이 바로 자연에 귀속되고자 하는 영혼의 삶이다.
단지 갈망만 가지고 있어서는 그런 삶을 살 수가 없다.
물의 정령이 되고 싶다면 물의 원신과 교류할 수 있는 역량이 갖춰져야 한다. 영혼으로 돌아가서도 물의 수기를 받아들이고 그것과 일치해서 물속에 편재될 수 있는 능력이 있어야 한다. 그러려면 수진법을 익혀야 한다.

땅의 정령이 되고 싶다면 땅의 지기와 교감을 이루고 그 공간에 편재될 수 있는 역량을 갖추어야 한다. 토진법을 익혀야 한다.

숲의 정령이 되려면 목진법을 익혀서 나무와 교감을 이룰 수 있어야 한다.

바람도 마찬가지이다.

바람의 정령이 되려면 풍진법을 익혀야 한다.

새가 되어서 자유롭게 살고 싶다고 해서, 축생보를 받기를 원하는 사람은 없을 것이다.

영혼이 몇 개로 분리되어서 축생이 되기보다는 온전한 주체의식을 가지고 새가 되고 싶을 것이다.

그런 새가 되는 것은 쉬운 일이 아니다.

영혼이 새의 형태로 변화된 상태에서도 인간의 의식이 지속되려면 원신변형술을 익혀야 한다.

새가 되고 싶다면 세타파 상태에서 경수 3번 막관을 해야 한다. 그런 다음 몸을 자각하면서 삼차신경과 피질경로에 변화를 주어야 한다. 뼈의 중심을 비우고 팔을 날개로 변형시키면 원신변형이 이루어진다.

그런 수행을 하고 그런 닦음을 이룬 사람은 죽어서 영혼을 변화시켜서 새로 살 수 있다. 그것이 바로 습생법이다.

그런 경우 새의 몸이 죽으면 다시 인간의 영혼으로 돌아오게 된다.

정령으로 몇 천년, 몇 만년을 살아보는 것도 나쁘지 않다.
물의 정령이 되어서 때로는 강으로 때로는 바다로 때로는 호수로 때로는 천수로 왔다 갔다 하는 것도 좋은 삶이다.

옛날에는 바람을 주관하는 신하, 물을 주관하는 신하, 불을 주관하는 신하, 땅을 주관하는 신하들이 있었다.
누구나 수행을 통해 자연과 교류할 수 있는 역량이 갖추어지면 그러한 직책을 주었다.
그들이 자연과 교감하면서 바람이 너무 세지 않도록 하고, 비가 너무 많이 오지 않도록 하며, 너무 가물지 않도록 하는 역할을 했다.
그 시대에는 살아있는 인간이 정령의 역할을 했다.
하지만 언젠가부터 그런 법들이 끊어지고 인간은 자연과 교감할 수 있는 능력을 잃어버렸다.
꿈은 있으되, 정령으로서의 삶을 살 수 있는 방법을 잃어버린 것이다.

개체성을 갖고 있으면서도 자유롭게 차원을 넘나들 수 있는 자의 죽음이 있다.
이것이 일곱 번째 유형의 죽음이다.
개체 생명으로 존재하면서 차원을 넘어 자유롭게 살고자 하면 스스로의 고유진동수를 조절할 줄 알아야 한다.
진동수가 낮은 세계로 가려면 낮게 다운시키고 높은 세계로 가려면 높게 올릴 수 있어야 한다.
이런 성취를 이루려면 마음 상태에 따른 고유진동수의 변화를 정확하게 인식할 수 있어야 한다. 그런 다음 그 마음을 일으켰을 때 자기 고유진동수가 어떤 세계에 맞춰진다는 것을 알아야 한다. 생전에 유체이탈을 통해 그 세계들을 자유롭게 넘나들어봤던 사람은 그것이 수월하게 이루어진다. 하지만 그런 경험이 없는 사람은 반복적인 훈련이 필요하다.
선정의 힘이 클수록 자유롭게 오갈 수 있는 세계가 많아진다. 가장 높은 선정을 얻은 존재가 아라한이다.
아라한은 생멸문 전체를 임의대로 내왕할 수 있다.

아라한은 아니지만 자유롭게 차원을 넘나드는 존재를 만난 적이 있다.
부산에 범일동 보살이라는 사람이 있었다.
이 보살이 어렸을 때 역병이 돌아서 그만 죽게 되었다.
일제강점기였고 워낙 많은 사람들이 죽으니까 논둑에 그냥 시체를 방치했는데, 죽은 지 15일 만에 다시 살아났다. 그렇지만 이미 15일이나 지났기 때문에 이빨이 다 내려앉고 몸 곳곳이 썩어 있었다.
어찌어찌하여 살아났는데 말문이 막혀서 벙어리가 되었다. 말문을 틔우기 위해 백방으로 노력했지만 효험이 없었다. 그러던 어느 날 그녀가 종이에다 '상치'라는 글을 썼다.

부모들이 그게 무슨 뜻이냐고 물으니 '약' 이라고 썼다.
그래서 상추를 뜯어다 먹였더니 말문이 터졌다.
그때부터는 혼자 놀면서 종알종알 누군가와 대화를 했다.
다른 사람의 눈에는 안 보이는데 혼자 종알거리며 대화를 하니, 이상하다고 생각은 했지만 죽었다 살아났으니 오죽하겠나 싶어 부모님들은 별 신경을 쓰지 않았다. 그때 범일동 보살의 나이는 9살이었다.
당시 부산에는 일본인들이 설립한 상업은행이 있었다.
그런데 그 은행의 금고가 털려서 전국적으로 비상이 걸렸다. 어마어마한 돈이 털린 것이다.
어느 날, 범일동 보살의 아버지가 벽장문을 열다가 돈이 무더기로 쏟아져 내리는 것을 보고 질겁을 했다.
큰 은행에서 금고가 털렸다고 전국에 비상이 걸렸는데 자기 집에서 그런 돈다발이 쏟아져 혼비백산을 한 것이다.
두려움에 떨면서 아버지가 당국에 신고를 했다.
경찰에서 나와 이것저것 조사를 하면서 범일동 보살도 취조를 받게 되었다.
이 돈이 어디에서 왔는지 아냐고 묻자 어떤 모자를 쓴 아저씨가 주었다고 말했다. 그 아저씨가 누구냐고 묻자 나랑 매일 논다고 말했다. 그래서 아이는 경찰서에 잡혀갔다.
그때 부산 경찰서장은 일본의 유명한 가문 출신이었다. 지극한 효자였는데 마침 어머니가 병이 들어 누워 있었다.

워낙 큰 사건이라 서장이 직접 아이를 만나러 왔는데, 아이가 서장을 보자마자 할머니가 아프네? 라고 말했다. 놀란 서장이 어떻게 아느냐고 묻자 자기랑 노는 아저씨가 있는데, 그 아저씨가 알려주었다고 말했다.

아이의 말이 아무리 어이없을지라도 금고 털린 돈이 그 아이의 집에서 나온 마당이니 무조건 흘려들을 수가 없었다. 경찰서장은 속는 셈 치고 아이에게 물었다. "그럼 어떻게 하면 우리 어머니가 낫겠니?"

그러자 아저씨가 고쳐준다고 했다.

경찰서장이 아이를 데리고 자기 어머니한테 갔다.

그랬더니 밥그릇에 물을 한 사발 떠오라고 했다.

물을 떠오자 저고리 속에서 젓가락 한 쌍을 꺼내서 밥그릇에 담가놓았다. 그러더니 몇 대 조상은 무엇을 했고 몇 대 조상은 무엇을 했고 하면서 그 집 가계를 줄줄이 읊어댔다.

몇 대 조상이 무슨 일을 했는데, 그때 원한이 생겨서 지금 이렇게 어머니가 아프게 되었다고 하면서 갑자기 호통을 쳤다.

다른 사람의 눈에는 아무것도 안 보였지만, 아이의 눈에는 환자의 몸속에 있는 원혼들이 보였다.

"너희들 다 나와!" 호통소리에 환자가 벌떡 일어났다.

말도 못하고 식음도 전폐했던 환자가 벌떡 일어나더니 마치 낮잠이라도 자고 난 것 처럼 기지개를 폈다.

그 광경을 보고 경찰서장이 아이의 말을 모두 믿게 되었다. 그래서 어떻게 된 사연인지 상세하게 물어보게 되었다.

역병이 돌아 죽었을 때 저승사자가 아이를 데리러 왔다. 저승사자의 손을 잡고 길을 가다가 우렁찬 폭포가 떨어지는 곳을 지나가게 되었다. 저승사자가 빨리 가자고 재촉했지만 그 폭포가 너무 멋있어서 발길이 떨어지지 않았다. 계속 폭포를 바라보고 있다 보니 갑자기 폭포 위에서 어떤 사람이 척 하고 뛰어내려왔다. 그러더니 '너는 내 색시인데 가긴 어딜 가?' 하면서 아이의 손을 잡았다. 저승사자가 어! 어! 하는 사이에 횡하니 하늘로 날아올랐다. 정신을 차려보니 어떤 동굴 속에 와 있었다.
그 사람이 말하기를, 너는 내 색시니까 죽으면 안된다, 아무 날 아무 시에 내가 너를 데리러 갈 테니까 그때까지 이승으로 돌아가 있으라고 했다. 그러면서 젓가락 한 쌍을 정표로 주었다.
이것이 무엇이냐고 물었더니 "서산반죽"이라 했다.
그 젓가락에는 신통이 있어서 물그릇에 담그면 그 집안에 얽힌 모든 귀신들이 나온다 했다. 그래서 귀신을 부릴 수 있는 힘이 생긴다 했다. 그 젓가락을 보살의 목에다 걸어주고 조그마한 단검 하나를 주었다. 그 단검은 귀신을 죽일 수 있다고 했다. 때문에 아무리 악독한 귀신들도 부릴 수 있다고 했다. 마지막으로 큰 도포를 하나 주었다. 어른들이 입는 두루마기 도포였는데, 그것을 입으면 모습이 보이지 않는다고 했다. 이렇게 세 개를 정표를 주고 다시 이승으로 돌려보냈다는 것이다.
범일동 보살은 그를 초립동이라 불렀다.
상업은행 금고에서 돈을 훔친 이유는, 도포를 쓰는 방법을 일러주기 위해서라고 했다. 아이에게 도포를 입혀서 금고의 돈을 꺼내오게 했던 것이다.
그 도포를 입고 은행에 들어갔더니 아무도 자기를 보지 못했다. 돈도 도포에다 주워 담으면 보이지 않았다. 그래서 매일매일 소풍 가듯이 왔다 갔다 하면서 그 돈을 자기 집으로 날랐다.
이야기를 들은 경찰서장이 욕심이 났다. 그래서 그 보물들을 뺏으려 했지만 찾을 수가 없었다. 벽장에 들어있다던 그 보물들은 끝내 나타나지 않았다.
그 무렵 범일동 보살은 엄청난 신력을 갖고 있었다.
펄쩍 뛰어오르면 이층집을 뛰어넘었고 두 사람의 장정이 양팔을 붙들어도 가랑잎처럼 날려 보냈다. 완력으로는 도저히 어쩔 수 없었기에 경찰서장도 감시만 했다 한다.

하지만 그런 범일동 보살도 약점이 있었다.
등을 마주 대고 업으면 힘을 쓰지 못했다.
우연하게 아버지가 그 약점을 알게 되었다.
결국에는 그 약점 때문에 결혼을 하게 되었다.

열 다섯살 되던 해 범일동 보살은 아버지 등에 거꾸로 업혀서 신랑방에 넣어졌다. 꼼짝도 못 하고 첫날밤을 치른 뒤 남의 집 사람이 되었다.
억울하고 분해서 한동안 저항을 했지만 어쩔 수 없었다.
어느 날, 초립동이가 보살을 찾아왔다.
이미 다른 사람의 여자가 되었으니 정표들을 내놓으라고 했다. 정표를 내어주니 보살을 데리고 첫날에 갔었던 동굴로 갔다. 동굴 벽 구멍에다 보물들을 넣어 두면서 훗날에 다시 만날 거라 했다. 그렇게 작별을 한 다음에는 초립동이를 만나지 못했다.
그 후 보살은 무당이 되었다.
무당이 된 뒤에도 초립동이를 만나고 싶었지만 만날 수 없었다. 심지어는 정표를 숨겨둔 동굴을 찾으려고 노력해 보았지만 그조차도 찾을 수 없었다.
내가 범일동 보살을 만났을 때 그녀의 평생소원이 다시 한번 초립동이를 만나보는 것이었다.
나도 호기심이 일어서 초립동이를 소환해 보았다.
그랬더니 그날 밤 초립동이가 찾아왔다.
초립동이를 만난 범일동 보살은 대성통곡을 했다.
그 당시 범일동 보살의 나이가 76세였다.
그야말로 61년 만의 재회였다.

어디에 사는 신명이냐고 물었더니 자기는 속해있는 세계

가 없다고 했다. 이렇게 자유자재로 다른 세상을 넘나들면서 산다 했다. 그러면 이 삼십삼천 세계에서 당신이 못 가는 세계도 있느냐고 물었더니 자신이 못 가는 세계도 있다고 했다. 하지만 대부분의 세계는 마음대로 넘나들 수 있다고 했다. 어떤 수행을 했냐고 물었더니 자신은 도가 공부를 했다고 했다. 수행법에 대해 물으니 상세하게 설명을 해주었다. 그 뒤로 초립동이와 친구가 되었다.

그 무렵에 만났던 신명 중에 천상동자가 있었다.
그는 지역 신명에 귀속되어 있으면서 특정한 임무를 갖고 있는 영계의 영혼이었다.
영계의 신 중에서 지상신명계를 관장하는 천상신이 있었다. 천상동자는 그 신의 심부름을 하는 동자신이었다.
천상과 지상을 왔다 갔다 하면서 천상신의 의지를 전해주기도 하고 지상 인간들이나 신명들의 상황을 천상신에게 전달해주기도 했다.
이런 영혼들은 넓은 범위의 차원은 넘나들지 못한다. 하지만 제한된 범위 안에서는 임의대로 내왕할 수 있다.

천상영계에 천장별부라는 세계가 있다.
이 세계는 유교의 신명계이다.
공자 맹자에서부터 유교를 신봉했던 사람들이 창조해 낸 세계가 바로 천장별부이다.

그 천장별부에 남명조식이라는 사람이 있었다.
그는 조선시대의 대유학자이다. 이 사람이 바로 그 대의 천장별부를 주관하는 상수신명이었다.
그 남명조식의 자손 중에 조처사라는 사람이 있었다.
이 사람은 산을 좋아하고 수행하기를 즐겨서 한동안 지리산 법계사에서 살았다. 법계사에 살면서도 하루에 두 번씩 문창대에 올라가서 기도를 했다. 문창대는 고운 최치원 선생이 수행했던 장소였다.
그러던 어느 날, 갑자기 조처사의 입에서 이상한 말들이 쏟아져 나오기 시작했다.
본인이 의도하지 않는데도 좔좔좔좔 이상한 말들이 쏟아져 나오니 본인도 어쩌지 못하고 주변 사람들도 어떻게 할 수가 없었다. 처음에는 그 말들을 알아듣지 못했지만 시간이 지나면서 알아듣게 되었다.
말이 나오는 것은 그 말을 기록하라는 것이었다.
불행하게도 조처사는 글을 쓸 줄 몰랐다.
그러다 보니 입으로 중얼거리면서 그 내용을 외우게 되었다. 그렇게 3년이 흘렀다. 그 무렵 진주에 살던 최 씨가 법계사를 방문했다. 최 씨가 조처사의 말을 들어보니 놀라운 내용을 담고 있었다.
그때부터 그 내용들을 기록하기 시작했다.
그 후로 4년 동안 조처사의 말들을 기록했다.
최 씨는 진주 옥종 사람이었다.

옥종 최참판댁 손자인데, 백시로 태어나서 어렸을 때부터 천대를 당했다. 그렇게 권세 있던 집안에서 몸은 하얗고 눈은 녹색인 손자가 태어났으니 배척을 받을 수밖에 없었다. 세상을 떠돌다가 법계사까지 와서 조처사를 만나게 되었다.
무려 4년 동안 수록해서 한 권의 책으로 만들었다.
그 책의 제목을 '요화전경'이라 지었다.
첫장을 넘겨보면 천장별부의 서른여섯 개의 신명의 이름이 나온다. 그리고 다음 장을 넘기면, 도인이 출현할 때 세상에 나타나는 징조들에 대한 말이 나온다.
그 뒤로는 미래에 대한 예언이 나온다.
중간에 가면 그 사람들이 해석하지 못하는 내용들이 있다. 내가 그 내용을 해석해주면서 친분을 맺게 되었다.
최씨는 그 책을 갖고 공부를 했다. 수행을 할 때는 49일간 단식을 하면서 매일 그 책을 읽었다.
그러던 어느날 함께 수행을 하고 있는데 어떤 동자가 찾아왔다. 누구냐고 물으니 천상 할배의 심부름을 왔다고 했다. 당시에 나는 진동관 수행을 하고 있었고 다른 사람들은 요화전경을 암송하고 있었다.
동자가 나를 가르키면서 최 씨에게 물었다.
"저게 뭔지 알아요?"
나는 항상 진동관을 하고 있었는데, 최 씨도 그것에 대해 궁금했지만 차마 그 이유를 묻지 못하고 있었다.

마침 동자가 뭔지 아느냐고 묻자 부쩍 호기심이 더해졌다.
최 씨가 "모릅니다."라고 대답하자 천상 할배가 저걸 알아야 최 씨가 힘을 얻는다고 말했다.
그 말을 전하고 천상동자가 돌아갔다.
그때 내 나이가 스물두 살이었다.
최 씨는 자존심에 차마 그것이 무슨 수행이냐고 물어보지 못했다. 끙끙거리다 결국 제자를 보냈다.
꼿꼿한 최 씨의 성격을 아는지라 웃음이 나왔다.
그리하여 사념처관법 중 신념처관법을 일러 주었다.
몸의 감각을 세우고, 몸의 기운을 느끼고, 백회를 열고 닫는 법에 대해서 설명해 주었다.
그 뒤로도 천상동자가 자주 내왕을 했다.
천상동자도 친구처럼 지냈다.

다른 생명들과 어울리지 않고 별도로 창조한 자기만의 공간에서 머무르려고 하는 존재의 죽음이 있다.
이것이 여덟 번째 유형의 죽음이다.
스스로의 원초신을 발현시켜서 독자적인 자기 공간을 창조할 수 있어야 이와 같은 죽음에 들어갈 수 있다.
이런 존재들로 이루어진 세계가 오불환천의 두 번째 하늘인 무열천이다.
동업의 습성에 부딪치는 것을 꺼려하고 공간의 뒤섞임을 부정시하는 존재가 원초신을 발현시킬 수 있는 깨달음을 얻으면 이와 같은 죽음을 성취하게 된다.
대부분 신선도 수행을 했던 존재들이 이와 같은 죽음에 들어가게 된다. 이런 존재가 윤회에 들면 수많은 생을 홀로 살아야 한다. 오랜 세월 동안 지어놓은 반연이 없기 때문이다.

생멸수행을 통해 깨달은 사람의 죽음이 있다.
이것이 아홉 번째 유형의 죽음이다.
선정의 단계와 신앙의 유형에 따라서 서로 다른 죽음의 세계에 처해진다.
선정을 얻지 못하고 신앙을 통해 청정한 삶을 살았던 사람들은 대부분 도리천에 태어난다.
신앙의 유형에 따라 삼십삼천 중에 태어날 장소가 정해진다.

초선정을 증득한 사람들은 신앙의 유형에 따라서 범천이나 극락세계의 하품하생원에서 태어나게 된다.
정토신앙을 갖고 있던 사람들은 아미타불의 극락정토에서 화생하고 범신론을 갖고 있던 사람들은 범보천이나 범천에 태어난다.
초선정을 증득하지 못하고 정토신앙만 갖고 있던 사람은 도솔천에 태어나게 된다.

2선정을 이룬 사람은 광음천에 태어나게 된다.

정토신앙을 갖고 있는 사람은 극락세계의 하품중생원에 태어나게 된다.

3선정을 이룬 사람은 변정천에 태어나게 된다.
정토신앙을 갖고 있는 사람은 극락세계의 하품상생원에 태어나게 된다.

4선정을 이룬 사람은 광과천에 태어나게 된다.
정토신앙을 갖고 있는 사람은 극락세계의 중품하생원에 태어나게 된다.

5선정을 이룬 사람이 몸에 대한 집착이 남아있으면 오불환천중 무번천에 태어나게 된다.
몸에 대한 집착이 없으면 무색계 공무변처천에 태어나게 된다.
정토신앙을 갖고 있는 사람은 극락세계의 중품중생원에 태어나게 된다.

6선정을 증득한 사람이 몸에 대한 집착이 있으면 색계 무열천에 태어나게 된다.
몸에 대한 집착이 없으면 무색계 식무변처천에 태어나게 된다. 정토신앙을 갖고 있는 사람은 극락세계의 중품상생원에 태어나게 된다.

7선정을 증득한 사람이 몸에 대한 집착이 있으면 색계 선견천에 태어나게 된다.
몸에 대한 집착이 없으면 무색계 무소유처천에 태어나게 된다. 정토신앙을 갖고 있는 사람은 극락세계의 상품하생원에 태어나게 된다.

8선정을 증득한 사람이 몸에 대한 집착이 있으면 색계 선현천에서 태어나게 된다.
몸에 대한 집착이 없으면 무색계 비상비비상처천에 태어나게 된다. 정토신앙을 갖고 있는 사람은 극락세계의 상품중생원에 태어나게 된다.

8선정을 증득한 사람이 색(色)의 본질을 깨달아서 몸의 형질을 완전하게 제도하면 색계 색구경천에 태어나게 된다. 이런 사람이 정토신앙을 갖고 있으면 극락세계의 상품상생원에 태어나게 된다.

개체식을 갖고 있는 존재가 9선정에 들어가면 아라한이 된다.

대적정을 체득한 존재의 죽음이 있다.
이것이 열 번째 유형의 죽음이다.
본성에 심·식·의(心識意)가 갖추어져 있는 것이 개체식이다.

진여문에 들어갔다고 하는 것은 본성과 심식의를 분리시켰다는 말이다. 그러기 위해서는 본성의 간극에 머물러서 대적정을 이루어야 한다.
이런 존재를 아라한이라 한다.
아라한은 생멸심을 분리시켰기 때문에 죽음이 없다.
때문에 아라한이 죽는다는 것은 열반에 들어가는 것이다.
열반은 본성·각성·밝은성품을 자기로 삼은 상태에서 심·식·의를 인식의 대상으로 삼지 않는 것을 말한다.
아라한의 열반은 두 가지 방법으로 이루어진다.
하나는 멸진정에 드는 것이다.
또 하나는 보살도로 나아가는 것이다.
멸진정은 심식의를 분리시킨 상태에서 본성의 간극에 머물러 있는 상태를 말한다. 이 상태에서는 어떤 시공의 상태에도 간섭받지 않는다. 생멸문에서 벗어난 상태이다.
보살도로 들어가는 열반은 환희지에 머무르는 것이다.
이 상태에서는 본성을 이루는 세 가지 요소와 밝은성품, 구경각이 진여심을 이룬다.
본성을 이루는 세 가지 요소는 무념·무심·간극이다.
밝은성품은 본성의 간극에서 생성되는 생명 에너지이다.
구경각은 각성이 본성과 분리된 상태에서 갖추어지는 무위각이다.
본성을 이루고 있는 세 가지 요소를 명확하게 인식하는 것이 깨달음의 절차에 있어서 대단히 중요한 과정이다.

견성오도와 해탈도의 경계가 여기서 나눠진다.
견성오도의 단계에서는 본성이 한 덩어리로 인식된다.
그러다가 해탈도에 들어가면 본성이 세 영역으로 나누어서 인식된다. 본성의 간극에 머무르게 되면 본성과 각성이 합일을 이룬다. 이 상태를 본각이 갖추어졌다고 말한다. 본각으로 대적정을 이루고 멸진정에 들어간다.
즉 아라한이 되는 것은 본각을 통해 이루어진다는 말이다. 아라한이 진여출가를 해서 보살도에 들어가려면 본각을 구경각으로 전환시켜야 한다.
그러기 위해서 필요한 절차가 각성과 본성의 분리이다.
본성과 각성을 분리시키는 것은 분리시켰던 생멸심을 효율적으로 제도하기 위해서이다.
보살도의 목적은 분리시켰던 생멸심을 제도해서 불공여래장을 성취하는 것이다. 이 과정의 수행을 대자비문 수행이라 한다.
아라한은 대적정을 이루었지만 불공여래장을 성취한 존재는 아니다. 때문에 깨달음을 놓고서는 첫 번째 단계를 성취했을 뿐 두 번째, 세 번째 단계를 성취한 것이 아니다. 아라한의 열반은 작은 열반이다.
참다운 대열반을 성취하려면 두 번째, 세 번째 단계의 깨달음을 증득해야 한다. 보살도를 통해 두 번째 단계의 깨달음을 증득하고 등각도를 통해 세 번째 단계의 깨달음을 증득한다.

대적정으로 공여래장을 이루는 것이 첫 번째 깨달음이다. 대자비문으로 불공여래장을 이루는 것이 두 번째 깨달음을 이루는 것이다. 공여래장과 불공여래장으로 불이문을 이루는 것이 세 번째 깨달음을 이루는 것이다.

개체식의 죽음을 놓고서는 아라한의 죽음이 마지막 죽음이다. 보살의 죽음이나 생멸문의 죽음은 식(識)의 죽음이 아니고 문(門)의 죽음이다. 생명은 장(場), 문(門), 식(識)으로 몸과 정신을 이루고 있다.
때문에 죽음 또한 장, 문, 식의 죽음이 있다.
생(生)과 사(死)는 본성이 아닌 것이 일으키는 생멸적 변화이다.
때문에 본성 이외의 모든 현상은 죽음에 들어간다.

3부
장(場), 문(門), 식(識)의 죽음

1. 여래장(如來場)의 죽음

여래장(如來場)은 본원본제(本源本際)가 펼쳐놓은 생명 에너지의 장이다.
본원본제는 생명의 뿌리이다.
본원본제로부터 무량극수(無量極數)의 우주가 만들어졌고 그 안에서 살아가는 천지만물이 생겨났다.

본원본제의 성품(性品)에서 생명 에너지가 생성된다.
이를 일러서 '밝은성품'이라 한다.
본원본제가 생성해내는 밝은성품 에너지가 우주의 바탕 공간이다. 이를 일러서 '여래장'이라 한다.
여래장이 곧 본원본제의 몸이다.

본원본제는 상(相)과 성(性)과 체(體)로써 존재성을 갖는다.
본원본제의 상(相)은 본성·각성·밝은성품으로 이루어져 있다.
본원본제의 성(性)은 무념·무심·간극으로 이루어져 있다.
본원본제의 체(體)는 밝은성품으로 이루어져 있다.

본원본체의 성(性)과 상(相)의 정보가 체(體)에 내재되면서 본연(本然)이 생겨났다.
본연이란 본성·각성·밝은성품간의 관계를 말한다.
본성은 무념(無念)·무심(無心)·간극(間隙)으로 이루어져 있다.

본원본제의 성(性)이 곧 본성이다.
각성(覺性)은 본성의 능성(能性)에서 생겨났다.
분별성, 지각성, 의도성으로 드러난다.
밝은성품은 본성의 간극에서 생성된다.
무념과 무심 사이에서 일어나는 끊임없는 요동이 밝은성품이다.
밝은성품은 에너지가 갖고 있는 두 가지 성향을 가지고 있다. 첫 번째 성향은 정보를 내장하는 기능이다.
두 번째 성향은 힘(力)으로 전환되는 기능이다.
첫 번째 성향으로 인해 본원본제의 성과 상의 정보를 내장하게 되었다.
두 번째 성향으로 인해 미는 힘과 당기는 힘이 생겨났다.
미는 힘을 음기(陰氣)라 하고 당기는 힘을 양기(陽氣)라 한다.

밝은성품 안에 내장된 성(性)의 정보를 근본정보(根本精報)라고 한다. 본성을 이루고 있는 무념·무심·간극의 정보가 곧 근본정보이다.
밝은성품안에 내장된 상(相)의 정보를 진여정보(眞如精報)라고 한다. 진여정보로 인해 본연이 생겨난다.

밝은성품이 미는 힘과 당기는 힘으로 전환되는 것은 먼저 생성된 밝은성품과 나중 생성된 밝은성품이 서로 부딪치기 때문이다.

본성의 간극에서 생성되는 밝은성품은 각성의 상태에 따라서 생성되는 양이 달라진다.
각성이 간극에 두어지면 밝은성품의 생성이 중단된다.
이 상태에서는 무념과 무심의 서로 다른 형질이 균질화된다. 그러면서 간극에서 일어나던 요동이 멈춰진다.

각성이 무념, 무심에 두어지면 밝은성품의 생성량이 줄어든다. 각성이 무념과 무심을 비춰보는 과정에서 두 가지 형질의 차이가 상쇄되기 때문이다.

각성이 무념, 무심, 간극에 두어지면 밝은성품의 생성량이 반감되고 생성되는 즉시 소비된다.
이때 밝은성품을 소비하는 것이 각성이다.

각성이 본성에서 거두어지고 밝은성품에 치중하면 생산량이 극대화된다.
이때에는 먼저 생성된 밝은성품과 나중 생성된 밝은성품이 빈번하게 부딪친다.

각성이 본성과 밝은성품을 동시에 주시하면 밝은성품의 생성량이 줄어든다. 이 상태에서는 각성이 밝은성품의 생성량을 조절할 수 있게 된다.

각성과 밝은성품, 본성 간에 이루어지는 이러한 관계는 새로운 정보를 생성해 내는 원인이 된다.
이런 관계를 통해 만들어진 정보중에 각성과 밝은성품 간에 만들어진 정보를 '생멸정보(生滅精報)'라 한다.

본연을 통해 생성된 근본정보와 진여정보, 생멸정보는 밝은성품 공간에 내재된다. 그러면서 본연이 일어나고 있는 공간의 고유진동수를 점점 더 높여놓는다.
특히 밝은성품 간의 부딪침으로 만들어진 미는 힘과 당기는 힘은 여래장 공간의 형질을 바꿔놓는 원인이 되었다.
밝은성품이 서로 부딪치면서 일으키는 변화를 '자연(自然)'이라 한다.

본연이 일어나고 있는 공간의 고유진동수가 높아지고 자연으로 인해 공간의 바탕 매질이 변화되면서 여래장공간 안에 새로운 공간이 출현하게 되었다. 그것이 바로 생멸문(生滅門)이다.

생멸문은 근본정보와 생멸정보를 내장하고 있고 밝은성품과 당기는 힘, 미는 힘으로 이루어진 공간을 갖추고 있다.
생멸문에 내재된 근본정보는 생멸문의 본성이 되고 생멸정보는 식(識)의 바탕이 된다.
밝은성품과 미는 힘, 당기는 힘은 공간적 변화를 지속적으로 일으키면서 새로운 생멸정보들을 양산해 낸다.
생멸문의 본성과 식, 공간구조의 변화로 인해 생멸연기가 일어난다. 그것이 바로 12연기이다.
생멸문이 12연기에 들어가면 본연 공간에 내장되어 있던 진여정보는 진여문으로 전환된다. 그러면서 생멸문 전체를 감싸안게 된다. 이런 과정을 통해 여래장과 진여문, 생멸문이 생겨났다.

여래장의 바탕공간 위에 본연 공간이 만들어지고 본연 공간 안에 생멸문이 만들어진다. 생멸문이 연기에 들어가면 진여정보는 진여문으로 전환되고 생멸문을 껴안고 있게 된다. 여래장 공간 안에는 이와 같은 구조로 만들어진 생멸문과 진여문이 무량극수가 있다.
부처님께서는 여래장계의 생멸문과 진여문을 연화장세계라 했다.
본원본제에서 여래장이 만들어지고 생멸문과 진여문이 생겨나는 것을 여래장연기(如來場緣起)라 한다.

무량극수의 생멸문이 만들어내는 어둠으로 인해 여래장이 죽어간다.
생멸문은 각성의 무명적 습성과 밝은성품의 자연적 성향으로 생겨난 존재이다.
각성의 무명적 습성이란 각성이 밝은성품에 치중해서 본성을 비추는 것을 망각한 것을 말한다.
이로 인해 밝은성품 간에 부딪침이 일어나고 자연적 현상이 생겨나게 되었다.
생멸문의 체(體)는 당기는 힘으로 이루어진 테두리 안에 미는 힘과 밝은성품으로 이루어진 에너지 공간으로 이루어져 있다.
생멸문의 상(相)은 근본정보와 생멸정보, 유위각(有爲覺)으로 이루어져 있다.
생멸문의 성(性)은 근본정보로 이루어져 있다.

생멸문의 공간을 이루고 있는 밝은성품은 근본정보의 간극에서 생성된다.
미는 힘과 당기는 힘은 유위각의 지각성과 분별성에서 생겨난다.
밝은성품에 대한 긍정적 지각은 당기는 힘을 만들어내고 부정적 지각은 미는 힘을 만들어 낸다.

생멸문의 체(體)와 상(相)의 작용으로 인해 생멸연기가 일어난다. 상(相)을 이루고 있는 생멸정보와 체(體)를 이루고 있는 세 가지 에너지의 결합으로 세 종류 물질 입자가 생겨나고, 그 물질 입자를 유위각이 지각하면서 여섯 가지 생멸식(生滅識)이 생겨난다.
이 과정을 무명(無明) - 행(行) - 식(識)이라 한다.

무명은 각성이 무명적 습성에 빠져있는 상태를 말한다.
행(行)은 각성이 의지로 전환되고 세 종류 물질 입자가 생겨난 것을 말한다.
식(識)은 새롭게 생겨난 생멸정보가 여섯 가지 차원으로 틀지워지고 근본정보와 연결되어 있는 상태를 말한다.

밝은성품이 일으키는 변화에 치우쳐서 본성을 망각한 각성은 유위각의 상태에서 지각과 분별을 지속적으로 행한다. 그러면서 지각성과 의도성이 약해지고 분별성이 강해진다. 이것을 일러 '각성이 의지(意)화 되었다'라고 말한다. 각성을 망각하고 의지를 갖게 된 생멸문은 내면에서 일어나는 변화들을 능동적으로 대처하지 못하게 된다.
이때 생명문의 내부에서 일어나는 변화는 세 종류 힘의 관계로 인해서 생겨나는 공간적 변화가 있었고 생멸정보와 근본정보의 얽힘으로 일어나는 고유진동수의 변화가 있었다. 세 종류 힘들은 밀고 당기면서 자연적 변화를 일으키고 생멸정보와 근본정보는 새롭게 생성되는 생멸정보를 받아들이면서 얽힘의 형태가 점점 더 복잡해져간다. 정보와 정보가 어우러지면서 새로운 얽힘의 형태를 만들어내는 것을 인연(因緣)이라 한다.
자연적 변화와 인연적 변화로 인해 생멸 공간 내부의 고유진동수가 점점 더 높아져 간다.
그 결과로 생겨난 것이 물질입자이다.

물질입자는 세 종류 힘의 부딪침으로 생겨났다.
밝은성품에 대한 의지의 분별로 인해 세 종류 힘은 지속적으로 생성되었다. 그렇게 생겨난 힘들이 생멸공간 내부에 중첩되면서 서로 부딪치게 되었다.
이 과정을 통해 만들어진 세 종류 물질입자를 '원초물질입자'라 한다.
원초물질입자가 만들어지고 나서 생멸공간 안에는 물질입자로 이루어진 새로운 공간이 생겨나게 되었다.
물질입자가 만들어진 이후의 생멸공간은 중심부와 테두리, 중간 공간으로 구분되어 있었다.
중심부에는 근본정보가 내재된 적정공간이 형성되어 있었다.
테두리는 당기는 힘으로 이루어져 있었다.
중간 공간은 밝은성품과 미는 힘으로 이루어져 있었다.
세 종류 물질입자 중에 미는 성향과 밝은성품의 성향을 갖고 있는 것들은 테두리 쪽에 몰려 있었고 당기는 성향을 갖고 있는 것들은 중심부쪽에 몰려 있었다.
중심부와 중간공간 사이에는 '의지의 차원대'가 형성되어 있었다.

의지의 차원대는 세 가지 기능을 갖고 있다.
첫 번째 기능은 근본정보가 생성해내는 밝은성품에 대한 지각적 분별이다. 이 기능으로 인해 미는 힘과 당기는 힘이 지속적으로 생성된다.
두 번째 기능은 중심부 공간의 보호이다.
이 기능으로 인해 중심부 공간의 고유성이 훼손되지 않게 되었다.
세 번째 기능은 중간공간과 테두리 사이에서 생성되는 새로운 생멸정보에 대한 지각적 분별이다.
이 기능으로 인해 식(識)이 출현하게 되었다.

세 종류 물질입자들은 중심부보다 높은 고유진동수를 갖고 있었다. 때문에 안정된 중심부 쪽으로 이동하게 되었다. 중심부 쪽으로 이동하는 물질입자들은 중심부의 고유진동수에 적응하기 위해 분열하게 되었다.
그 과정에서 엄청난 온도의 열과 압력이 표출되었다.
이렇게 생겨난 열과 압력은 의지의 차원대쪽에 집중되어 있다가 테두리 쪽으로 이동하게 되었다.
물질입자들은 중심부 쪽으로 이동해오고, 의지의 차원대쪽에서는 테두리 쪽으로 열과 압력이 방출되는 것이 반복되면서 물질입자들의 진동이 시작되었다.
이 과정이 반복되면서 생멸문 내부 공간의 열과 압력이 점점 더 높아져가게 되었다.

의지는 이 모든 과정을 지각하면서 긍정성과 부정성을 일으키게 되었다. 특히 세 종류 물질입자에 대해 일으킨 분별이 가장 뚜렷하게 이루어졌는데 이로써 새로운 생멸정보들이 생겨나게 되었다.
이 과정을 행(行)이라 한다.

물질입자의 진동이 반복되면서 진동의 속도가 점점 더 빨라지게 된다. 그러면서 생멸문 내부의 온도와 압력이 점점 더 상승하게 된다.
물질입자의 진동속도가 정도 이상 빨라지면서 의지의 지각적 분별이 더 이상 이루어지지 못하게 된다.
이 상태를 '혼돈'이라 한다.
생멸문 내부에서 발생하는 열과 압력은 생멸문 공간을 팽창시켰다. 행(行)의 과정을 통해 생멸문의 팽창이 비약적으로 이루어졌다.

물질입자의 진동이 반복되는 동안 의지는, 중심부의 근본정보에서 생성되는 밝은성품에 대해 지각적 분별을 행하고 있었다. 그래서 미는 힘과 당기는 힘이 계속해서 생성되고 있었다.
의지가 혼돈에 빠지면서 분별로 인해 생성되던 미는 힘과 당기는 힘의 생성이 중단되었다.
그렇게되자 의지의 차원대 쪽에 밝은성품이 누적되기 시작했다. 이런 과정으로 누적된 밝은성품은 자연적 현상을 통해 미는 힘과 당기는 힘으로 변화되었다.

그러면서 의지의 차원대 쪽으로 강력한 척력을 분출하게 되었다. 이때의 척력은 밝은성품과 미는 힘 간의 반응으로 생겨났다.

폭발적으로 증가된 열과 압력, 미세화된 물질입자의 증가된 진동속도, 거기에다 중심부로부터 강력한 척력이 더해지면서 물질입자들이 생멸문의 테두리를 뚫고 벗어나게 되었다.

이것이 바로 '대폭발'이다.

대폭발이 있고 나서 생멸문 내부에 있던 물질입자들이 여래장공간으로 확산된다. 그러면서 여래장계 안에 물질공간을 형성하게 된다. 이와 같은 과정으로 만들어진 물질공간으로 인해 여래장계의 고유진동수가 높아지게 된다.

대폭발 이후에, 생멸문이 다시 안정되었다.

의지의 지각적 분별이 다시 행해지고 테두리와 중심부, 중간공간의 상태가 안정을 찾게 되었다.

다만 대폭발 이전과 달라진 부분이 있었다.

그것이 바로 중간공간의 변화였다.

대폭발 이전의 중간공간은 밝은성품과 미는 힘으로 채워져 있었다. 그러다가 대폭발 이후에는 '식의 틀'이 자리하게 되었다.

식의 틀은 미는 힘으로 이루어진 '식의 차원대'와 밝은성품의 공간, 세 종류 물질입자로 인해 생성된 '여섯가지 생멸정보'로 이루어져 있다.

식의 틀이 생겨난 이후로 생멸문은 생명공간과 물질공간으로 이루어지게 되었다.
생명공간은 테두리 안쪽에 형성된 식의 틀과 의지의 차원대, 중심공간으로 이루어졌고 물질공간은 테두리 밖의 여래장공간에 형성되어 있었다.
식의 틀을 갖추게 된 생멸문을 '원초신(原初神)이라 한다.
원초신의 식(識)은 단순계로 이루어져 있다.
세 종류 물질입자에 대한 긍정과 부정으로 생겨났기 때문이다.

원초신의 정신은 의지와 식, 근본정보로 이루어져 있다.
의지는 식과 근본정보 사이에 차원대를 형성하고 있으면서 양쪽에서 생성되는 정보들에 대해 지각하고 분별하게 된다. 근본정보에서는 밝은성품이 생성된다. 의지는 밝은성품에 대해 지각적 분별을 행하면서 미는 힘과 당기는 힘을 생성해낸다.
이렇게 생성된 두 가지 힘은 식의 틀과 테두리에 제공된다. 당기는 힘은 식의 차원대와 합쳐지고 미는 힘은 테두리와 합쳐진다.
이 과정이 반복되면서 원초신의 정신에 변화가 생겼다.
단순계로 이루어졌던 식이 복잡계로 변화된 것이 그것이다.

식의 변화는 명색(名色)을 통해 일어났다.
명색이란 내부의식 간에 일어난 교류를 말한다.
명색은 당기는 힘과 미는 힘의 관계로 인해 생겨났다.
미는 힘과 당기는 힘은 서로 결합하는 성향을 갖고 있다. 때문에 의지가 당기는 힘을 생성해내면 미는 힘 쪽으로 결합하고 의지가 미는 힘을 생성해내면 당기는 힘 쪽으로 결합한다. 서로 다른 성향의 힘이 결합하면 힘의 방향성과 작용성이 동시에 소멸된다. 그러면서 에너지로써 기질만 남게 된다. 이런 과정을 통해 생성된 에너지를 '중간에너지'라 한다. 중간에너지는 극성이 없다. 마치 밝은성품이 극성을 띠고 있지 않는 것과 같다. 중간에너지는 미는 힘과도 부딪치지 않고 당기는 힘과도 부딪치지 않는다. 밝은성품과도 부딪치지 않는다.
중간에너지 공간에서는 미는 힘과 당기는 힘, 밝은성품도 각각의 고유성을 유지하게 된다.

중간에너지의 양이 지속적으로 늘어나자 의식의 차원대를 이루고 있던 음기의 벽이 허물어졌다.
그러면서 의지와 본성하고만 연결되어 있던 여섯 가지 식(識)들이 서로 교류하기 시작했다.
이때의 식의 교류는 무작위적으로 빈번하게 일어났다.
그 결과로 객체의식들이 생겨나게 되었다.
객체의식이 생겨난 원초신의 식(識)은 단순계 구조에서 복잡계 구조로 바뀌게 되었다.

이 상태에서 미는 힘과 당기는 힘이 지속적으로 공급되자 '식의 분리'가 일어나게 되었다.

'식의 분리'는 미는 힘의 성향과 고유진동수의 변화, 의지의 의도성 때문에 생겨나게 되었다.

주체의식 안에 내재되어 있는 객체의식들은 주체의식과는 다른 이질화된 고유진동수를 갖고 있었다.

때문에 주체의식과 완전히 결합을 이루지 못하고 들떠있는 상태였다.

마치 물 위에 떠있는 거품 같은 상태였다.

그 상태에서 미는 힘과 당기는 힘이 식의 틀에 공급되었다. 당기는 힘은 들떠있는 객체의식들을 주체의식과 결속시키는 역할을 했고 미는 힘은 객체의식과 주체의식을 분리시키는 역할을 했다.

당기는 힘이 의지의 의도성과 결합되면 식의 능동성(能動性)이 생겨난다. 반대로 미는 힘과 의지의 의도성이 결합되면 식의 수동성(受動性)이 생겨난다.

능동성이 강화된 객체의식들은 식의 분리가 나중에 일어나고 수동성이 강화된 객체의식들은 식의 분리가 먼저 일어난다.

이런 과정으로 식이 분리되는 것을 '자연분리(自然分離)'라 한다.

원초신에서 분리된 객체의식들이 천지만물의 원형이다.

이들을 일러서 원신(原神)이라 한다.
원초신에서 분리된 원신의 원형은 여섯 종류가 있다.
무정, 원생물, 식물, 동물, 인간, 신이 바로 그것이다.
이 중 가장 먼저 원초신에서 분리된 원신이 무정이다.
무정은 한 가지 주체의식을 갖고 있다.
그러면서 근본정보를 미약하게 내재하고 있고 식의 능동성이 전혀 갖추어져 있지 않다. 반면에 고유진동수는 높지가 않다. 고유진동수가 높지 않음에도 가장 먼저 분리된 것은 식의 능동성을 갖추지 못했고 근본정보가 미약하게 갖추어졌기 때문이다.

무정이 분리된 다음에는 원생물이 분리되었다.
원생물은 주체의식의 형태가 뚜렷하게 갖추어지지 않았다.
근본정보 또한 미약하게 갖추고 있다.
식의 능동성도 미약하게 갖추고 있다.
고유진동수는 낮은 편에 속한다.
원생물이 두 번째로 분리된 것은 주체의식이 완전하게 틀 지워지지 않은 상태에서 식의 능동성을 부족하게 갖추고 있었기 때문이다.

원생물이 분리된 다음에는 식물의 원신이 분리되었다.
식물은 주체의식이 두 개인 경우도 있고 세 개인 경우도 있다. 주체의식이 두 개인 것이 먼저 분리되고 세 개인 것이 나중에 분리되었다. 식물은 근본정보를 작게 내재하고 있다. 식의 능동성도 미약하게 갖추고 있다.
식물의 고유진동수도 높지 않다.

식물 다음으로 동물의 원신이 분리되었다.
동물은 주체의식이 세 개인 것이 있고 네 개, 다섯 개인 것도 있다. 주체의식이 세 개인 것이 먼저 분리되고 그다음으로 네 개, 다섯 개를 가진 것들이 분리되었다.
동물도 근본정보를 작게 내재하고 있다.
그에 비해 식의 능동성은 부족하지 않게 갖추고 있다.
주체의식이 세 개인 것보다 다섯 개를 갖고 있는 것들이 식의 능동성을 더 크게 갖고 있다.
동물의 고유진동수는 높다.

동물 다음으로 인간의 원신이 분리되었다.
인간은 주체의식이 여섯 개이다.
인간은 근본정보를 충분하게 내재하고 있다.
식의 능동성은 천지만물 중에서 가장 많이 갖추고 있다.
고유진동수는 낮다.

인간 다음으로 신의 원신이 분리되었다.
신의 주체의식은 여섯 개이다.
근본정보는 천지만물 중에 가장 많이 내장하고 있다.

식의 능동성은 인간 다음으로 많이 갖추고 있다.
고유진동수는 천지만물 중에 가장 낮다.

인간과 신은 자연 분리를 통해 분리된 존재가 아니다.
인간과 신은 '인식 분리(認識分離)'를 통해 분리되었다.
인식분리란 원초신의 의도로 객체의식이 분리되는 것이다.
식의 능동성을 강하게 갖추고 있는 객체의식들은 자연 분리가 일어나지 않는다. 당기는 힘으로 인해 주체의식과 객체의식의 결합이 공고하게 유지되고 있기 때문이다. 동물의 원신이 분리될 때는 원초신의 의도가 반영되지 않았다. 미는 힘의 성향과 식의 수동적 상태만으로도 객체의식의 분리가 일어났기 때문이다.

원초신은 처음 형성될 때부터 단순계로 이루어진 식의 틀을 갖추고 있었다. 때문에 복잡계를 형성하고 있는 식의 틀에 대해서는 부정적 견해를 일으키게 되었다.
원초신이 단순계로 이루어진 식의 틀을 지향하면서 인식 분리가 일어났다. 인식 분리는 의지의 의도성과 미는 힘의 성향이 더해지면서 일어나게 되었다.

인간의 원신이 인식 분리된 이후에 신의 원신이 분리되었다.
인간과 신의 원신이 분리된 원초신은 다시 단순계로 이루어진 식의 틀을 회복하게 되었다.

하지만 이 상태가 오랫동안 지속되지 않았다. 원초신의 내부의식 안에서는 명색의 과정이 반복해서 일어나기 때문이다. 명색이 일어나면 다시 식의 틀이 복잡계를 형성한다. 그렇게 되면 자연 분리와 인식 분리가 반복해서 일어난다. 이 과정이 반복되면서 생멸문 안에는 수많은 천지만물들이 생겨나게 되었다. 그러면서 원초신의 생명공간이 점점 더 줄어들게 되었다.

원초신이 천지만물로 분열되면서 생멸문의 죽음이 시작되었다. 원초신의 분열이 정도 이상 이루어지면 원초신이 생성해 내는 밝은성품이 줄어들게 된다.
그렇게 되면 생멸문의 팽창이 멈춰지면서 수축기가 시작된다. 성겁(成劫)과 주겁(住劫)이 다하고 괴겁(壞劫)이 시작되는 것이다.
성겁과 주겁을 거치면서 12연기가 진행된다.
명색을 통해 분리되었던 원신들이 육입(六入)-촉(觸)-수(受)-애(愛)-취(取)-유(有)-생(生)-사(死)를 거쳐가는 것이 12연기이다.
괴겁 때에는 분열되었던 천지만물 간에 결합이 일어난다. 그러다가 공겁에 들어가면 모든 천지만물이 원초신과 하나로 합쳐진다. **천지만물의 의식이 원초신과 합쳐지면 원초신도 스스로의 주체의식을 상실하게 된다. 이것이 바로 원초신의 죽음이다.** 새로운 성겁이 일어날 때까지 원초신은 죽음에 머무르게 된다.

공겁의 시간이 원초신에게는 중음의 시간이다.
이 시간 동안 원초신은 천지만물이 체득한 깨달음과 생멸정보를 스스로의 식의 틀 안에서 융화를 시킨다.
원초신의 의지가 각성으로 전환되고 식의 틀이 정비되면 이때부터 새로운 명색이 일어나게 된다.
이것이 새로운 겁의 시작이다.

객체의식의 고유진동수를 형성시키는 세 가지 원인이 있다.
첫 번째 원인은 근본정보의 내재 정도이다.
두 번째 원인은 내재하고 있는 생멸정보의 가짓수이다.
세 번째 원인은 주체의식의 가짓수이다.
근본정보를 많이 내재하고 있는 원신은 고유진동수가 낮다. 반대로 생멸정보를 많이 내재하고 있는 원신은 고유진동수가 높다. 주체의식의 가짓수가 많을수록 고유진동수가 높다.

근본정보를 많이 내재하고 생멸정보를 적게 내재하면 고유진동수가 낮다. 이런 상태에서는 주체의식의 가짓수가 많아도 고유진동수가 낮다. 신과 인간이 이런 경우에 해당된다.
생멸정보를 많이 내재하고 근본정보를 적게 내재하면 고유진동수가 높다. 이런 상태에서 주체의식의 가짓수가 많아지면 고유진동수가 매우 높다. 동물의 원신이 이런 경우에 해당된다.

근본정보도 적게 내재하고 생멸정보도 적게 내재한 상태에서 주체의식의 가짓수가 적으면 고유진동수가 낮다.
식물과 무정이 이 경우에 해당된다.

객체의식마다 근본정보와 생멸정보를 내재하고 있는 정도가 서로 다르다. 이로써 천지만물에게 서로 다른 개체적 성품이 생겨나게 되었다.

원신은 근본정보를 자성(自性)으로 삼는다.
식의 틀은 주체의식과 객체의식으로 이루어져 있다.
자성과 식의 틀 사이에 의지의 차원대가 자리하고 있다.
명색을 통해 분리된 원신들은 자성과 식, 의지로 이루어진 식의 틀을 갖추고 있었다.
원신의 몸은 자성에서 생성되는 밝은성품과 미는 힘, 당기는 힘으로 이루어져 있다. 당기는 힘이 개체식의 테두리 역할을 하고 밝은성품과 미는 힘이 중간공간을 채우고 있다. 원신의 내부의식에서도 명색이 일어난다.
명색으로 인해 중간에너지와 미는 힘이 증가하면 원신공간에서도 분열이 일어난다. 이것을 일러서 습생(習生)이라 한다. 습생을 통해 원신들도 자식을 생산해 낸다.

이 과정에서도 자연 분리와 인식 분리가 수반된다.

12연기가 진행되면서 원신의 식의 틀에 변화가 일어난다. 육입(六入)과 촉(觸)이 이루어지면서 혼의 몸과 감정을 갖게 되었고 유(有)의 과정에서 육체를 갖게 되었다.
생(生)의 과정을 거치면서 수명을 갖게 되었고 사(死)의 과정을 거치면서 영혼의 몸과 육체의 몸 사이를 윤회하게 되었다.

육입(六入)은 명색으로 분리된 원신들이 서로 교류하는 것을 말한다. 六은 여섯 가지로 이루어진 주체의식을 말한다. 入은 경계의 인식을 말한다.
원초신의 식은 단순계로 이루어졌다. 때문에 육입이 일어나지 않는다. 원초신은 명색을 통해 내부의식 간의 교류를 행할 뿐 외부 존재와 교류를 행하지 않는다.
반면에 원신들은 복잡계로 이루어진 식의 틀을 갖고 있다. 때문에 내부의식 간의 교류와 외부경계와의 교류가 함께 이루어진다.
육입을 통해 새로운 정보가 유입되면서 원신들의 고유진동수가 점점 더 높아지기 시작했다.
거기에다 인식된 경계에 대해 분별과 비교가 더해지면서 고유진동수가 급격하게 높아지게 되었다.
이 당시 육입의 대상이 되었던 경계들은 원초신에서 분리된 천지만물의 원형들이었다.
이들은 서로를 인식의 대상으로 삼으면서 점점 더 높은 고유진동수를 갖추게 되었다.

육입의 과정에서 일곱 번째 생명이 창조되었다.
이때에 창조된 생명을 상념체라 한다.
상념체는 신과 인간의 상념에 의해 창조되었다.
육입을 통해 인식했던 원신들을 떠올리고 분별할 때 세 가지 에너지가 응집되면서 상념체가 창조되었다.
상념체는 창조한 원신의 의도가 거두어지면 물질공간으로 이주해가게 된다.
상념체는 근본정보를 내재하고 있지 않다.
식의 구조도 불안정해서 일정 시간이 지나면 흩어지게 된다. 창조주의 의도가 두어졌던 시간에 비례해서 상념체가 갖고 있는 식의 능동성이 달라진다.
식의 능동성에 따라 상념체의 수명이 달라진다.
식의 능동성이 클수록 상념체의 수명이 길어진다.
상념체들은 물질공간으로 이주해가서 무정의 공간에 내재 된다. 그러다가 나중 有의 과정에서 별과 함께 형상을 갖게 된다.

육입을 통해 고유진동수가 높아진 원신들은 원초신의 생명공간을 벗어나서 물질공간에 처해지게 되었다.

이 당시의 생멸문은 생명공간과 물질공간으로 이루어져 있었다. 생명공간은 고유진동수가 8이었고 물질공간은 고유진동수가 9~14사이를 넘나들고 있었다.
원신의 고유진동수가 9를 넘어서게 되면 생명공간을 벗어나서 물질공간으로 이동해 가게 된다.

원초신에서 분리된 여섯 종류의 원신 중에 무정과 원생물, 식물들은 분리된 직후부터 물질공간으로 이동해왔다. 동물 중에서도 근본정보의 내장이 적은 원신들은 물질공간으로 이동해왔다. 이들 또한 무정의 공간 속에 내포되었다.
상념체가 무정의 공간으로 이주해 왔을 때는 원생물과 식물, 동물의 원신들이 그 공간 속에 내포되어 있었다.

육입의 과정을 통해 물질공간으로 이주해온 원신들은 대부분 인간 원신들이었다.
물질공간에 처해진 인간 원신들은 물질입자와 결합하게 되었다. 물질입자의 결합은 원신의 테두리 부위에서 이루어졌다. 원신의 테두리는 당기는 힘으로 이루어졌다.
이때의 결합은 같은 고유진동수를 갖고 있는 물질입자들과 이루어졌다. 물질입자로 이루어진 영의 몸을 혼(魂)이라 한다.
혼의 몸을 갖게 된 인간 원신들은 식의 틀과 존재 양태에서 변화가 일어나게 되었다.
식의 틀에 일어난 변화는 감정을 갖게 된 것이다.

존재 양태에서 일어난 변화는 촉(觸), 수(受), 애(愛), 취(取)가 시작된 것이다.
감정은 식의 정보가 물질입자 속에 내재되면서 생겨나게 되었다. 감정과 의식은 세 가지 부분에서 서로 다른 양상을 갖고 있다.

첫 번째 부분은 정보를 내장하는 방식이다.
영의 몸에서는 육입을 통해서 정보의 내장이 이루어졌다. 하지만 혼의 몸을 갖추고부터는 혼의 몸을 거쳐서 육입이 이루어졌다.
혼의 몸은 영의 몸 바깥쪽에 위치해 있다. 때문에 인식되는 정보를 일차적으로 인식하게 된다. 이렇게 인식한 정보를 물질입자 속에 내장시키고 그 정보를 영의 몸으로 전달하게 된다. 이때 영의 몸에 전달되는 정보 속에는 물질의 파동이 내포되어 있다. 물질의 파동성이 더해져서 내장된 정보가 누적되면서 감정이 생겨난다.

두 번째 부분은 정보를 교류하는 방법이다.
혼의 몸을 갖추기 전에는 육입을 통해서 교류가 이루어졌다. 하지만 혼의 몸을 갖고부터는 파동의 공명과 물질공간의 접촉을 통해서 교류가 이루어졌다.
이 과정을 통해서 서로가 갖고 있는 감정정보를 공유하게 되었다. 혼의 공간이 접촉되는 것을 촉(觸)이라 한다.

촉은 부분적으로 이루어지는 경우도 있고 전체적으로 이루어지는 경우도 있다. 촉을 통해 이루어진 감정 간의 교류를 수(受)라 한다.
파동의 공명을 통해 감정이 교류되는 것을 애(愛)라 한다.

세 번째 부분은 식의 활동에 쓰여지는 에너지이다.
영의 몸 안에서는 밝은성품과 미는 힘, 당기는 힘으로 식이 활동한다. 반면에 혼의 몸 안에서는 파동에너지와 전자기에너지로 식이 활동한다. 파동에너지는 정보가 발산해내는 주파수에서 생성된다. 전자기에너지는 물질입자의 진동으로 만들어진다.

감정이 생겨나고부터 인간 원신들은 의식·감정·의지·본성으로 이루어진 식의 틀을 갖추게 되었다.
감정으로 인해 인간 원신들의 고유진동수는 점점 더 높아지게 되었다. 그러면서 본성을 망각하고 의식·감정·의지에 더욱더 천착하게 되었다.
촉(觸)을 통해 수(受)를 경험했던 인간 원신들은 또 다시 촉(觸)을 이룰 수 있는 대상을 찾기 위해 그리움을 일으키게 된다. 이것을 일러서 애(愛)라 한다.
애(愛)는 혼의 몸을 통해서 외부로 진동을 발산해내는 것이다. 이때 발산된 진동에 공명하는 대상을 만나면 다시 촉(觸)이 이루어진다. 애를 통해 촉이 이루어지는 것을 취

(取)라고 한다.

촉·수·애·취는 혼의 몸을 통해서 이루어지는 교류의 양태이다. 촉·수·애·취를 거치면서 인간 원신들의 고유진동수는 점점 더 높아지게 된다.
취(取)의 과정에서는 두 가지 큰 변화가 일어났다.
첫 번째 변화는 복합 분리(復合分離)가 일어난 것이다.
두 번째 변화는 물질공간의 변화였다.

복합 분리란 자연 분리와 인식 분리가 함께 일어나는 것이다. 취의 상태에서는 전체적 원신의 합체가 이루어졌다. 전체적 원신의 합체란 혼의 몸과 영의 몸이 전체적으로 합쳐지는 것이다. 전체적 원신의 합체를 이룬 상태를 복합체라 한다. 복합체가 되면 본성도 하나로 합쳐지고 의식과 감정까지 하나로 합쳐진다.
이 상태에서 유일하게 합쳐지지 않는 것이 의지이다.
의지는 각성으로 생겨났고 각성은 본성의 능성으로 생겨났다. 본성은 근본정보의 동일성으로 인해 합쳐지기도 하고 분리되기도 하지만 각성은 공유되지 않는다. 때문에 의지도 뒤섞이지 않는다.
의지의 이와 같은 성향은 나중 복합체가 서로 분리되는 원인이 된다.
본성이 하나로 합쳐지면 밝은성품의 생성량이 비약적으

로 증가한다. 그런 상태에서 감정정보가 합쳐지면 충만감과 충족감이 생겨난다. 이때에 생겨난 감정들은 나중 욕정이 생겨나는 원인이 되었다.
의식정보가 합쳐지면서 다양한 상상이 일어난다.
이 과정을 통해 수많은 상념체들이 창조되었다.

의지의 의도성이 상념에 집중되면 이 상태에서 자연 분리와 인식 분리가 함께 일어난다.
자연 분리는 저절로 일어난 상념에 서로의 의지가 집중되었을 때 일어나게 되었고 인식 분리는 의도적으로 일으킨 상념에 서로의 의지가 집중되면서 이루어졌다.
복합체에서 분리된 존재들이 원신의 자식들이다.
인간 원신들은 영의 상태에서는 자식을 만들지 못했다.
본성에 대한 인식력이 부족해서 많은 양의 밝은성품을 생성해 내지 못했기 때문이다. 반면에 신들은 영의 상태에서도 자식을 만들 수 있었다. 신은 혼자서도 자식을 만들 수 있지만 인간은 두 개의 영혼이 합쳐져야 자식을 만들 수 있다.

취의 과정에서 분리된 분리체의 자식들은 부모 원신이 갖고 있던 정보를 이어받게 된다.
이때의 정보는 영의식에 내재되었던 본성 정보와 식과 의의 정보, 그리고 혼의식에 내재되어 있던 심의 정보이다.

영의식의 정보는 밝은성품 공간에 저장되어 이어지고 혼의 정보는 혼을 이루고 있는 물질 입자에 저장되어 이어진다.
분리체들의 자손들은 취의 과정에서 합쳐졌던 양쪽 원신의 정보를 공통으로 이어받게 된다.
때문에 부모 원신보다도 훨씬 더 방대한 정보를 내재하고 있다.
정보의 내재가 많아지면 심식이 풍요로워지기도 하지만 고유진동수는 더욱 높아지게 된다.
그런 상황에서 각성이 심식의의 정보에 치중하고 근본 정보를 인식하는 것을 도외시하게 되면 밝은성품을 생성해내는 기능이 약해지게 된다.
고유진동수가 높아지면서 밝은성품의 생성이 감소되면 몸의 크기가 현격하게 줄어든다.
이런 연유로 분리체의 자손들은 부모 분리체보다 월등하게 작은 몸을 갖게 된다.
복합체를 이룬 상태에서 의지가 서로에게서 거두어지면 합체되었던 원신들이 다시 분리된다. 이런 과정을 경험한 존재들을 분리체라 한다. 분리체들은 또 다른 취를 이루기 위해 쉼 없는 갈망을 일으키게 된다. 이로 인해 생멸문 전체의 고유진동수가 점점 더 올라가게 되었다.
취의 과정에서 일어난 물질공간의 변화는 분리체들로 인해 시작되었다. 이때에 일어난 물질공간의 변화로 인해 유(有)의 과정이 시작되었다.

유(有)의 과정은 두 가지 방향으로 이루어졌다.
첫 번째 방향은 혼의 몸이 육체의 몸으로 변화된 것이다.
두 번째 방향은 별이 탄생한 것이다.

혼의 몸이 육체의 세포구조물로 변화된 것은 크게 세 가지 원인으로 인해서이다.
첫째가 원신의 고유진동수가 높아진 것이다.
둘째가 체백으로 인해서이다.
셋째가 별의 인력 때문이다.

혼을 몸으로 삼은 원신의 고유진동수가 높아진 것은 촉·수·애·취의 과정을 거치면서이다.
이 과정을 거치면서 원신들의 고유진동수는 점점 더 높아지게 된다.
고유진동수가 높아지면 생명의 몸이 줄어든다.
때문에 촉·수·애·취 과정을 거친 혼생명의 몸은 그것을 거치지 않은 생명과 비교해서 월등하게 작은 상태였다.
수(受)와 애(愛)의 감성은 부분적 촉을 이룬 원신보다도 전체적 촉을 이룬 원신들이 더 강했다.

취의 과정을 거친 분리체들과 분리체의 자손들은 15진동의 고유진동수를 갖게 된다.
이 당시 물질공간을 이루고 있던 물질 입자들이 14진동의 상태였다.

14진동의 물질공간에 15진동의 분리체들이 처해지게 되자 물질공간을 이루고 있던 물질 입자들이 15진동으로 변화를 일으키게 된다.

14진동이 15진동에 맞춰지려면 입자 간의 결합이 일어난다. 물질 입자의 결합으로 인해 대량의 핵융합 에너지가 방출된다.

이때 생겨난 엄청난 열과 압력이 물질공간 전체를 휩쓸고 지나가면서 공간 변화가 일어났다.

이 당시 물질공간은 혼의 몸으로 이루어진 생명공간과 생명공간에 포함되지 않은 일반공간으로 나누어져 있었다. 일반공간을 '궁창'이라 부른다.

식물, 동물, 원생물, 상념체들은 무정의 원신 공간에 함께 내포된 상태였다.

분리체들로 인해 만들어진 핵융합 에너지가 원신체의 공간과 궁창공간에 방출되자 물질공간 전체가 플라스마 상태가 되었다.

그 과정에서 생명정보를 내재하고 있던 혼의 입자들도 결합되었다. 혼의 입자가 결합되면서 '체백(體魄)'이 만들어졌다.

체백은 생명정보를 내장하고 있는 물질 입자가 결합해서 만들어진 일종의 미생물이다.

이렇게 생겨난 체백은 물질공간 전체에 퍼져서 공간의 고유성을 유지시키는 매개인자가 된다.
원신체의 공간에서는 혼성과 공존하면서 공간의 고유 형질을 유지시키는 역할을 하고 별 공간 안에서는 삼체공간이 고유한 형질을 유지하도록 하는 매개인자가 된다.
궁창에서도 궁창의 고유 형질을 유지시켜가는 역할을 하게 되는데 만약 체백이 처해져 있던 공간에서 벗어나면 그 공간은 고유 형질을 잃어버리고 붕괴되거나 다른 공간에 흡수되는 변화를 일으킨다.

체백은 독자적인 생명성을 갖고 있는 작은 미생물이면서도 스스로가 속한 공간의 고유진동수를 읽어서 공간과 공생하는 기질을 갖고 있다.
체백이 다른 공간에 속해지면 자기 안에 내장되어 있던 정보를 그 공간에 심어주는 역할을 한다.
체백의 이런 기능은 생명으로 하여금 유전적 형질을 갖게 하는 원인이 되었다.
체백이 속해 있는 공간은 환경만 조성되면 언제든지 생명이 출현할 수 있는 조건이 된다.

체백이 출현하고부터 원신체의 공간과 물질공간은 커다란 변화를 맞이하게 된다.
특히 분리체들의 혼에 큰 변화가 생기고 별의 원신 공간에 큰 변화가 생기는데 그것이 바로 육체의 출현과 별의 형성이다.

체백은 두 가지 근본을 갖고 있다.

하나는 원초신에서 분리된 원생물이 혼의 생명정보와 합쳐진 것이고 또 하나는 혼의 입자가 결합하면서 분자화되고, 미생물화된 것이다.

혼의 공간에 체백이 생겨나면서 분리체들은 또 다른 생을 맞이하게 된다. 그것이 바로 표면의식의 갖춤이다.

표면의식이란 눈·귀·코·입·몸·머리로 이루어진 인식 기관을 말한다.

영혼으로 존재할 때에는 식의 구조로서 눈식, 귀식, 코식, 언어식, 몸식, 의식으로 이루어진 식의 근본이 있었다.

이는 세 가지 형질로 이루어진 물질 입자에 대해 의지가 지각적 분별로서 긍정성과 부정성을 일으킨 것이 원인이 되어 생겨난 것이다.

원초신의 여섯 가지 주체의식이 그 과정에서 생겨나고 주체의식의 교류를 통해 만들어진 객체 의식이 분리되면서 원신이 되었기 때문에 원신들도 각각의 종류에 따라 서로 다른 주체의식을 갖고 있었다.

인간은 여섯 개의 주체의식을 갖고 있고 신도 여섯 개의 주체의식을 갖고 있었으며 동물은 세 개, 네 개, 다섯 개를 갖고 있고 식물은 두 개와 세 개를 갖고 있다.

무정은 한 개의 주체의식을 갖고 있다.

원신들이 갖고 있는 주체의식을 식근이라 부른다.

생명은 식근을 몇 개 가지고 있느냐에 따라 동물이냐 식물이냐 무정물이냐 인간이냐 신이냐 등으로 구분된다.
생명은 식근의 가짓수에 따라 형태가 이루어지고 그것은 후에 그 생명의 모습을 결정하는 원인이 된다.
인간이 인간의 모습을 하고 있는 것은 인간을 이루는 식근이 여섯 개로서 동등하기 때문이다.
식근은 영혼으로 존재할 때는 뚜렷한 구조물로서 틀 지워지지 않았다.
하지만 체백이 생겨나고부터는 구조물로서 형태를 갖추게 되었는데 그것이 바로 육근(六根), 즉 눈·귀·코·입·몸·머리이다.

체백이 생겨난 혼의 공간은 체백을 중심으로 혼의 입자들이 뭉쳐지면서 비약적으로 축소된다.
원신이 처음 영 생명으로 존재할 때는 그 크기가 하나의 은하계만 한 상태였다.
그러다가 혼의 몸을 갖고부터는 태양계만 하게 줄어들었고 촉·수·애·취를 거치면서는 태양의 크기만 하게 줄어들었으며 체백이 생겨나고부터는 100킬로미터 정도의 크기를 갖게 되었다.
원신의 크기가 이와 같이 줄어든 것은 고유진동수가 높아지면서부터이다.
체백이 형성될 당시 원신의 고유진동수는 15였다.

한 개의 체백은 그 크기가 0.5nm 이하이다.
그런 체백이 혼의 입자를 결속시키면 그 크기가 약 45cm 정도가 된다.
체백은 둥근 형태를 하고 있고 번쩍번쩍 빛나는 모양을 갖고 있다.
체백은 밝은성품 에너지로 양분을 삼는다.
전자기 공간 안에서는 전자가 나선 운동을 할 때 밝은성품 공간이 나타난다.
그렇기 때문에 체백들은 전자가 나선 운동을 하는 공간에 모여 있게 된다.
체백이 생성된 공간은 전자기 공간이다.
공간은 밝은성품으로 이루어진 초양자 공간과 입자와 파동이 공존하는 양자 공간, 그리고 입자로 이루어진 전자기 공간으로 구분된다.
물질입자로 이루어진 물질공간은 양자 공간과 전자기 공간이 공존하고 생명공간은 초양자공간이다.
물질공간도 맨 밑바탕은 초양자로 이루어져 있다.
초양자 공간의 매트리스 위에 정보가 내재되면 양자 공간이 나타나고 양자 공간의 고유진동수가 높아지면 전자기 공간이 나타난다.
전자기 공간 안에서 전자가 나선 운동을 하면 나선의 끝점에서 초양자 공간이 나타난다.
마치 공간 터널이 뚫린 것처럼 전자의 나선 터널을 타고 초양자 에너지가 흘러나오면 그때 체백들이 초양자 에너지를 섭취하려고 그 공간으로 모여들게 된다.
혼의 공간 안에서도 원신의 고유진동수가 변화를 일으킬 때마다 물질입자의 결합과 분리가 이루어지는데 그때 전자들이 나선 운동을 한다.
이런 연유로 생명의 원신 공간 안에는 다른 공간과 비교해서 월등하게 많은 체백들이 모여 있게 되었다.
체백을 중심으로 혼의 입자들이 응집되면 혼의 공간은 수많은 체백의 덩어리들로 채워지게 된다.
식과 의의 정보가 심의 정보와 교류하고 그 상태에서 체백이 갖고 있는 내장 정보가 교류의 대상이 되면서 분리체들이 갖게 된 정신 체계가 표면의식이다.
체백들은 하나하나가 독립된 생명성을 갖고 있는 미생물이다.
체백이 지배하는 공간에서는 체백의 의도가 우선시된다.
체백은 혼을 이루는 물질 입자들을 나선으로 배열해서 초양자 에너지를 효율적으로 섭취할 수 있는 구조를 만든다.
이것은 후에 유전자의 이중나선 구조가 생겨난 원인이 되었다.

표면의식은 체백과 혼을 이루는 물질 입자의 결합으로 이루어진 물질화된 의식 기관이다.
현재 인간이 갖고 있는 눈·귀·코·입·몸·머리와 가장 근접한 형태를 갖고 있다.

표면의식이 생기면서 영의 몸과 혼의 몸은 그 안에 내재되었다.

표면의식 안에 영의식과 혼의식이 내재된 위치가 서로 다르다.
영의식은 체백과 체백의 공간 사이에 내재된다.
혼의식은 체백을 중심으로 덩어리진 형체 안에 내재된다.
영의식의 내재가 그렇게 이루어진 것은 영의식은 초양자 공간 안에 저장되어 있기 때문이다.
분리체의 생명공간은 분리체가 생성해 내는 초양자 에너지가 바탕이 되고 그 에너지 공간 위에 혼의 입자와 체백이 자리를 잡은 상태이다.
그렇기 때문에 영의식은 자연스럽게 체백과 체백 사이에 내재된 상태로 존재한다.
체백과 덩어리를 이룬 혼의 공간에 내재된 혼의식은 영의식과 정보를 공유하면서 중심 체백과 소통하고 그러면서 다른 체백의 의식과도 소통을 하게 된다.
혼의식이 주변의 체백과 정보를 공유할 때는 가느다란 실 같은 관을 내보내서 접촉을 이룬 다음 교류하는데 이때 생성된 가느다란 관을 '미세소관(微細小管)'이라 한다.
미세소관은 '애'와 '취'의 과정에서 분리체들이 일으켰던 에너지의 파동이 물질화되어 나타난 것이다.
체백의 공간을 이루고 있는 혼의 입자들은 촉·수·애·취의 과정을 거쳐왔기 때문에 분리체가 갖고 있던 그리움의 성향을 내장하고 있다.
그런 상태에서 주변 체백과 교류하고자 하는 갈망이 일어나자 에너지 파동과 함께 물질화된 관이 생겨난 것이다.

생명의 몸이 체백으로 이루어진 때를 12연기의 과정에서는 '유(有)'라 한다.
유(有)는 비로소 형상이 드러났다는 뜻이다.
생명의 몸이 체백으로 이루어진 유(有)의 상태가 되고 의식이 표면의식을 갖게 되면서 영의식과 혼의식은 표면의식 안에 갇힌 상태가 된다.
이런 상태가 되자 생명은 지금까지 겪어보지 못했던 답답함과 무기력함에 빠지게 되었다.
특히 촉·수·애·취를 겪어왔던 분리체들은 활동이 정체된 데서 오는 답답함 때문에 내적인 번뇌가 극도에 달하게 되었다.
이 상태에서 분리체들이 일으킨 교류적 욕구가 영의식과 혼의식에 반영되었다. 그 의도로 인해 새로운 미세소관들이 만들어지게 되었다.
그러면서 주변 체백들과 교류를 시작하게 되었다.

미세소관은 분리체 내부를 구성하는 체백들을 하나로 연결했고 나아가서는 다른 생명들과 교류할 수 있는 통로도 만들었다. 그 결과로 눈·귀·코·입·몸·머리의 '표면의식계'가 생겨났다.

미세소관으로 이루어진 체백의 공간을 '세포'라 한다.
이 당시 생겨난 세포는 그 크기가 45cm 정도였고 현재의 세포구조물처럼 복잡한 구조를 갖고 있는 것은 아니었다.
세포로 이루어진 생명의 몸을 '육체'라 한다.
원시세포로 이루어진 육체는 콜로이드 상태에 가까운 반고체 상태였다.
눈은 보는 식근의 작용이 미세소관을 형성해서 생겨난 표면의식이다.
귀는 듣는 식근의 작용이 미세소관을 형성해서 생겨난 표면의식이다.
코는 숨 쉬는 식근의 작용이 미세소관을 형성해서 생겨난 표면의식이다.
입은 말 하는 식근의 작용이 미세소관을 형성해서 생겨난 표면의식이다.
몸은 감각을 느끼는 식근의 작용이 미세소관을 형성해서 생겨난 표면의식이다.
머리는 생각하는 식근의 작용이 미세소관을 형성해서 생겨난 표면의식이다.

분리체의 고유진동수가 높아지면서 방출된 엄청난 열과 압력이 물질공간 전체를 휩쓸고 지나가고 나서 물질공간은 큰 변화를 맞이하게 되었다.
특히 생명공간 중에 무정의 공간에 일어난 변화가 생멸문의 연기에 큰 영향을 미쳤는데 그것이 바로 '별'의 형성이다.

분리체의 고유진동수가 15진동을 갖게 되었을 때 분리체를 이루는 혼의 입자들은 서로 결합하면서 분자화되었다.
이때 14진동을 갖고 있던 분리체 밖의 물질 입자들도 분리체의 영향을 받아 함께 결합하게 되었다.
그렇게 된 것이 분리체의 고유진동수가 물질공간 전체의 고유진동수를 한 단계 더 올려놓았기 때문이다.
분리체의 공간에서 쏟아져 나온 열과 압력은 그 내부에 한 단계 더 높아진 고유진동수를 내재하고 있었다.
때문에 열과 압력이 휩쓸고 지나간 공간은 고유진동수가 한 단계 더 높아진 상태였다.
그 당시 물질공간은 생명공간과 궁창으로 이루어져 있었다.
생명공간 중에 무정의 공간은 원신체 공간으로서 식물, 동물, 원생물, 상념체 등이 그 공간 안에 함께 내재되어 있었다.
분리체들이 뱉어낸 엄청난 열과 압력이 물질공간 전체에 영향을 미치자 무정의 공간과 궁창공간 또한 그 영향을 받게 되었다.
그 과정에서 무정의 공간을 이루던 물질 입자들과 궁창을 이루던 물질 입자들이 결합하게 되었다.

물질공간이 이런 상황에 처해지자 공간 전체에 엄청난 에너지의 방출이 생겨났다.
이것으로 인해 두 번째 대폭발이 일어났다.

물질 입자가 생성된 이후로 공간에는 세 번의 대폭발이 있었다.
첫 번째 폭발이 물질 입자들이 생명공간의 틀을 뚫고 벗어날 때 있었다.
두 번째 폭발이 혼의 몸이 형성되는 '성'의 과정에서 있었다.
세 번째 폭발이 육체가 형성되면서 있었다.

첫 번째 대폭발의 원인은 혼돈에 처해져 있던 생명이 일으킨 강한 거부 의식으로 인해 생겼다.
두 번째 폭발의 경우도 촉·수·애·취의 과정을 거치면서 높아진 고유진동수에 의해 물질 입자들이 결합하면서 생겼다. 세 번째 경우도 분리체들의 고유진동수가 15진동으로 높아지면서 생겼다.
이와 같이 생명의 고유진동수가 높아지면서 대폭발이 일어났다.

대폭발 이후에 공간이 식어가면서 물질 입자의 결합이 일어났다. 그 과정에서 분자가 생겨나고 체백이 생겨났다.
그러면서 물질공간이 궁창과 생명공간으로 뚜렷하게 나누어지게 되었다.
별의 원신 공간을 이루던 물질 입자들도 이 과정에서 함께 분자화되었다.
이때 별의 원신 안에 내재되어 있던 식물과 동물, 원생물과 상념체를 이루고 있던 물질 입자들도 함께 분자화되었다.
물질공간이 분자화될 때 고유진동수가 높아진 분리체 공간은 엄청난 열과 압력을 방출해 내면서 쪼그라들 듯이 줄어들었다.
반면에 별의 원신들은 고유진동수가 14 이하였기 때문에 대폭발의 영향권 안에 있으면서도 에너지를 방출시키지 않고 오히려 흡수해 들였다.
분리체들보다 안정된 공간을 갖고 있었기 때문에 분리체들이 뱉어낸 열과 압력을 원신 공간 내부로 받아들이게 된 것이다.
물질과 에너지는 안정된 공간을 향해 흐르는 관성이 있다. 물질과 에너지가 이런 성향을 갖게 된 것은 생명의 본성에서 생겨났기 때문이다.
본성의 지극한 안정에서 생성된 에너지는 본성으로 향하는 적응성을 갖고 있고 그런 에너지에서 생겨난 물질 입자도 같은 성향을 갖고 있다.

물질 입자와 에너지가 갖고 있는 이러한 성향은 분리체의 공간보다 더 안정되어 있는 별의 공간으로 흘러 들어가는 원인이 되었다.
이런 과정을 통해 별의 원신들은 대폭발의 과정에서 생겨난 엄청난 에너지를 흡수하게 되었다.
그러면서 별의 공간이 부풀어나기 시작했다.
이런 현상은 공간이 식어서 안정될 때까지 계속되었다.
공간이 식어가자 궁창은 궁창대로 허공의 모습으로 안정되고 별의 원신들도 분자화된 표면이 점차 식어갔다.

별의 원신들이 처음 원초신에서 분리될 때는 고유진동수가 같았다.
하지만 별의 공간 안에 다른 생명들이 깃들고부터는 그 생명들이 생성해 내는 정보값에 따라 서로 다른 고유진동수를 갖게 되었다.
원신 공간 안에 많은 생명을 내장하고 있는 별들은 고유진동수가 높은 상태가 되었고 적은 생명을 내장하고 있는 별들은 고유진동수가 낮은 상태가 되었다.
높은 고유진동수를 갖고 있는 별들은 작은 별이 되었고 낮은 고유진동수를 갖고 있는 별들은 큰 별이 되었다.
별이 형상화되고부터 물질공간 안에는 새로운 현상이 생겨났다.
그것이 바로 '인력'이다.

인력의 근본은 안정된 공간으로 향하고자 하는 물질과 에너지의 관성이다.
그 당시에는 별의 원신이 가장 안정된 고유진동수를 가지고 있었기 때문에 물질공간을 구성하고 있는 물질 입자와 에너지의 흐름이 별의 공간을 향해 흘러가는 상태였다.
물질공간 전체에 수많은 별들이 생겨나고 각각의 별들이 발산해내는 인력이 물질공간에 펼쳐지자 원시세포로 이루어진 몸을 갖고 있던 분리체들도 그 영향을 받게 되었다.
별의 원신보다 높은 고유진동수를 갖고 있는 분리체들은 별의 공간으로 끌려 들어가는 자신들의 몸을 통제하기 위해 인력에 저항하기 시작했다.
이 과정에서 만들어진 것이 육장(六臟) 육부(六腑)이다.

체백과 혼을 이루는 물질 입자, 원시세포와 미세소관으로 이루어진 육체를 갖고 있는 분리체들은 협소해진 몸으로 별의 인력권 안으로 끌려 들어가는 상태가 되었다.
이런 상태에 처해지자 분리체들은 인력에 저항하게 되었다.
인력에 저항하는 의지가 생겨나면서 분리체들의 고유진동수는 한 단계 더 높아지게 된다.
이때의 고유진동수가 16진동이었다.
고유진동수가 높아지면서 원시세포로 이루어진 몸은 점점 더 작아지게 되었다.
이때 세포를 이루고 있는 물질 입자들도 더욱 더 공고하게 결합하게 되었다.
분리체들이 처음으로 접하는 별의 인력은 몸의 활동을 부자연스럽게 하는 최대의 장애였다.
그런 장애를 극복하기 위해 분리체들은 몸의 구조에 변화를 주기 시작했다.

이 당시 분리체들의 의식은 본성을 보는 각성이 미약하게나마 남아있었다. 그러면서 의식·감정·의지가 우선이 되어 분별하고, 비교하고, 추억하고, 떠올리고, 원인 모를 번뇌에 시달리는 상태였다.
거기에다 별의 인력에 대한 저항감이 더해지자 지금까지 한 번도 접해보지 못한 고통에 빠지게 되었다.
장애가 생기니 각성이 깨어나고 비로소 자각하게 되었다.
본성에 대한 지각력이 커지면서 고유진동수가 안정되고 밝은성품이 생성되는 양이 늘어나게 되었다.
그러자 별의 인력에 끌려가던 육체가 안정된 상태로 머물게 되었다.
이런 현상을 경험한 분리체들은 본성을 주시하는 각성을 적절하게 유지하면서 의식·감정·의지의 유위성도 함께 지켜가고자 하는 의도를 갖게 되었다.
그 상태를 실현하기 위해 영의식과 혼의식, 표면의식 체계에 변화를 주기 시작했다.
영의식에 내장된 근본 정보를 표면의식의 틀 안에 내장시키고 각성을 이원화시켜서 그 상태를 지속적으로 지켜보게 하였다.

여섯 개의 주체의식으로 이루어진 영의식에 맞추어서 여섯 개의 기관을 만들고 그 기관에서 밝은성품이 지속적으로 생성하게 하였다.

이렇게 해서 생긴 것이 육부(六腑)이다.

육부는 생명의 여섯 의식에 내재된 근본정보가 육체의 몸에 형상화되어 나타난 기관이다.

육부에서 생성된 밝은성품 에너지는 육체의 몸을 감싸면서 눈·귀·코·입·몸·머리에 제공되고, 별의 인력에 저항하는 에너지원이 되었다.

육부 또한 미세소관으로 이루어졌다. 원시세포를 이루고 있는 미세소관이 육부의 형태를 만들고 육부에서 생성되는 에너지를 눈·귀·코·입·몸·머리로 공급하기 위해 새로운 연결통로를 만들었다.

이렇게 해서 만들어진 육부와 표면의식 간의 연결통로를 경락(經絡)이라 한다.

육부가 형성되기 이전에 원시세포와 육근을 연결하던 미세소관은 나중에 신경으로 변화된다.

육부가 형성되고 경락이 생겨나고부터 분리체들도 스스로의 육체를 의도하는 대로 통제할 수 있는 힘을 갖게 되었다.

그렇게 되자 또다시 의식·감정·의지가 갖고 있는 유희성을 탐닉하기 시작했다.

육부가 생기고부터 영의식과 표면의식은 원활한 교류가 이루어지면서 영의식의 활용으로 얻어지는 즐거움을 누릴 수가 있게 되었다.
하지만 감정이 갖고 있는 기쁨과 충만감은 현격하게 저하된 상태였다. 촉·수·애·취를 거쳐온 분리체들은 감정이 가져다주는 기쁨에 중독된 상태였다.
감정의 기쁨은 내부 의식 간의 교류를 통해서는 생겨나지 않는다.
그것은 다른 생명과의 교류를 통해 드러나는 것이다.
이 당시 분리체들은 별의 인력에 저항하면서 근근이 자기 공간에 머물 수 있었기 때문에 다른 분리체들과 접촉을 통해 교류할 수 있는 능력을 갖추지 못한 상태였다.
그러면서 감정도 정체된 상태에 빠져있었다.
분리체들도 감정이 일어나지 않는 원인이 교류의 단절에서 비롯되었다는 것을 알고 있었다.
그때부터 분리체들은 몸을 움직이기 위한 노력을 하게 되었다.

번뇌에 빠진 분리체들은 고유진동수가 한 단계 높아지면서 육체의 범위가 현격하게 줄어들었다.
그 과정에서 원시세포의 상태도 바뀌게 된다.

콜로이드 상태에 가깝던 원시세포는 반고체 상태로 바뀌게 되고 45cm 정도였던 크기는 1cm 이하로 줄어들었다. 몸의 크기 또한 100km 정도 되던 것이 2km 이하로 줄어들었다.

그런 상태가 되자 세포를 구성하는 미세소관과 경락과 신경을 구성하는 미세소관도 고체화된 몸의 구조물 안에 고정되게 되었다.

이 당시 육체화된 분리체에게 영향을 주었던 인력은 한 방향에서만 작용한 것이 아니었다. 앞, 뒤, 좌, 우, 위, 아래 모든 방향에서 작용했다.

분리체들은 서로 다른 방향에서 작용하는 인력에 효율적으로 대응하면서 영의식과 혼의식, 표면의식 간에 교류가 원활하게 이루어지도록 하기 위해 육체 구조에 변화를 주게 되었다.

원시세포의 내부를 구성하는 미세소관을 활용해서 육체의 구조를 외부 인력에 효율적으로 저항할 수 있는 구조로 바꾸었고 육부처럼 혼의식을 주관하는 기관을 새롭게 만들었다.

외부 인력에 저항하기 위해 만든 육체 구조물이 뼈와 힘줄, 근육과 피부, 그리고 에너지의 이동통로이다.

혼의식을 주관하는 기관이 육장이다.
육체 구조물 중 신경과 경락은 이미 만들어져 있었다.

육장은 간, 비장, 심장, 폐, 신장, 뇌이다.
몸을 이루는 구조물들과 육장은 미세소관으로 만들어진다.
미세소관은 그 내부에 체백을 내재하고 있으면서 혼의 입자들을 활용해 육체 구조물의 조성에 필요한 새로운 세포들을 만들어 낸다.
그것이 바로 줄기세포이다.
미세소관에서 만들어지는 줄기세포는 새로운 미세소관을 만드는 재료가 되기도 하고 영의식의 의도에 따라서 필요한 구조물로 변화되기도 하는 기능을 갖고 있다.
때로는 의도가 없어도 상황에 따라 기능적인 변화를 일으키기도 한다.
줄기세포의 이러한 기능이 육체 구조를 효율적으로 바꿔주는 원인이 되었다.

육장은 혼의식이 내재된 집이면서도 육체 구조물을 형성하는 원천이 되었다.
심장은 에너지 통로를 만들어서 표면 의식계와 몸을 이루는 세포 전반에 밝은성품 에너지를 공급하는 역할을 한다.
간은 힘줄을 만들어서 뼈의 움직임이 원활하도록 하는 역할을 한다.
비장은 근육을 만들어서 힘줄의 기능을 보완하고 몸의 움직임이 유연하도록 하는 역할을 한다.
폐는 피부를 만들어서 내부 세포가 보호되도록 하는 역할을 한다.

신장은 뼈를 만들어서 육체가 외부 인력에 효율적으로 저항할 수 있는 역할을 한다.

뇌는 영의식의 정보와 혼의식의 정보, 표면의식과 체백의 정보를 취합하여 정보의 소통이 원활하게 이루어지도록 하는 역할을 한다.

심장은 소장으로부터 제공되는 밝은성품 에너지를 받아들여서 저장하고, 에너지 통로를 통해 몸을 이루는 모든 세포들에게 전달하는 역할을 한다.

심장의 에너지 통로는 후에 물질 양분을 섭취하면서 핏줄로 바뀌게 된다.

간은 담에서부터 제공되는 밝은성품 에너지를 받아들여 저장하고, 힘줄에 제공하는 역할을 한다.

비장은 위장으로부터 제공되는 밝은성품 에너지를 받아들여 저장하고 근육에 제공하는 역할을 한다.

폐는 대장에서부터 제공되는 밝은성품 에너지를 저장하고 피부로 전달하는 역할을 한다.

신장은 방광으로부터 제공되는 밝은성품 에너지를 받아들

여 저장하고 뼈에 전달하는 역할을 한다.
뇌는 오장 전체로부터 제공되는 에너지를 받아들여 저장하고 신경에 전달하는 역할을 한다.

육장과 육부 몸을 이루는 구조물이 생기고부터 표면의식의 기능과 활용도 더욱더 다양해졌다.
기존의 표면의식은 외부 상황에 대한 인식을 통해 정보를 저장하고 영의식과 혼의식이 표출되는 통로로 쓰여졌다.
하지만 육장과 육부 육체 구조물이 생기고부터는 몸을 움직이는 운동이 주기능이 되었는데 그 이유가 분리체들이 갖고 있는 교류적 갈망 때문이었다.
표면의식의 기능이 다양해지면서 에너지의 소비 또한 많아졌다. 그것을 보완하기 위해 육장의 기능이 쓰여졌다.

눈은 심장과 간으로부터 제공되는 에너지를 받는다.
귀는 폐와 신장으로부터 제공되는 에너지를 받는다.
코는 폐와 간으로부터 제공되는 에너지를 받는다.
입은 심장과 비장으로부터 제공되는 에너지를 받는다.
몸과 머리는 오장 전체로부터 제공되는 에너지를 받는다.
미세소관과 줄기세포를 활용해서 육체 구조물과 장부를 만들었던 분리체들은 이때부터 외부 인력에 효율적으로 저항하면서 공간을 자유롭게 내왕할 수 있게 되었다.
그러면서 다른 분리체들과 적극적인 교류를 행하게 되었다.

근본정보의 인식을 통해 스스로의 고유진동수를 조절할 수 있는 능력을 갖춘 존재들이 이때에 생겨났다.
이런 능력을 갖춘 존재들은 생멸 연기를 거슬러 올라가서 처음 여래장 연기가 시작되기 이전의 상태로 되돌아갈 수 있었다.
이런 존재들을 '진여보살'이라 한다.

유(有)의 과정을 통해 육체를 갖게된 원신들은 생노병사(生老病死)의 길을 가게 된다.
생이란 몸과 의식이 변화를 일으키는 것이다.
12연기의 모든 과정이 생의 연속이다.
네 종류의 생이 있다.
화생, 습생, 태생, 난생이 그것이다.

화생은 영혼의 상태에서 몸과 의식구조가 변화를 일으키는 것이다.
생명이 화생을 하면 영혼의 역량이 더 커지고 의식이 진보한다.
습생도 영혼의 상태에서 일어나는 몸과 의식구조의 변화이다. 습생은 영혼이 세분화되어 태어나는 생의 형태이다.
원초신에서 원신이 분리되는 자연 분리 현상과 인식 분리 현상이 모두 습생의 한 형태이다.
습생은 육체를 갖고 살다가 영혼으로 다시 돌아가는 과정에서도 일어난다.

습생의 원인은 크게 두 가지이다.
첫째는 공간의 음화이다.
둘째는 의식계의 다원화이다.

공간이 음화되는 것은 미는 힘 때문이다.
미는 힘을 음기(陰氣)라 한다.
당기는 힘은 양기(陽氣)라 한다.
음기는 생명이 일으키는 부정적 의식에서 생겨난다.
거부, 공포, 분노, 극단적 선택, 탐착, 어리석음, 등등의 다양한 부정의식들이 본성에서 생성되는 밝은성품을 음기로 전환시킨다.
음기가 영혼 공간에 정도 이상 누적되면 영혼 공간이 분리된다.

의식계가 다원화되는 것은 지나친 집착과 원망, 성도 이상의 그리움과 미망 때문이다.
의식의 집착성, 감정의 원망과 증오, 지나친 그리움, 의지의 망각과 미망이 의식계가 다원화되는 이유이다.
이런 상태에서 공간의 음화가 함께 이루어지면 영혼의 몸이 분리된다.
한 개의 몸이 두 개로 분리될 수도 있지만 열 개, 스무 개로도 분리될 수 있다.
생명이 습생에 드는 것은 대부분이 퇴화하는 경우이다.

반대로 화생에 드는 것은 진화하는 경우이다.
태생과 난생은 육체로 태어나는 생의 형태이다.

생(生)을 통해 육체로 태어나는 것은 수정란에 영혼이 깃들면서 이루어진다.
태생과 난생은 유(有)의 과정을 거친 원신들이 물질 양분을 섭취한 이후부터 생겨난 생(生)의 형태이다.
생명이 물질을 섭취한 것은 별의 표면으로 이주한 이후에 이루어졌다.
특히 세포가 훼손되었을 때 그것을 복구하는 방법으로 물질 양분을 섭취하게 된다.
물질 양분을 섭취하게 된 계기와 때는 인간과 신, 동물과 식물, 상념체들이 서로 다르다.
인간과 신은 별이 형성된 이후에 별의 표면으로 이주해왔고 식물과 동물, 상념체와 원생물들은 별이 형상화될 때 함께 형상화 되었다.
이주족인 신과 인간은 많은 시간이 흐른 뒤에 물질 양분을 섭취했지만 동물과 식물, 원생물과 상념체들은 육체로 변화된 이후부터 물질 양분을 섭취하기 시작했다.

물질 양분의 섭취 성향은 촉(觸)의 과정에서 일어난 성(成)의 현상 때문이다.
성의 현상이 일어날 때 물질 입자 간에 일어났던 교류가 관성화되어 양분 섭취의 성향이 생겨났다.

별의 공간 안에 내재되어 있던 세 종류의 원신들과 상념체는 별의 공간을 이루고 있는 물질 입자들과 결합하고 분열하면서 양분 섭취의 기능을 갖추게 되었다.

인간 원신의 혼의 공간은 고유진동수가 변화하면서 능동적으로 분열과 결합을 일으켰다.

그에 반해 별의 공간에 있던 네 종류의 생명은 공간 변화에 따라 수동적 변화를 일으켰다.

이런 차이가 있었기 때문에 네 종류의 생명은 육체로 변화되는 순간부터 양분 섭취 기능을 갖고 있었고 인간과 신의 원신들은 나중에 어쩔 수 없는 상황에서 물질 양분을 섭취하게 되었다.

생명 에너지의 변화가 일으키는 현상을 자연(自然)이라 했다.

네 종류의 생명들은 별의 공간 안에서 자연의 변화에 수동적으로 적응하는 삶을 살게 된다.

반면에 인간과 신들은 자연의 변화를 주도하고자 하는 의도를 갖게 되었다.

생명들이 갖고 있는 이와 같은 차이는 후에 생(生)이 반복되면서 오는 삶의 방식에 많은 차이를 갖게 하였다.

별과 함께 생겨난 네 종류의 생명은 일찍부터 물질 양분을 섭취했다. 때문에 태생과 난생은 동물 원신과 상념체들에게서 먼저 이루어졌다.

물질 양분의 섭취로 태생과 난생이 이루어지기 위해서는 '정(精)'의 생성이 이루어져야 한다.
정이란 부모의 유전정보가 기록된 생식세포이다.
정이 형성되려면 체백이 물질 양분과 결합해야 한다.
양분의 섭취는 이화와 동화로서 이루어진다.
그 과정에서 전자가 소모되기도 하고 생겨나기도 한다.
섭취되는 양분마다 이화와 동화의 과정에서 일어나는 전자 결합의 상태가 서로 다르다.
그중 나선 결합을 하는 전자가 있을 때는 외부의 체백이 전자 공간 안으로 들어오게 된다.
이렇게 들어온 체백을 '유입백'이라 한다.
모든 생명의 인식 기관과 조직, 장부는 전자의 나선 운동이 원활하게 일어나도록 구조화되어 있다.
몸 안으로 최대한의 체백들을 집약시키기 위한 구조를 갖추고 있는 것이다.
이화와 동화의 통로 또한 전자의 나선 운동이 촉발될 수 있도록 구조화되어 있다.
때문에 언제라도 '유입백'이 들어올 수 있는 환경이 갖추어져 있다.
이와 같은 구조는 생명이 갖고 있는 진화적 본능으로 만들어진 것이다.
몸 공간 안에 좀 더 많은 체백을 보유할수록 생명의 역량이 커지게 된다.

자식을 낳는 것도 생명이 원신적 진화를 이루는 한 가지 방법이다.
양분의 섭취는 다른 생명의 몸을 내 몸 안으로 받아들여서 소화하고 흡수하는 것이다.
특히 세포로 이루어진 육체의 몸을 섭취하는 것인데 이 과정에서 세포 안에 내재된 체백과 혼성도 함께 유입된다.
이런 과정을 통해 들어온 체백과 혼성을 '후천혼백'이라 한다.
양분을 섭취할 때 섭취하는 자의 체백과 혼성은 선천백과 선천혼이 된다. 반면에 섭취당하는 자의 체백과 혼성은 후천백과 후천혼이 된다.
양분의 섭취는 후천혼백을 받아들여서 선천혼백으로 전환시키는 작업이다.
동화와 이화의 과정을 통해 후천혼백을 선천혼백으로 바꾼다.
체백과 혼성에는 그 생명이 갖고 있는 생명정보가 내장되어 있다.
때문에 양분의 섭취 과정에서 섭취한 세포의 생명정보가 함께 취해진다.
이 과정에서 생명의 고유 형질에 변화가 일어난다.
별의 표면에서 형상화된 네 종류의 생명들은 양분의 섭취를 통해 생명성을 증장시킨다.
하지만 별의 표면으로 이주한 원신체들은 양분의 섭취를 통해 순수의식이 훼손된다.

별의 표면에서 형상화된 생명 중에 인간의 형상을 하고 있는 상념체들을 '물질체'라 부른다.
이들은 처음 상념체로 창조될 때 창조한 자의 잔재 사념을 자기 주체의식으로 삼는다.
때문에 이들은 형상도 창조주를 닮아 있고 주체의식도 창조주가 갖고 있는 여섯 가지 의식을 갖고 있다.

물질체들은 별과 함께 형상화될 때 주체의식의 가짓수에 따라 육부를 갖추게 되었고 혼성과 외부 인력의 영향으로 육장을 갖게 되었다.
물질체의 육부는 본성 에너지를 생성하는 기능이 없었다.
때문에 처음 형성될 때부터 물질 양분을 섭취하는 기관이 되었다.
물질체들은 육부를 통해 물질 양분을 분해하고 그것을 육장에 공급했다.
육장은 물질 양분을 저장하고 있다가 의식 경로에 제공하는 역할을 하였다.
물질체가 양분을 섭취하는 과정에서도 체백과 혼성의 유입이 함께 이루어졌다.
섭취자의 선천혼백이 물질 양분에 내재된 후천혼백을 받아들일 때는 고유진동수가 비슷한 것들만 취하게 된다.
이런 성향은 무정의 공간에 포함되어 있을 때 비슷한 고유진동수를 갖고 있는 물질 입자들과 성을 이루면서 생겨난 것이다.
선천혼백은 세포구조물 안에서 유전형질을 내장하고 있다. 그런 상태에서 후천혼백이 유입되면 후천혼백의 고유진동수를 조절해서 선천혼백의 유전형질과 같은 상태로 만든다.
이 과정에서 후천혼백이 내장하고 있는 유전정보와 선천혼백의 유전정보가 합쳐진다.

양분의 섭취를 다른 관점으로 표현하면 세포 안에서 성(成)의 과정이 일어나는 것이다.
양분의 섭취를 통해 취득된 다른 생명의 유전정보는 본래 선천혼백이 갖고 있는 유전정보와 성을 이루지만 완전한 결합이 이루어지는 것은 아니다.
대부분 혼성에 내재된 정보는 완전하게 결합되지만 체백에 저장된 정보는 완전한 결합이 이루어지지 않는다.
양분의 섭취가 이루어진 세포 공간은 세 종류의 체백이 서로의 영역을 갖고 있다.
세포의 중심부와 세포막은 선천혼백의 영역이다.
세포막과 세포중심부 사이 공간이 후천혼백의 영역이다.
유입백은 뚜렷한 영역을 갖지 못하고 이리저리 부유한다.

유입백은 전자의 나선 운동의 동선을 따라 외부에서 들어온 체백이다.

이들은 선천혼백과 섞이지 못하고 후천백과도 섞이지 않는다. 세포 공간 안에 공존하지만 뚜렷한 영역을 갖지 못하고 부유한다. 유입백이 정도 이상 많아지면 세포대사에 이상이 생긴다. 이것을 일러 '병(病)'이라 한다.
세포가 생성해 내는 밝은성품 에너지가 충분하면 유입백은 세포 내부에 머물게 된다. 하지만 밝은성품이 부족하면 다시 분리된다.
이 과정에서 세포막의 훼손이 일어나고 세포 공간의 에너지가 줄어들게 된다.
유입백의 이러한 성향에 대해 세포는 자체적인 방어 체계를 갖추게 된다.
그 과정에서 생겨난 것이 '면역세포'이다.
면역세포는 줄기세포 중에 큰 세포들이 변화하여 만들어졌다.
유입백 중에는 선천백과 유전정보를 공유하는 것들도 있다. 이들은 세포 내부에 머물면서 선천백과 공생체계를 유지한다. 미토콘드리아가 대표적인 예이다.

이런 상태에서 양분의 섭취가 지속적으로 이루어지면 선천백과 융화되지 못한 후천백과 유입백이 점점 더 많아지게 된다.
세포 내부에 선천혼백의 성향보다 후천혼백과 유입백의 성향이 커지게 되면 기존의 세포 집단과는 다른 이질화된 양상을 갖게 된다.

이런 세포들을 '생식세포'라 한다.
생식세포가 바로 '정(精)'이다.
정은 양분의 섭취를 이루지 않는 생명에게는 생겨나지 않는다.
생식세포로 변화된 세포들이 정도 이상 많아지면 생식세포 스스로가 기존의 세포에서 분리되고자 하는 의도를 갖게 된다.
정(精)이 갖고 있는 분리적 의도를 '욕정(慾精)'이라 한다.
기존 세포 집단 안에 생식세포가 정도 이상 많아지면 욕정에 시달리면서 괴로움에 빠지게 된다.
처음 물질 양분을 섭취해서 욕정을 갖게 된 물질체들은 그 괴로움을 해소하기 위해 이성 간에 접촉을 하게 된다.

원신체들은 촉·수·애·취의 과정에서 그리움과 갈망을 일으키는 방법을 알게 되었고 전체적 원신의 합체를 통해서 갈애를 쉬는 법을 터득했지만 물질체들은 욕정을 해소하는 과정에서 갈애를 일으키게 되고 취를 행하게 되었다.
물질체 인간들이 정을 생성하는 과정처럼 양분을 섭취하는 모든 생명들은 같은 과정을 거쳐서 '정'을 갖게 된다.
그중 알 형태로 '정'을 갖게 된 생명들도 있게 되고 정자와 난자의 형태로 '정'을 갖게 된 생명들도 있게 된다.
'정'이 생겨나고 욕정이 커지게 되면 세포로 이루어진 육체의 공간이 음화 된다. 생명공간의 음화는 그 공간이 세분화되는 원인이 된다.
'정'이 육체 공간에서 분리되는 것은 생명이 갖고 있는 습생적 성향이다.
'정'은 양정이 있고 음정이 있다.
양정과 음정이 만나면 그때 포태(胞胎)가 이루어진다.
원신체들도 물질 양분을 섭취하고부터는 '정'을 생성하게 되었다.

양정과 음정을 논하려면 먼저 남녀가 생겨난 원인에 대해 알아야 한다.
양정은 남자가 생성하는 정이다.
음정은 여자가 생성하는 정이다.
남자와 여자는 12연기의 과정 중에 '명색'의 과정에서 생긴다.
즉 영의 몸을 갖게 될 때 남자의 성향과 여자의 성향이 나타난다.

영을 이루고 있는 생명장이 음 에너지가 많은 상태면 여성성이 된다.
반대로 양 에너지가 많게 되면 남성성을 갖게 된다.
음 에너지와 양 에너지는 서로 친하고 중 에너지와 음 에너지는 친하지 않다. 양 에너지와 중 에너지는 서로 친하다.
에너지가 갖고 있는 이런 성향 때문에 양 에너지를 갖고 있는 남자와 음 에너지를 갖고 있는 여자는 서로 친하게 된다.

이런 성향은 혼의 몸을 갖추게 되었을 때도 계속되고 육체를 갖게 되었을 때도 이어진다.

이성 간에 서로 끌림이 생기는 것은 이런 이유 때문이다.

촉·수·애·취가 이루어질 때도 양성의 혼과 음성의 혼이 만나게 되고 양성의 혼과 중성의 혼이 만나게 된다.

생명이 갖고 있는 성적인 정체성은 고정된 것이 아니다.

왜 그런가 하면 생명을 이루고 있는 에너지장이 생명의 의식성향으로 인해 변화되기 때문이다.

생명의 의식성향이 부정성이 많으면 생명 에너지가 음화 된다.

반대로 긍정성이 많게 되면 생명 에너지가 양화 된다.

생명의 의식성향은 때에 따라서 바뀌기 때문에 남성성이 되었다가도 여성성으로 변화되기도 하고 그 반대가 되기도 한다.

그렇기 때문에 영의 상태에서나 혼의 상태에서도 성의 성향이 자주 바뀌게 된다.

육체를 갖고 있을 때에는 성적 성향이 쉽게 바뀌지는 않는다. 하지만 그런 일이 안 일어나는 것은 아니다.

현재의 인간들 중에서도 자연적으로 성의 상태가 전환되는 경우가 있다.

자연 생태계에서는 육체를 갖고 있는 상태에서도 그런 변화가 자주 일어난다.

노래미나 어류 중에는 환경에 따라 남성성과 여성성이 바뀌는 경우가 자주 발생한다. 양성(兩性)을 한 몸에 갖고 있는 경우도 있다.

이와 같이 남성과 여성을 결정하는 원인은 크게 세 가지이다.
의식성향, 생명의 에너지 상태, 관계적 환경이 그것이다.
미는 힘과 거부적 성향이 바탕이 되어 만들어진 음정은 정의 상태에서도 같은 성향을 갖게 된다.
당기는 힘, 긍정적 성향이 바탕이 되어 만들어진 양정 또한 같은 성향을 갖게 된다.
정은 부모 세포의 유전형질을 내장하고 있으면서 형성될 당시에 습득된 후천백과 유입백의 정보도 함께 내장하고 있다. 때문에 분리체의 자식들의 경우처럼 부모보다 훨씬 방대한 정보를 내장하고 있다.
그런 상태에서 양정과 음정이 결합을 하게 되면 양쪽 정보를 취합하게 되어 더욱더 많은 정보를 체득하게 된다.
정이 갖고 있는 이런 성향은 대가 이어질수록 점점 더 똑똑한 자손이 생겨나는 원인이 된다.

양정과 음정이 만나서 포태가 이루어지려면 먼저 정과 정이 접촉해야 한다.
정의 접촉이 이루어지는 성기는 욕정이 갖고 있는 성향에 따라 만들어진 구조물이다.
거부적이고 부정적인 성향을 갖고 있는 음정의 성향은 방어적 형상을 하게 되고 긍정적 성향을 갖고 있는 양정은 공격적 형상을 하게 된다.
생명이 갖고 있는 의식성향이 극단을 벗어나면 성기의 구조도 함께 바뀐다.

양정과 음정의 결합은 쉽게 이루어지지 않는다.
음정이 갖고 있는 폐쇄성과 고유진동수의 차이 때문이다.
음정의 폐쇄성은 여성이 갖고 있는 거부성과 부정성에서 연원한다.
양정과 음정의 고유진동수가 차이 나는 것은 서로가 내장하고 있는 유전정보의 차이에서 생긴다.
음정은 가장 근사치의 고유진동수를 갖고 있는 양정을 만났을 때만 폐쇄의 벽을 허물고 양정을 받아들인다.
흔히 말하기를 정자가 힘이 세어서 난자의 벽을 뚫는다고 하는데 그것은 틀린 주장이다.
정자는 아무리 힘이 세어도 난자의 벽을 뚫지 못한다.
심지어 난자가 받아들인 정자조차도 온전하게 형체를 유지한 채로 난자 안에 들어가지 못한다.
자신의 꼬리를 잘린 채로 난자 안으로 들어가게 된다.
수많은 정자들 중에 난자가 갖고 있는 고유진동수와 가까운 고유진동수를 갖고 있는 정자가 있으면 그 정자만이 난자 안으로 들어갈 수 있다.
정자가 아무리 많아도 난자의 고유진동수와 가까운 진동을 갖고 있지 않으면 난자 안으로 들어가지 못한다.
서로 다른 환경에서 성장한 두 생명이 만나서 자식을 갖는다는 것은 참으로 어려운 일 중의 하나이다.
포태의 과정은 물질체와 원신체가 서로 다르다.
포태는 다섯 가지 과정으로 나누어진다.
첫 번째 과정이 양정과 음정의 결합이다.
두 번째 과정이 유전정보의 교환이다.
세 번째 과정이 영혼의 유입이다.
네 번째 과정이 육체의 형성이다.
다섯 번째 과정이 출태이다.

원신체의 포태는 영혼의 유입과정이 없다.
원신체는 스스로의 영혼을 분리시켜서 자식을 만든다.
원신체들이 포태를 하게 된 것은 별의 표면으로 이주해온 뒤에 이루어졌다.
물질 양분을 섭취한 이후에 '정'이 생성되면서 포태가 시작된 것이다.
원신체의 자식들은 태어나면서부터 이미 부모 원신체의 능력을 이어받는다.
하지만 대가 이어지면서 그런 능력들도 점차 줄어들게 되었다.

초기 원신체들의 포태는 원신분리적 성향과 세포분열적 성향이 함께 병행되었다.
하지만 대가 이어질수록 이러한 성향도 바뀌게 되었다.
원신체들이 갖고 있던 적정성이 줄어들수록 세포분열적 성향이 더 많아지게 되었다.
포태의 과정이 세포분열적 성향을 띠게 되면 물질체와 같은 양상으로 포태를 하게 된다.
양정과 음정이 만나서 포태가 이루어지는 과정에 대해서는 앞서 설명을 했다.
포태의 두 번째 과정에 대해 알아보자.
양정과 음정이 만나면 그때 처음으로 이루어지는 것이 유전인자의 결합이다.
유전자는 체백과 혼성에 기록되어 있다.
때문에 유전자 결합이 이루어지려면 체백과 혼성의 교류가 먼저 이루어져야 한다.
양정과 음정에는 각각 세 종류의 체백과 두 종류의 혼성이 함께 내재되어 있다.
'선천백'과 '후천백', '유입백'이 세 종류의 체백이고 '유전혼'과 '습득혼'이 두 종류의 혼성이다.

음정과 양정이 만나서 수정이 이루어질 때 정자에 내재된 유입백은 난자로 들어오지 못하고 제거된다.
양정의 경우 유입백들이 꼬리 부분에 내장되어 있는데 난자로 들어갈 때 꼬리가 잘리면서 유입백이 차단되는 것이다.
수정이 끝난 난자에는 정자의 선천백과 후천백 그리고 두 가지 혼성이 들어가 있다.
수정란 안에서 유전자 결합을 일으키는 주체가 바로 이들이다.
수정란이 형성된 후 맨 처음 유전자 결합을 일으키는 것이 정자와 난자의 유전혼이다.
비슷한 고유진동수를 갖고 있는 정자와 난자는 먼저 유전혼의 영역이 합쳐지면서 정보를 교환한다.
정자와 난자의 유전정보가 서로 교류할 때는 정보를 내포하고 있는 혼의 입자와 에너지 공간이 서로 결합한다.
이때 결합의 형태가 나선 구조이다.
물질 입자의 결합이 일어나면 새로운 전자기에너지가 생성된다. 이렇게 생성된 전자기에너지는 체백이 활동할 수 있는 에너지원이 된다.
물질체의 유전혼 안에 내재된 생명정보는 세포가 수정란 상태로 존재할 만큼의 정보 값을 갖고 있다.
즉 온전한 생명으로서의 형체를 이룰 만큼 충분한 정보를 내장하지 못한 상태인 것이다.
생식세포는 물질 양분을 섭취한 이후부터 유입된 정보를 기반으로 형성된 세포이다.
때문에 부모가 갖고 있는 전체적인 생명정보를 내포하고 있는 것이 아니다.

부모의 유전정보 중 각각 절반만큼의 정보가 생식세포에 전달된다.

그에 반해 원신체의 경우는 생식세포 자체에 부모의 영혼이 분리되어 있다.
그렇기 때문에 수정이 이루어지면 그 순간부터 육체의 형성이 이루어진다.

수정란 안에서 유전혼의 결합이 일어날 때는 양쪽의 유전혼 중에 안정된 사람의 유전혼을 중심으로 이루어진다.
어머니의 유전혼이 안정된 고유진동수를 갖고 있으면 어머니 유전성이 중심이 되어 아버지 유전성이 결합되고 반대로 아버지가 안정된 고유진동수를 갖고 있으면 아버지 유전성이 중심이 되어 어머니 유전성이 결합된다.
유전혼이 갖고 있는 이러한 성향은 아기의 육체 구조물이 형성될 때 마스터 유전자가 결정되는 원인이 되기도 하고 태어나는 아기의 성별을 결정하는 원인이 된다.
아버지의 유전혼이 안정되어 있으면 아버지의 유전형질이 마스터 유전자의 역할을 하고 딸이 되어 태어난다.
어머니의 유전혼이 안정되어 있으면 반대의 결과가 나타난다.
유전혼의 결합으로 만들어진 나선 공간은 다량의 전자가 나선 운동을 하고 있다.
때문에 그 공간 안에서는 초양자 에너지가 표출된다.

선천백은 초양자 에너지를 양분으로 삼는다.
때문에 나선 공간으로 몰려들어서 초양자 에너지를 섭취하게 된다.
선천백이 초양자 에너지를 섭취하면 스스로 안에 저장된 생명정보와 유전혼 간에 결합을 통해 생겨난 생명정보를 조합해서 수정란의 세포 구조를 새롭게 재편한다.
이때 후천백이 함께 활동한다.

유전혼의 결합으로 만들어진 나선 공간에 선천혼이 합쳐지면 그 공간이 세포의 핵이 된다.
선천백이 내장하고 있는 생명정보는 세포의 구조를 만드는 반쪽 설계도이다.
즉 RNA인 것이다.
유전혼의 결합으로 만들어진 생명정보는 반쪽 설계도이다.
즉 DNA인 것이다.
RNA와 DNA가 만나면 세포분열이 일어난다.
이 과정에서 생겨난 것이 수정란의 세포분열이다.
체백은 미생물이다.
요즘 개념으로 말하면 소마티드이다.
체백은 일곱 종류가 있다. .
세포구조물에 대사를 주관하는 것이 바로 혼성과 체백이다.
체백이 혼성을 만나서 혼백이 되면 자체적으로 DNA를 갖게 되고 혼성과 결합하지 못하면 RNA만 갖고 있게 된다.

바이러스가 DNA형과 RNA형으로 존재하는 것은 이와 같은 이유 때문이다.
현대의 바이러스는 원초신에서 분열된 원생물이 원형이 된 것이 아니고 체백 자체가 생명정보를 내장하면서 생겨난 새로운 형태의 생명이다.
체백이 단백질 껍질을 갖게 되면 바이러스가 된다.

수정란 안에서 부모의 유전혼과 선천백이 결합하면 비로소 영혼을 담을 수 있는 그릇이 만들어진다.
선천백의 RNA와 유전혼의 DNA가 만나서 분열하는 세포는 생명이 거쳐왔던 10단계의 변화를 그대로 재현한다.
처음 수정이 시작되고 나서 약 7일이 지나면 자궁에 착상된다. 이때에도 엄마의 체백과 수정란의 선천백이 서로 교류한다.
수정란의 착상이 이루어지면 이때부터 포태의 세 번째 과정이 진행된다.

포태의 세 번째 과정은 영혼의 유입이다.
자궁에 착상된 수정란에 영혼이 들어오는 것이다.
원신체의 경우는 부모의 영혼이 생식세포에 분리된 상태에서 수정란이 형성되기 때문에 이 과정이 없다.
하지만 물질체의 경우는 외부에서 영혼이 유입되어야 포태가 이루어진다.

영혼이 유입되기 위해서는 수정란의 고유진동수와 비슷한 고유진동수를 갖고 있는 영혼을 만나야 한다.
물질체의 수정란에 들어오는 영혼은 원신체에 의해 창조된 상념체들이다.
이때의 상념체들은 생명공간 안에서 영의 상념으로 인해 창조된 것들이 있고 '취'의 과정에서 인간분리체에 의해 창조된 것들이 있다.

엄마의 자궁에 착상된 수정란에서는 유전혼과 선천백이 결합하면서 만들어진 나선 터널로부터 다량의 초양자 에너지가 표출된다.
이때의 형상이 밝은 오색빛을 띠고 있는데 외부에 있던 상념체가 이 빛을 인식하면 수정란 안에 깃들게 된다.
상념체와 수정란이 결합할 때에도 상념체를 이루고 있는 체백과 수정란의 체백이 서로 공명한다.
상념체는 창조주의 잔재 사념으로 의식기반을 이루고 초양자 에너지와 혼성, 체백으로 이루어진 영혼의 몸을 갖고 있다.
상념체는 적정성이 없기 때문에 스스로 초양자 에너지를 생성하지 못한다.
상념체가 갖고 있는 초양자에너지는 창조주로부터 부여받은 것과 전자의 나선 운동으로 인해 유입된 것이 합쳐진 것이다.
수정란에 들어오는 상념체가 갖고 있는 혼성은 선천혼이

다. 선천혼은 의식 정보를 내장하고 있으면서 감정을 일으키는 원인이 된다.
수정란에 깃드는 상념체가 갖고 있는 체백은 선천백이다.
수정란과 결합된 상념체의 선천혼은 수정란 내부의 유전혼과 선천백이 만들어 놓은 유전정보와 결합을 시작한다.
특히 선천혼에 기록되어 있는 상념체의 정보와 유전혼에 기록되어 있는 수정란의 정보 간에 결합이 이루어지는데 그 시간이 약 3일이다.
이 시간 동안에는 양쪽 선천백의 정보와 의식 정보는 제로 상태를 유지한다.
의식 정보와 선천백의 정보가 서로 교류되는 것은 그 이후에 진행된다.

선천혼과 유전혼이 결합하는 3일 동안 수정란 내부에는 엄청난 변화가 일어난다.
방대한 정보의 결합으로 야기되는 정신의 혼돈과 혼의 입자가 결합하면서 생성된 엄청난 전자기에너지, 그리고 의식이 제로 상태를 유지하면서 생성된 초양자 에너지가 한꺼번에 생겨나면서 수정란의 공간 상태에 변화를 일으킨다.
이 과정을 통해 육체가 형성된다.
선천혼과 유전혼의 결합이 완전하게 이루어지면 이때부터 의식 정보가 수정란에 기록된다.
3일 동안의 제로 상태에서 생성된 초양자 에너지는 수정란 내부에 선천백으로 하여금 왕성한 활동을 유발시키는 원천이 된다.
선천백은 선천혼과 유전혼의 결합으로 만들어진 생명정보를 바탕으로 의식 정보에 기록되어 있는 주체의식과 객체의식이 깃들 수 있는 세포구조물들을 만들어간다.
이 과정에서 대규모 세포분열이 일어난다.
선천백이 세포분열을 유도하는 것은 스스로 안에 내장되어 있는 생명정보와 유입된 영혼의 의식 정보, 그리고 선천혼과 유전혼의 결합으로 만들어진 수정란의 생명정보를 바탕으로 이루어진다.

현대 과학에서는 선천백과 결합된 선천혼을 매트릭스 세포라 부른다.
매트릭스 세포가 엘리베이터 운동을 하면서 세포가 분열할 수 있는 범위를 설정해 주면 그 범위 안에서 신경세포가 성장한다.
그러면서 중추신경이 생겨난다.
중추신경이 형성되면서 말초신경이 생겨나면 그 과정에서 장부와 근골격이 생겨난다.
핏줄과 힘줄, 근육과 뼈, 신경과 경락이 이 과정에서 생겨나고 눈·귀·코·입·몸·머리가 이 과정을 거쳐서 생겨난다.
매트릭스 세포가 신경이 성장할 수 있는 범위를 정해주는 것은 선천혼과 유전혼의 결합으로 생겨난 생명정보와 영혼이 갖고 있던 의식 정보를 바탕으로 이루어진다.

이 과정에서 마스터 유전자의 활동이 함께 이루어진다.
마스터 유전자란 선천혼과 유전혼의 결합으로 생겨난 생명 정보와 영혼이 갖고 있는 의식 정보가 합쳐져서 만들어진 것이다.
또한 마스터 유전자는 육체를 이루고 있는 구조물의 고유 형질을 결정하는 유전자이다.
장부와 육체 구조물을 만드는 것은 수정란에 내재되어 있던 선천백의 정보와 마스터 유전자가 활용된다.
눈·귀·코·입·몸·머리의 의식 기관이 만들어지는 것은 영혼이 갖고 있던 의식 정보와 마스터 유전자의 작용으로 이루어진다.
신경과 핏줄, 힘줄, 근육, 경락이 만들어지는 것은 선천백의 유전정부와 유전혼의 유전정보가 합쳐져서 이루어지고 마스터 유전자의 작용이 더해진다.

육체를 이루는 모든 구조물은 미세소관으로 만들어진다.
세포를 이루고 있는 모든 구조물이 미세소관으로 이루어지듯이 세포의 집단으로 만들어지는 육체 구조물 또한 미세소관의 연결을 통해 형성된다.

물질체의 경우 수정란이 자궁에 착상을 한 뒤에 외부의 영혼을 받아들이지 못하면 수정란이 죽으면서 유산이 된다.
적정을 갖고 있지 못한 물질체들은 포태의 과정에서 이루어지는 제로 상태에서 적정이 갖춰진다.
이렇게 생겨난 적정성을 '사정(死靜)'이라 한다.
사정이란 각성이 없는 죽은 적정이라는 뜻이다.

물질체들은 생을 반복하면서 죽은 적정을 경험하고 그 과정에서 영성이 생겨난다.
생의 과정은 원신체에게는 퇴화의 원인이 되었지만 물질체에게는 진화의 장이 되었다.

체백의 생명정보와 혼의 생명정보, 영의 생명정보가 수정란에서 결합하면서 대규모 세포분열이 일어나고 그 결과로 만들어지는 것이 육체이다.
육체를 구성하는 세부구조물은 영과 혼과 체백에 내장되어 있는 생명정보를 바탕으로 만들어진다.
각각의 구조물마다 마스터 유전자가 작용하는데 그 기능을 담당하는 것이 선천혼과 유전혼, 선천백과 후천백이다.

태 안에서 성장한 아기의 육체는 엄마의 심장박동과 뇌파를 공유하면서 자기만의 주파수를 형성해간다.
심장의 박동은 스칼라파이고 뇌의 박동은 벡터파이다. 아기가 성장할수록 아기의 주파수가 커져가면 어느 때부터 엄마의 주파수와 간섭을 일으킨다.
이 관계가 정도 이상 지속되면 아기가 엄마의 몸과 분리되기를 원하게 된다.
그 시점에서 출태가 이루어진다. 출태한 날을 생일이라 부른다.
아기에게 있어 생일은 특별한 날이다.
영혼의 몸에서 육체의 몸으로 변화된 몸을 갖게 된 것도 특별한 의미가 있지만 태어난 날의 고유진동수와 아기의 생명이 갖고 있는 고유진동수가 일치한다는 특별한 의미가 있다.

태어남을 일러 '생'이라 한다.
'생'은 12연기의 11번째 과정이지만 앞의 10가지 단계 또한 각각이 모두 '생'이다.
생명이 일으킨 변화기 생명의 몸이 달라지도록 하는 것이 '생'이다.
처음 일법계에서 생멸문이 생겨나는 것도 '생'이고 생멸문의 본체인 원초신이 개체 생명인 영으로 분리되는 것도 '생'이다.
영의 몸이 혼의 몸을 갖게 된 것도 '생'이요, 혼의 몸이 체백을 갖게 된 것도 '생'이다.
체백의 몸이 육체의 세포구조물로 변화된 것도 '생'이요, 세포구조물로서 육체가 태생과 난생으로서 자식을 낳는 것도 '생'이다.
'생'은 선천의 생과 후천의 생으로 나누어진다.
선천의 생은 육체 이전의 생을 말한다. 후천의 생은 육체로서 태어나는 생을 말한다.
선천의 생에서는 생과 생 사이가 단절되지 않는다.
즉 영의 몸에서 혼의 몸을 갖게 되더라도 그 생명이 거쳐 온 삶을 망각하지 않는 것이다.
하지만 후천의 생에서는 생과 생 사이가 단절된다.
즉 육체를 갖고 태어나면서 그 이전 생의 기억을 잃어버리는 것이다.
후천의 생이 이와 같은 성향을 갖게 된 것은 영혼이 수정란에 깃들 때 영의 정보가 제로 상태로 돌아가기 때문이다.

생과 생사이가 단절되면서 중생의 무명이 더욱더 깊어진다. 무명으로 인해 본성을 망각하고 의식·감정·의지를 자기라고 생각한다.
이기심과 부정적 성향으로 만들어진 음기(陰氣)와 높아지는 고유진동수로 인해 생멸문이 죽어간다.
생멸문이 죽으면서 여래장이 함께 죽어간다.

2. 생멸문의 죽음

생멸문은 삼십삼천으로 이루어져 있다.
생멸문의 본원은 원초신이다.
이를 일러서 '본원 원초신'이라 한다.
본원 원초신이 펼쳐놓은 밝은성품의 공간 안에 원초신을 발현시킨 존재들의 공간이 중첩되면서 삼십삼천의 세계가 출현하게 되었다.
생멸문의 죽음은 두 단계를 거쳐서 이루어진다.
첫 번째 단계는 대겁(劫)에 드는 것이다.
두 번째 단계는 습생(褶生)이 일어나는 것이다.

겁이란 생멸문을 이루고 있는 공간이 팽창하고 수축하는 것이다. 시기별로 네 가지 형태의 겁이 있고 규모별로 세 가지 겁이 있으며 원인별로 세 가지 겁이 있고 유형별로 세 가지 겁이 있다.
시기별로 이루어지는 네 가지 형태의 겁이 성겁(成劫), 주겁(住劫), 괴겁(壞劫), 공겁(空劫)이다.
규모별로 이루어지는 세 가지 형태의 겁이 대겁, 중겁, 소겁이다.
원인별로 이루어지는 세 가지 겁이 화재겁, 수재겁, 풍재겁이다.
유형별로 이루어지는 세 가지 겁이 도병겁, 기근겁, 질병

겁이다.

시기별로 일어나는 네 가지 겁은 원초신의 몸이 변화되면서 일어나는 자연적 현상이다.

성겁에서는 천지만물이 분열되면서 원초신이 확장하고, 주겁에서는 분열이 멈춘 상태로 머무르고, 괴겁에서는 천지만물들이 생성해 내는 고유진동수로 인해 변화를 일으키고, 공겁에서는 확장되었던 공간이 수축되면서 천지만물과 하나로 합쳐진다.

공겁에 들면 생멸문을 이루고 있던 모든 생명들이 자기 개체성을 잃어버리고 죽음에 들게 된다.

이 과정에서 본원 원초신도 함께 죽는다.

천지만물이 죽어서 원초신과 합쳐지면 원초신을 이루고 있는 식의 틀이 변화를 일으킨다. 단순계 구조에서 복잡계 구조로 바뀌게 되고 그 과정에서 주체의식이 침해된다.

공겁에 들어간 생멸문은 합쳐진 천지만물들과 식의 틀을 공유한다. 그중에는 원초신보다 안정된 고유진동수를 갖고 있는 개체의식들도 있는데 그들로 인해 공간의 주도권을 빼앗기게 된다. 이 과정을 통해 원초신의 주체가 바뀌게 된다. 이것이 본원 원초신이 맞이하는 첫 번째 죽음의 과정이다.

대부분 원초신보다 안정된 고유진동수를 갖고 있는 존재들이 무색계 4천의 신들이다.

첫 번째 죽음에 들어간 본원 원초신은 성겁 때에 수많은 생명으로 세분화된다. 이것이 습생으로 맞이하는 두 번째 죽음이다. 공겁이 일어나면 이때가 바로 대겁에 든 것이다.
중겁과 소겁때는 생멸문의 일부가 수축되고 전체가 수축되지 않는다. 때문에 이때에는 생멸문이 죽지 않는다.
소겁의 화재겁 때에는 광음천 아래까지 수축되고, 수재겁 때에는 변정천 아래까지 수축된다. 풍재겁 때에는 광과천 아래까지 수축이 된다.
중겁 때에는 무색계 4천 아래로 수축된다.

생멸문이 죽음을 맞이하는 원인이 개체생명들이 생성해 내는 음기이다.
개체생명들은 두려움과 분노, 거부 의식과 탐·진·치로 인해 스스로의 밝은성품을 음기로 변화시킨다.
공겁이 일어나서 생멸문이 수축되면 그 안에서 살아가던 수많은 생명들이 두려움과 공포를 안고 육체를 떠나게 된다. 그 과정에서 엄청난 양의 음기가 생성된다.
그렇게 생성된 음기가 생멸문과 합쳐지면 생멸문의 공간이 음화된다. 그 상태에서 본원 원초신의 주체의식이 거두어지면 생멸공간이 세분화된다. 성겁이 일어나면 본원 원초신의 주체의식도 세분화된다.
이것이 생멸문의 죽음이다.

3. 진여문(門)의 죽음

보살은 열반에 들어서 개체식을 벗어난 존재이다. 때문에 보살의 몸과 의식을 문(門)이라 부른다.
한 명의 보살이 하나의 진여문을 이룬다.
보살의 문(門)은 50과위 10지(地)로 구분되어 있다.
열반에 든 보살은 50가지 단계로써 진여수행을 한다.
이렇게 하는 것은 해탈승의 과정에서 분리시킨 자기 심·식·의를 제도하기 위해서다. 보살이 50과위를 성취하면 10지 보살이 된다.

진여를 본신으로 삼고 있는 보살도 자기가 분리시켜 놓은 심·식·의를 제도하지 못하면 그로 인해 열반이 깨어지게 된다. 심·식·의가 본성을 그리워할 때 생멸문으로 이끌려 나오기 때문이다.
분리시켜놓은 생멸심 안에 강아지를 좋아했던 마음이 있다. 나는 보살이 되어서 진여문에 갔더라도 그 마음이 나를 그리워하면 강아지 생각이 떠오르게 된다.
그 마음이 갖고 있는 간절함과 그리움 때문에 보살의 열반이 흩어지게 된다. 보살이 열반에 머무르기 위해서는 그 마음을 제도해야 한다.
만약 보살이 그때의 마음을 제도하지 못하면 다시 생멸문으로 돌아오게 된다. 그렇게 되면 분리되었던 진여심과 생멸심이 다시 합쳐지게 된다. 생멸심과 합쳐진 진여보살은 반야해탈의 두 번째 단계에 머물게 된다. 이것을 일러서 '보살의 퇴전'이라고 한다. 보살의 퇴전은 초지와 5지 사이에서 빈번하게 이루어진다.

이것이 바로 보살의 죽음이다. 보살이 퇴전에 드는 것은 구경각의 특징 때문이다. 구경각은 본성과 각성이 분리된 상태이기 때문에 적정을 유지하는 힘이 약하다. 그 상태에서 생멸심과 일치가 되면 때때로 생멸심에 치우치게 된다. 그러면서 퇴전에 들게 된다.

그에 비해 대적정에 머물러있는 아라한은 퇴전이 없다. 본성과 각성이 합일을 이룬 상태에서 일체의 생멸심을 인식의 대상으로 삼지 않기 때문이다. 퇴전에 빠진 보살이 다시 진여문으로 복귀하려면 삼신구족행으로 원인이 되었던 생멸심을 제도해야 한다.

초지 환희지에서는 생멸심이 일으킨 그리움 때문에 퇴전에 들고 2지 이구지에서는 생멸심과 진여심을 평등하게 바라보는 과정에서 퇴전에 든다.

3지 발광지에서는 진여심의 밝은성품으로 생멸심을 덮으면서 퇴전에 들고 4지 염혜지에서는 생멸심의 식업을 본성의 무념처와 일치시키면서 퇴전에 든다.

5지 난승지에서는 생멸심의 식업과 심업을 본성의 무념처와 무심처로 일치시키면서 퇴전에 든다.

환희지의 퇴전에서 벗어나려면 열반에 머무르고자 하는 마음을 제도해야 한다. 열반의 기쁨에 집착하는 것을 열반상이라 한다. 그때에는 생멸심으로부터 전해져오는 그리움을 기꺼운 마음으로 받아들여야 한다. 그런 다음 지극한 연민과 자비심으로 생멸심을 보듬어줘야 한다.
이것이 대자비문 수행의 시작이다.

이구지의 퇴전에서 벗어나려면 생멸심과 진여심을 평등하게 바라보면서 본성의 간극에 대한 인식을 공고하게 해야 한다. 본성의 간극을 주체로 해서 생멸심을 인식하다 보면 구경각이 투철해지면서 퇴전에 빠지지 않게 된다.

발광지의 퇴전에서 벗어나려면 밝은성품의 기쁨에 치우치지 말아야 한다. 본성·각성·밝은성품을 균등하게 주시하면서 밝은성품이 생멸심의 유희성에 물들지 않도록 해야 한다. 밝은성품을 운용할 때는 조급하게 서두르지 말고 천천히 해야 하며, 생멸심에 접촉했을 때 밝은성품의 성향이 변화되는 것을 세밀하게 관찰할 수 있어야 한다.
이때 밝은성품의 기쁨이 지나치게 증폭되면 잠시 물러났다가 다시 시도하는 요령이 필요하다.
이 과정을 통해 밝은성품의 자연적 성향을 제도하는 방법을 익히게 된다.
진여심의 밝은성품으로 생멸심을 덮을 때는 꼼꼼하고 조밀

하게 덮어야 한다.

염혜지의 퇴전에서 벗어나려면 무념처를 활용한 보신행과 간극으로 비추어주는 법신행이 함께 이루어져야 한다.
본성의 무념으로 생멸심의 식업을 비출 때 비교와 분별에 빠지지 않고 창조적으로 활용될 수 있도록 해주는 것이 원만보신행이고, 본성의 간극으로 식업을 비추면서 식의 바탕이 드러나도록 해주는 것이 법신청정행이다.

난승지의 퇴전에서 벗어나려면 무념·무심·간극을 활용해서 삼신구족행을 철저하게 해야 한다.
보살도 전체 과정에서 퇴전이 가장 많이 일어나는 때가 바로 이때이다.
난승지에서는 생멸심을 이루고 있는 식업과 심업, 의업이 한꺼번에 일치된다.
때문에 진여심과 생멸심이 완전하게 합쳐진다.
이 상태가 생멸수행의 중간반야해탈과 같은 상태이다.
이때 진여보살은 무념처로는 생멸심의 식업을 일치시키고 무심처로는 생멸심의 심업을 일치시킨다.
간극의 경계로는 의업이 일치되는데 이때문에 구경각의 무위성마저도 약화된 상태이다.
이런 상태에서 대부분의 보살들이 퇴전에 들어간다.
그렇게 되면 반야해탈의 두 번째 단계에서 머무르게 된다.

진여보살이 이 상황에서 벗어나려면 다시 대적정으로 들어가야 한다. 본성의 간극에 집중해서 심·식·의를 인식의 대상으로 삼지 않게 되면 이때의 장애를 극복할 수 있게 된다. 대적정에 들어가면 각성이 본각으로 전환된다.

이 상태에서 난승지가 진행되려면 각성을 다시 구경각으로 전환시켜야 한다. 천천히 무념·무심·밝은성품을 인식의 대상으로 삼으면서 각성과 본성을 분리시킨다.

그러면서 심·식·의의 업식을 함께 주시한다.

만약 이 과정에서 진여심이 산란해지면 다시 대적정으로 들어가고 그렇지 않으면 본성의 간극으로 무념·무심을 비추면서 심·식·의의 업식을 씻어낸다.

이 과정을 쉼 없이 반복하면서 각성의 무명적 습성을 제도한다.

생멸심의 심업과 식업, 의업이 제도되고 법신, 보신, 화신이 구족해지면 5지 난승지에서 6지 현전지로 넘어간다.

난승지에서 제도된 생멸심은 그 자체만으로도 중간반야에 들어가 있다. 난승지의 장애를 극복한 보살은 현전지나 원행지를 원만하게 성취하게 된다.

진여보살이 8지 부동지에 들어가면 퇴전이 없는 완전한 진여문을 이룬다. 8지에서부터는 진여문에 죽음이 일어나지 않는다.

4. 식(識)의 죽음

(1) 천주의 죽음

천주란 하늘세계의 공간을 창조한 원초신을 말한다.
천주가 죽음에 드는 것은 세 가지 원인이 있다.
첫 번째 원인은 수명이 다한 것이다.
천주의 수명은 복력과 깨달음, 바라밀의 성취정도로써 정해진다.
복력은 다른 생명으로부터 받은 호응으로 생겨난다.
때문에 호응이 끊어지고 원망이 쌓아지면 복력이 다하게 된다. 천주의 복력이 다하고 원망이 쌓아지면 하늘공간이 음화된다. 음화된 공간이 분리되면서 천주의 수명이 다하게 된다.
깨달음은 각성의 성취로써 이루어진다.
각성은 관행(觀行)을 통해 증장된다.
관행을 소홀히 하고 각성이 미해지면 깨달음이 퇴전하게 된다. 깨달음이 퇴전하면 원초신을 유지시킬 수 있는 역량이 줄어든다.
바라밀은 자기 습성을 제도하는 것이다.
습성은 의식·감정·의지의 성향이 고착화된 것이다.
의식·감정·의지에 치우쳐서 탐욕과 애욕, 분별심이 치성해지면 하늘 성품을 잃어버리게 된다.

이렇게 되면 천주의 수명이 다한 것이다.
수명이 다해서 죽은 천주는 과보에 따라서 윤회에 들어간다. 28천마다 천주의 수명이 서로 다르다.

천주가 죽음에 드는 두 번째 원인은 존재적 승화이다.
대부분 깨달음을 증장시켜서 존재적 승화를 이루게 된다.
천주가 깨달음을 이루면 진여보살이 된다.
천주의 깨달음은 본성의 간극에 머물러서 법신을 증득하는 것이다.

천주가 죽음에 드는 세 번째 원인은 소겁과 중겁, 대겁이다. 대겁 때는 모든 천주가 죽음에 들어가고 중겁 때는 무색계 4천을 제외한 모든 천주가 죽음에 들어간다.
소겁때는 화재겁, 수재겁, 풍재겁에 따라 죽음에 들어가는 천주가 각기 다르다. 화재겁 때는 광음천 이하의 천주들이 죽음에 들어간다. 수재겁 때는 변정천 이하의 천주들이 죽음에 들어간다. 풍재겁 때는 광과천 이하의 천주들이 죽음에 들어간다.

(2) 신의 죽음

신의 죽음 또한 세 가지 원인에 의해 이루어진다.
첫 번째 죽음의 원인은 식의 틀의 변화이다.

식의 틀이 변화되는 것은 욕념과 몸에 대한 집착, 선정력의 증감 때문이다.
욕념이 있으면 욕념의 정도에 따라 욕계 6천 중에 태어난다.
욕념이 없고 몸에 대한 집착이 있으면 선정력의 정도에 따라 색계 18천 중에 태어난다.
욕념도 없고 몸에 대한 집착도 없는 사람이 5선정 이상을 증득하면 무색계 4천 중에 태어난다.
이런 상태의 식의 틀을 갖고 있는 신들이 각각이 처한 세계에서 식의 틀에 변화가 생기면 죽음에 들어간다.
색계의 신이 욕념이 생기면 색계에서 죽어서 욕계에서 태어나고 무색계의 신이 몸에 대한 집착이 생기면 무색계에서 죽어서 색계에 태어나게 된다.
반대로 욕계의 신이 욕념이 없어지면 그 세계에서 죽어서 욕계 중에서도 상천으로 화생한다. 그 신이 욕념도 제도하고 3선정을 증득하면 색게의 변정천에 태어난다.
선정력의 증감이 있을 때도 죽음에 들어간다.
초선정을 얻어서 범천에서 살던 신이 2선정을 얻으면 죽어서 광음천에 화생한다.
4선정을 얻어서 광과천에 살던 신이 2선정으로 퇴전하면 죽어서 광음천에 습생하게 된다.

두 번째 죽음의 원인은 수명의 다함이다.
신의 수명은 신이 속해있는 세계마다 서로 다르다.

신의 수명이 다하면 일치하는 능력이 사라지고 전생을 기억하지 못하게 되며 미래를 보는 능력이 사라지게 된다. 그러면서 몸에서 냄새가 나고 하늘을 날아다니지 못하게 된다. 이런 증상이 나타나면 신의 수명이 다한 것이다. 수명이 다한 신은 하늘세계에서 순식간에 사라진다. 몸은 오금으로 화해서 빛으로 돌아가고 의식은 윤회에 들어간다.

세 번째 죽음의 원인은 깨달음의 증감(增減)이다.
신의 깨달음이 증장되면 상천으로 화생하고 깨달음이 미(微)해지면 죽어서 하천으로 습생한다.

(3) 인간의 죽음

인간은 태생으로 태어나고 세포구조물로 이루어진 육체를 갖고 산다. 인간의 육체에는 영의 몸과 혼의 몸이 내장되어 있고 정신을 이루는 본성과 각성, 심·식·의가 내장되어 있다. 죽음에 들어가면 영의 몸과 혼의 몸이 합쳐지고 정신은 영혼의 몸에 내재된다.
죽음은 백의 기운이 빠져나가고 영의 몸과 혼의 몸이 만나면서 시작된다.
백(魄)은 육체와 영혼을 연결해 주는 미생물이다.
육체를 이루고 있는 모든 세포에 흩어져서 내장되어 있다. 세포의 생리활동을 주관하다가 죽음에 이르면 일부는 육체 안에 내장되고 일부는 영혼보다 먼저 육체를 빠져나간다.
육체 안에 내장된 백은 나중 육체가 분해되면 세포에서 거두어진다.
영의 몸은 뇌와 척수에 나누어서 내재되어 있다.
식의 정보를 내장하고 있고 안·이·비·설·신·의의 근본이다.
그러다가 죽음에 임해서는 머리에서 하나로 합쳐진다. 머리에서 합쳐진 영은 심장 쪽으로 이동을 하게 된다.
이것을 '영의 전이'라 한다.

혼의 몸은 육장에 나누어져서 내장되어 있다.
감정이 발현되는 근본이 되고 안·이·비·설·신·의가 활동할 수 있는 에너지를 저장해서 공급해 주는 역할을 한다.
그러다가 죽음에 임해서는 각각의 장기에 있는 혼성이 거두어져 심장에서 합쳐졌다가 머리 쪽으로 이동을 하게 된다. 이것을 일러 '혼의 전이'라 한다.

죽음에 임박하면 백이 먼저 변화를 일으킨다.
백의 변화는 형태적 변이로 나타난다.
백의 변이적 형태는 열여섯 단계로 진행된다.
백의 변이가 여덟 단계를 넘어서면 세포의 생명활동이 중단된다.
더 이상 세포로 영양공급이 이루어지지 않고, 유전정보 간에 교류가 단절된다.

혼의 에너지도 더 이상 만들어지지 않는다.
그러면서 세포구조물이 붕괴되기 시작한다.
혼의 에너지가 만들어지지 않으면 혼이 육체를 떠나게 된다.

백이 몸에서 빠져나갈 때는 사지 말단으로 빠져나간다.
그러면서 손끝 발끝이 굳어오기 시작한다.
손끝에서 시작된 경직이 가슴 쪽까지 굳어오면 숨이 가빠지기 시작한다.
발에서부터 시작된 경직이 허리까지 올라오면 순식간에 열기가 일어난다. 이때 전신이 경직이 잠시 동안 풀어진다.
흉부가 경직되면 숨이 가빠지고 의식이 아득해진다.
이 과정을 지켜보는 것이 대단히 두렵다.
거기다가 호흡까지 점점 가빠지기 때문에 공포가 더해진다. 대부분의 사람들은 그 상태에서 기절하게 된다. 그렇기 때문에 그다음 과정을 인식하지 못한다.
만약 그때 정신을 잃지 않는다면 몸에서 백이 빠져나가는 것과 영과 혼이 서로 만나는 것을 인식할 수 있게 된다.

심장에서 합쳐진 혼은 머리 쪽으로 올라오고 머리에서 합쳐진 영은 가슴 쪽으로 내려온다.
그러다가 목 부위에서 만나게 된다.
영과 혼이 만나면 시야가 온통 백색의 빛으로 가득 채워진다. 그 빛을 '원초투휘광채'라 한다.

원초투휘광채를 인식하게 되면 그 상태에서 윤회에 들 수도 있고 나머지 중음의 과정을 겪을 수도 있다. 선택하기에 따라서는 윤회에도 들지 않고 자유로운 영혼으로 살아갈 수도 있다.

죽을 때 원초투휘광채를 인식하는 사람은 많지가 않다.
죽으면서 의식이 깨어있을 정도의 각성을 갖추고 있는 사람이 거의 없기 때문이다.
미세적 유위각이 갖춰진 사람은 죽을 때 기절하지 않는다.

죽음을 맞이하는 양상에 따라서 영혼이 전이되는 상태가 서로 달라진다.
죽음에 들어가는 세 가지 양상이 있다.
병으로 죽는 것과 사고로 죽는 것, 수명이 다해 죽는 것이 그것이다.

병으로 죽음을 맞이할 때는 장기의 훼손이나 기혈의 흐름이 막히게 된다.
장기가 훼손된 경우는 영의 전이는 원만하게 이루어지지만 혼의 전이는 원만하게 이루어지지 못하고, 기혈의 흐름이 막힌 경우는 영과 혼이 원만히 전이되더라도 그 후의 과정이 원만하게 이루어지지 못한다.
장기가 훼손되어 죽음을 맞이한 경우, 혼의 전이가 원만하게 이루어지지 못하는 것은 훼손된 장기에 내재된 혼성이 순조롭게 걷히지 못했기 때문이다.
이럴 경우에는 영혼의 몸을 갖추고 나서도 그 장기와 연관된 의식 활동이 원만하게 이루어지지 않는다.
예를 들면 간이 상해서 죽음을 맞이한 사람은 시각적 작용과 후각적 작용이 원만하지 못하게 되고 그 상태로 윤회에 들었을 때에는 그에 해당하는 의식 활동에 장애를 갖게 된다.

기혈이 막혀서 죽음을 맞이한 경우, 영혼이 원만하게 전이되더라도 그 후의 과정이 원만하게 이루어지지 못하는 것은 영혼이 몸을 한 바퀴 돌지 못하고 정수리 이외의 다른 부위로 빠져나가기 때문이다.
이렇게 되면 영혼이 중음 기간 동안 활동할 수 있는 에너지를 충분하게 확보하지 못하게 된다.
만약 중음의 과정에서 영혼이 활동할 수 있는 에너지를 취득하지 못하게 되면 중음신이 된다.
윤회에 들더라도 몸이 건강하지 못해서 항상 병치레를 해야 한다.

사고로 인해 급작스러운 죽음을 당하게 되면 영혼의 전이가 전혀 이루어지지 않는다.
이렇게 되면 영과 혼이 서로 분리된다.

만약 중음 기간 동안 영과 혼이 합쳐지지 못하면 영은 혼을 잃어버리고 혼은 영을 잃어버리게 된다. 혼을 잃어버린 영은 업식의 성향에 따라 세분화된다.
이 상태로 윤회에 들면 축생으로 태어난다.

수족이 걷히는 과정이나 영혼이 전이되는 과정이 없이 영과 혼이 육체를 빠져나가면, 세포구조물 안에 있던 선천혼들이 걷히지 못한다.
영혼이 인후에서 합쳐진 다음 몸을 한 바퀴 돌면서 선천혼들이 거둬지는데, 그 과정이 없이 몸 밖으로 빠져나가기 때문이다.
그렇게 되면 영혼이 육체 곁을 떠나지 못하게 된다.
그런 경우는 시체가 묻힌 장소에 묶여서 수많은 세월을 보내야 한다. 그런 영혼을 지박령이라 한다.

자살을 하거나, 목매달아 죽는 경우에도 영혼이 인후에서 만나지 못한다. 49일이 지나도 선천혼이 거둬지지 못하면 영의 에너지가 고갈된다.
그런 경우 윤회하게 되면 '천치'로 태어난다.
감정이 없는 사람을 천치라 한다.
자폐나 과잉행동장애가 천치의 한 가지 유형이다.
사고로 인해 죽을 경우 서서히 죽음을 맞이하게 되면 영혼의 전이가 전체적으로 이루어지지 못한다. 또 영혼이 빠져나가는 것도 정수리로 빠져나가지 못하고 상처 부위로 빠져나가게 된다. 이때에는 병으로 죽을 때보다도 훨씬 더 안 좋은 상황에 처해지게 된다. 그렇게 되면 중음의 과정도 원만하게 이루어지지 못하고 영혼의 삶도 원만하지 못하게 된다.

죽기 전에 육신이 훼손된 것을 자각하고 죽은 사람들은 죽은 후에도 그 인식의 지배를 받는다.

죽을 때 팔이 끊어졌으면 영혼의 상태에서도 팔이 없다고 생각을 하게 되고 다리를 다쳤으면 다리가 아프다고 생각을 한다. 그런 상태에서 윤회에 들면 해당 부위에 장애를 갖게 된다.

수명이 다해 죽는 경우, 성품이 온화하고 선근이 많은 사람은 영혼의 전이가 원만하게 이루어져서 정수리로 빠져나가게 된다.

성품이 원만하지 못하고 악업이 많은 사람은 영혼의 전이가 원만하게 이루어지지 못해서 수족이 걷힐 때나 영혼이 전이될 때 큰 고통을 느끼게 된다. 또 영혼이 몸을 빠져나갈 때도 정수리로 빠져나가지 못하고 코나 귀, 입으로 빠져나가게 된다.

이런 경우는 망자가 정도 이상으로 음기를 갖고 있기 때문에 생기는 현상이다. 이때의 음기는 생전의 악업으로 인해 생긴 것이고 또 죽음의 과정 동안 스트레스로 인해 생긴 것이다. 영혼이 정도 이상 음기를 갖고 있으면 영혼이 세분화될 수 있는 조건이 되고 다른 영혼에게 침해받을 수 있는 조건이 된다.
선근이 많고 착하게 살다가 수명이 다해 죽는 경우는 죽음이 편안하게 이루어진다.
악업이 많고 몸에 음기가 많은 사람들은 선천혼이 걷혀질 때도 잘 걷혀지지 않는다.

생전의 잘못을 청산하고 개운한 마음으로 죽음을 맞이해야 한다. 죽어가면서까지 악업을 계속 갖고 가고 원망심을 갖고 가면 안된다. 생전의 거부의식이나 악심으로 인해 쌓았던 업보들은 죽기 전에는 반드시 다 해결하고 가야 한다.

영혼의 마음이 안정되어 있으면 어느 공간에 가서든지 그 공간의 주인이 될 수 있다. 영혼의 마음이 불안정하면 어딜 가도 주인이 되지 못한다.

영혼의 삶은 육체의 삶과는 완전히 다른 형태의 삶이다.
그렇기 때문에 몸으로 살던 모든 습성을 버려야 한다.
특히 먹는 습관을 따르지 말아야 한다.

영혼의 몸을 청결하게 하는 방법을 알아야 한다.
영혼의 몸을 청결히 한다는 것은 음기가 생기지 않도록

하는 것이다. 긍정적인 의식을 갖고 양기를 배양해서 영혼의 몸이 음신이 되지 않도록 하는 것이 영혼의 몸을 깨끗이 하는 방법이다.

죽기 전에 죽음을 이해하는 것이 대단히 중요한 일이다. 단 한 번이라도 들어두면 죽음에 적응할 수 있는 지혜를 갖추게 된다.

4부
어떻게 살 것인가?

1. 삼계(三界)의 서른여덟 가지 중생의 종류

삼계 가운데 서른여덟 가지 중생의 종류가 있다.
욕계(欲界)에 열두 가지가 있고,
색계(色界)에 스물두 가지가 있고,
무색계(無色界)에 네 가지가 있다.

욕계의 열두 가지 종류는 이른바, 지옥·축생·아귀·인간·아수라·사천왕천·삼십삼천·야마천·도솔타천·화락천·타화자재천과 마신천이다.

색계의 스물두 가지 종류는 이른바, 범신천(梵身天)·범보천(梵輔天)·범중천(梵眾天)·대범천(大梵天)·광천(光天)·소광천(少光天)·무량광천(無量光天)·광음천(光音天)·정천(淨天)·소정천(少淨天)·무량정천(無量淨天)·변정천(遍淨天)·광천(廣天)·소광천(少廣天)·무량광천(無量廣天)·광과천(廣果天)·무상천(無想天)·무번천(無煩天)·무뇌천(無惱天)·선견천(善見天)·선현천(善現天)과 아가니타천(阿迦膩天)이다.

무색계 네 가지 종류는 이른바 공무변천(空無邊天)·식무변천(識無邊天)·무소유천(無所有天)·비상비비상천(非想非非想天)이다.

2. 하늘세계의 열 가지 특별한 법

일체 하늘세계에는 열 가지 특별한 법이 있다.
첫째는 여러 신들이 다닐 때 오고 감에 끝이 없는 것이다.
둘째는 여러 신들이 다닐 때 오고 감에 거리낌이 없는 것이다.
셋째는 여러 신들이 다닐 때 더디거나 빠름이 없는 것이다.
넷째는 여러 신들이 다닐 때 발자국이 없는 것이다.
다섯째는 여러 신들의 몸과 힘에 병환이나 피로가 없는 것이다.
여섯째는 여러 신들의 몸에는 형체는 있으되 그림자가 없는 것이다.
일곱째는 일체 신들은 대소변이 없는 것이다.
여덟째는 일체 신들에게는 콧물과 침이 없는 것이다.
아홉째는 여러 신들의 몸은 청정하고 미묘하여 가죽과 살과 힘줄과 맥과 기름·피·골수가 없는 것이다.
열째는 여러 신들의 몸은 길거나 짧게, 푸르거나 누렇게, 붉거나 희게, 크거나 작게, 거칠거나 가늘게 나타내려고 하면 뜻대로 모두 다 할 수 있으며, 다 아름답고 미묘하며 단정하고 엄숙하고 뛰어나서 사람들이 사랑하고 즐거워하는 것이다.
모든 하늘들의 몸에는 이러한 열 가지 불가사의가 있다.

또 하늘들의 몸은 충실하고 원만하며 이가 희고 촘촘하며, 머리카락은 푸르고 단정하며 보드랍고 윤기가 흐르고, 몸에는 광명이 있고 신통력이 있어서 허공을 타고 날아다니며, 눈으로 보되 눈을 깜박이지 않고, 영락은 저절로 나고 옷에는 때가 묻지 않는다.

3. 혼인과 자식

염부제 사람과 고다니아 사람과 불파제 사람들에게는 모두 남녀가 혼인하는 법이 있지만, 울단월 사람들에게는 나와 내 것이 없어서 만약 나뭇가지가 드리워지면 남녀가 교합하되, 다시 혼인이란 것이 없다.
용과 금시조와 아수라들에게는 모두 혼인하는 일이 있고, 남자와 여자의 법식(法式)이 있으니, 거의 인간들과 같다.
사천왕천과 삼십삼천과 야마천과 도솔타천과 화락천과 타화자재천과 마신천 등은 혼인하는 일이 있다. 여기서부터 위에 있는 하늘들은 혼인하는 일이 없는데, 남자와 여자의 차이가 없기 때문이다.
염부제 사람이 만약 음욕을 행할 때면 두 개의 근(根)이 서로 맞닿아서 부정한 것이 흘러 나온다.
고다니아 사람과 불파제 사람과 울단월 사람들도 다 그와 같다.
모든 용과 금시조들이 만약 음욕을 행할 때면, 역시 두 개의 근이 서로 맞닿기는 하지만 그저 교미하는 기색을 낼 뿐 이내 유쾌하고 즐거워하기만 하되, 부정한 것은 나오지 않는다.

아수라와 사천왕과 삼십삼천들이 음욕을 행할 때에는, 근이 맞닿아서 기분 좋게 즐기되, 역시 교미의 기색만을 낼 뿐 마치 용과 금시조들과 같아서 차이가 없다.

야마천들은 손을 잡기만 하면 음욕이 이루어지고, 도솔타천은 생각하기만 하면 음욕이 이루어지고, 화락천들은 눈여겨 자세히 보기만 하면 음욕이 이루어지고, 타화자재천은 함께 말하기만 하면 음욕이 이루어지고, 마신천들은 서로 보기만 하면 음욕이 이루어지는데, 모두가 기분 좋게 즐거움을 얻으면서 그 원하던 것을 이룬다.

4. 중생의 양식

모든 중생들에게는 네 가지 먹이[食]가 있어서 여러 요소[大]를 돕고 스스로 살고 유지하며, 모든 유(有)를 이룰 수 있고 서로 섭수(攝受)할 수 있다.

무엇이 네 가지인가 하면, 첫째 큰 덩어리나 미세한 먹이[麤段及微細食]이고, 둘째는 부딪침의 먹이[觸食]이고, 셋째는 생각의 먹이[意思食]이고, 넷째는 식별의 먹이[識食]이다. 어떤 것을 일러 중생이 큰 덩어리나 아주 미세한 먹이를 먹는다고 하는가?

염부제 사람은 밥과 미숫가루와 콩과 생선 및 고기 등을 먹는데 이것들을 큰 덩어리의 먹이라 하며, 덮고 가리고, 안마하고 목욕하고, 씻고 기름 발라 문지르는 이것들을 아주 미세한 먹이라고 한다.

고다니아 사람과 불파제 사람들의 큰 덩어리나 미세한 먹이는 염부제와 거의 같으며, 울단월 사람은 몸소 농사짓지 않아도 저절로 익은 멥쌀이 생겨나 있으므로 이것을 큰 덩어리의 먹이로 삼으며, 덮고 가리며 목욕하고 안마하는 등을 아주 미세한 먹이로 삼는다.

모든 용과 금시조들은 여러 고기와 자라·악어·두꺼비·교룡·뱀·물개와 금비라(金毘羅) 등을 큰 덩어리의 먹이로 삼고, 덮고 가리며 목욕하는 등을 아주 미세한 먹이로 삼는다.

아수라들은 하늘 수타(須陀)의 묘하고 좋은 맛을 큰 덩어리의 먹이로 삼고, 가리고 덮는 것 등을 아주 미세한 먹이로 삼는다.

사천왕천과 여러 하늘들은 모두 저 하늘 수타의 맛을 큰 덩어리의 먹이로 삼으며, 여러 가리고 덮는 것 등을 아주 미세한 먹이로 삼는다.

삼십삼천은 또 그 하늘 수타의 맛을 커다란 덩어리의 먹이로 삼으며, 여러 가리고 덮는 것 등을 아주 미세한 먹이로 삼는다.

삼십삼천과 같이 이에 야마천·도솔타천·화락천과 타화자재천 등도 모두 그 하늘 수타의 맛으로 큰 덩어리의 먹이로 삼으며, 여러 가지 가리고 덮는 것 등으로 아주 미세한 먹이로 삼는다.

이로부터 그 이상의 모든 하늘들은 전부 선열(禪悅)과 법희(法喜)로써 먹이를 삼고, 삼마제(三摩提)로 먹이를 삼고, 삼마발제(三摩跋提 : 等至)로 먹이를 삼으며, 큰 덩어리나 미세한 먹이는 없다.

어떤 중생들은 부딪침[觸]을 먹이를 삼는다.
일체 중생 가운데 알에서 나는 것[卵生]이 있는데, 이른바 거위와 기러기·학·닭·오리·공작·앵무새·비둘기·구욕새·제비·참새·꿩·까치·까마귀 등과 다른 여러 종류의 중생들이다. 알에서 난다는 것은 그 알에서 몸을 얻기 때문이니, 일체가 모두 부딪침으로 그 먹이를 삼는다.

어떤 중생들이 생각[思]으로 먹이를 삼는가 하면, 어떤 중생은 뜻과 사유로써 여러 감관을 도와서 몸과 목숨을 더욱 자라게 하니, 이른바 고기와 자라·거북·뱀·두꺼비·가라구타(伽羅瞿陀) 등과 그 밖의 다른 중생들이 뜻과 사유로써 여러 감관을 이롭게 해서 목숨을 더욱 자라게 하는 이들이니, 이들은 모두 생각으로 그 먹이를 삼는다.

어떤 중생들이 식별[識]로 먹이를 삼는가 하면, 이른바 지옥의 중생과 무변식처천(無邊識處天) 등이니, 이 중생들은 모두 식별로 유지하여 그 먹이로 삼는다.
이 네 가지 먹이는 모든 중생들을 위하여 여러 감관을 유지하고 머물게 하며 살아가는 것을 이어나가게 한다.

5. 세 가지 나쁜 행과 그 과보

세간의 중생들에게는 누구나 한결같이 세 가지 나쁜 행이 있는데 이른바 몸의 나쁜 행과 입의 나쁜 행과 뜻의 나쁜 행이다.
어떤 중생들은 몸의 나쁜 행을 짓고, 입의 나쁜 행을 짓고, 뜻의 나쁜 행을 지어서 그 인연 때문에 몸이 무너지고 목숨이 끝나면, 나쁜 길에 떨어져 지옥에 나게 된다. 그는 이곳에서 최후의 식(識)이 없어지고, 지옥의 식이 처음으로 이어서 생겨나며, 그의 식이 같이 날 적에 곧 명색(名色)이 있고, 명색을 의지한 까닭에 곧 6입(入)이 있게 된다.

다시 어떤 중생들은 몸의 나쁜 행을 짓고, 입의 나쁜 행을 짓고, 뜻의 나쁜 행을 짓는데, 그 인연 때문에 몸이 무너지고 목숨을 마치면, 나쁜 길에 떨어져 축생에 나게 된다. 그는 이곳에서 최후의 식이 없어지고, 축생의 식이 처음으로 이어서 생겨나며, 그의 식이 같이 생겨날 때에 곧 명색이 있고, 명색을 의지한 까닭에 곧 6입이 있게 된다.

또 어떤 중생들은 몸의 나쁜 행을 짓고 입의 나쁜 행을 짓고 뜻의 나쁜 행을 지어서 그 인연 때문에 몸이 무너지고 목숨을 마치면, 나쁜 길에 떨어져 염마세(閻摩世)에 나게 된다. 그는 이곳에서 최후의 식이 없어지고, 염마세의 식이 처음으로 이어서 생겨나며, 그의 식이 처음으로 생겨날 때에 곧 명색이 함께 일시에 나고, 명색을 의지한 까닭에 곧 6입이 있게 된다.
이것들을 이름하여 세 가지 나쁜 행이라 하니, 멀리하고 떠나야만 한다.

6. 죽음을 준비하는 삶

삶과 죽음은 연결되어 있다.
삶의 자취가 죽음의 세계에서 그대로 나타난다.
그러니, 어찌 한순간을 함부로 지을 것이며 나태하고 게으르게 살 것인가.

죽음을 이해하면 삶의 방향이 보인다.
지금 부족한 것이 무엇이며 좀 더 큰 생명이 되기 위해서 어떤 노력을 해야 할 것인지 그것을 알게 된다.
그것이 죽음을 이해하고 공부해야 하는 이유이다.

인간의 세상은 작은 세상이다.
현재의 인간들은 지구별에 국한된, 지극히 제한된 인식체계를 갖고 있다.
우리가 속해있는 이 우주에도 서른여덟 종류의 생명들이 살아가고 있고 그들이 이루어 놓은 서른세 개의 차원계가 존재한다. 여래장계 안에는 그런 우주가 무량극수가 있다. 그 광대무변함과 다양성에 대해서는 상상조차도 할 수가 없다. 그 세계는 우리와 동떨어져 있지 않다.
나의 의도와 공덕이 반영되는 세계이고 지금 이 순간에도 창조되고 있다.
그 세계를 들여다보고 그 세계를 이해하고 그 세계의 생명들과 교류할 수 있어야 한다.
죽음을 준비하면서 그 세계와 교류할 수 있는 역량이 함께 갖추어진다.
현재의 협소한 인식의 틀에서 벗어나서 무한하게 확장된 인식의 틀을 갖추어야 한다.
영혼의 삶은 누구나 경험해 보았던 삶이다.
다만 기억하지 못할 뿐이다.

하늘 인간들이 지구로 오게 된 것은 지구를 창조한 것이 그들이기 때문이다. 스스로가 창조한 곳에 스스로가 태어나게 된다.
내면의 정신세계가 갖추어지면 그에 따라 외형의 세계가 함께 창조된다. 내가 죽어서 가는 세계는 나의 깨달음과 공덕으로 창조된 세계이다.
좀 더 진보된 의식체계를 갖추기 위해서 노력하고, 다른 생명을 이롭게 하는 것은 내가 태어날 세계를 장엄하게 하는 것이다.
아름다운 죽음은 어느 날 갑자기 만들어지는 것이 아니다. 오랜 시간 동안 선근과 공덕으로 준비된 죽음이다.

다른 생명을 이롭게 하면서 아만심(我慢心)을 일으키면 안 된다. 그것은 자기 세계를 장엄하게 하는 일이 아니다.
그런 사람은 죽어서 끝도 보이지 않는 성벽 안에 갇히게 된다. 그때의 성벽이 아만의 벽이다.
남을 위해 봉사한 선행은 스스로가 처해지는 자리가 되고, 그 당시 일으켰던 아만심은 그때의 성벽이 된다.

♣ 맺음말

안을 보는 것을 망각하고 밖을 보는 것에 치중함으로써 12연기가 진행되었고 그 끝자락에서 죽음이 시작되었다.
안을 본다는 것은 의지가 의식과 감정으로 향해져 있지 않고 자성으로 향해지도록 하는 것이다.
자성은 공적(空寂)하다. 내 안에서 공적한 자리에 의지를 두는 것이 자성을 보는 것이다.

자성의 공적함을 인식의 대상으로 삼는 것이 죽음을 준비하는 첫 번째 노력이다.
그런 다음에 공적함을 주체로 해서 의식·감정·의지를 제도해가는 것이 죽음을 준비하는 두 번째 노력이다.
남을 이롭게 하고 천지만물로부터 호응을 받는 것이 죽음을 준비하는 세 번째 노력이다.

이 세 가지 노력을 통해 삶의 의미가 갖추어진다.
부처님께서는 머리카락이 희어지기 시작하면 이 세 가지 노력에 매진하라고 하셨다.

준비된 죽음을 맞이하는 것은 최고의 축복이다.
죽음을 통해 성스러운 몸과 최상의 깨달음을 이룰 수 있는 기회를 부여받는다.

죽음의 원인과 죽음이 진행되는 과정을 아는 것은 성스러운 죽음을 준비하는 시작이다.
죽음은 두려움의 대상이 아니다. 육체라는 감옥에서 벗어나서 더 높고 더 큰 세상으로 나아갈 수 있는 최고의 축복이다.

구선

출가 후 얻은 진리와 깨달음을 다양한 사상서에 담아 출간하였다. 이를 실생활에 접목하기 위해 지난 30년간 다양한 교육 프로그램을 운영해 왔다.

저서로는 『觀, 존재 그 완성으로 가는 길』,
『觀, 중심의 형성과 여덟진로의 수행체계』,
『觀, 십이연기와 천부경』,
『觀, 한글 자음 원리』,
『도넛츠 학습법』,
『뇌 척수로 운동법』,
『다도명상 점다』,
『생명과 시대사상』,
『본제의학 원리』,
『인지법행과 과지법행』,
『암의 진단과 치유』,
『법화삼부경 제1부 무량의경』,
『법화삼부경 제2부 묘법연화경 1,2,3,4,5권』,
『한글문자원리』,
『금강삼매경 1,2권』이 있다.

현재 경북 영양 연화사 주지이며,
서울에서 선나힐링센터를 운영하고 있다.

저자의 다른 책들

 관 존재 그 완성으로 가는길

 관 쉴 줄 아는 지혜

 관 중심의 형성과 여덟 진로의 수행체계

 관 십이연기와 천부경

 관 한글 자음 원리

 도넛츠 학습법

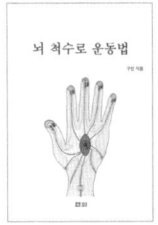 뇌 척수로 운동법

 다도명상 점다

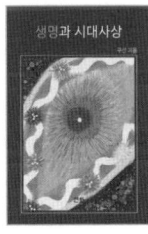 생명과 시대사상

 본제의학 원리

 인지법행과 과지법행

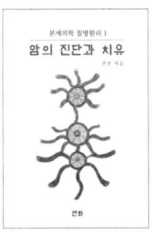 암의 진단과 치유

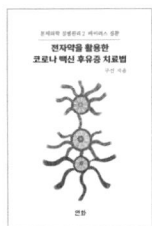 코로나 백신 후유증 치료법

 법화삼부경 1-3부

 금강삼매경 1, 2부

 한글문자원리

관 생명과 죽음

1판 2쇄 인쇄일	2025년 5월 1일
1판 2쇄 발행일	2025년 5월 5일

지은이	구선
기획·편집	이진화
교정·교열	권규호 김소진

펴낸 곳	도서출판 연화
주소	경상북도 영양군 수비면 낙동정맥로 2632-66
전화	02) 766-8145
출판등록일	2005년 11월 2일
등록번호	제 517-2005-00001 호

정가	30,000원
ISBN	979-11-981212-0-2

이 책은 저작권법에 따라 보호를 받는 저작물이므로 무단전재와 복제를 금하며, 이 책 내용의 전체 또는 일부를 사용하려면 반드시 저작권자의 서면 동의를 받아야 합니다.